G. Baldensperger

Das Selbstbewusstsein Jesu

im Lichte der messianischen Hoffnung seiner Zeit

G. Baldensperger

Das Selbstbewusstsein Jesu
im Lichte der messianischen Hoffnung seiner Zeit

ISBN/EAN: 9783743630239

Hergestellt in Europa, USA, Kanada, Australien, Japan

Cover: Foto ©ninafisch / pixelio.de

Weitere Bücher finden Sie auf **www.hansebooks.com**

DAS SELBSTBEWUSSTSEIN JESU

IM LICHTE

DER MESSIANISCHEN HOFFNUNGEN SEINER ZEIT

VON

W. BALDENSPERGER

A. O. PROFESSOR DER THEOLOGIE.

ZWEITE VIELFACH VERMEHRTE AUFLAGE.

STRASSBURG
J. H. ED. HEITZ (HEITZ u. MÜNDEL)
1892.

Vorwort.

Das Erscheinen dieser zweiten Auflage, welche schon für den Beginn des Jahres in Aussicht gestellt war, ist durch unerwartete Berufsarbeiten verspätet worden. Auch haben eingehende, unserem Gegenstand gewordene Besprechungen eine Erweiterung der Behandlung erforderlich gemacht, wie sie ursprünglich nicht beabsichtigt war. Die jetzige Umarbeitung erstreckt sich beinahe auf jede Seite des Buches.

Die Auseinandersetzung mit fremden Ansichten, auch nur in dem Grade, wie es hier geschehen, in den Rahmen unserer Abhandlung aufzunehmen, war nicht leicht. Vieles, was unbeschadet der Klarheit oder des Zusammenhanges, in aller Kürze den Anmerkungen oder dem Texte einverleibt werden konnte, ist dort an Ort und Stelle untergebracht worden. In mehreren Fällen war es angezeigt, die divergirenden Ansichten in grösserem Zusammenhang vorzuführen, damit der Leser einen einigermassen genügenden Einblick in die Controverse gewinnen könnte. Hier blieb nur der Ausweg, den betreffenden Kapiteln längere Excurse anzuhängen, wenn anders der frühere, vorwiegend darstellende Charakter unseres Werkes nicht verloren gehen sollte. Diesen aber, dem mehrfach Anerkennung gezollt worden ist, zu erhalten, war uns ein Hauptanliegen.

In unserer Methode, das Lebensbild Jesu, wie wir in der Einleitung zur ersten Auflage sagten, von vorn zu betrachten, haben wir uns durch wohlgemeinte

Warnungen vor der Unsicherheit des vorchristlichen Bodens nicht irre machen lassen. Wären es Mahnrufe, wie sie das alternde Geschlecht an die verwegene Jugend zu richten pflegt? Wir wissen es gewiss hoch zu schätzen, was die theologische Forschung unseren Vorgängern und dem ehernen Fleisse verdankt, mit dem sie die christliche, doch erst ein Menschenalter nach Jesus entstandene Literatur ergründet haben. Zwar ist der Lichtstrahl, den sie von dieser Entfernung aus auf das Bild Jesu geworfen haben, nur auf dessen Rückseite gefallen. Aber was sie mit ihren Mitteln thun konnten, das haben sie gethan. Sollten sie es uns nicht auch gestatten können, dass wir es einmal anders, nämlich mit den vorchristlichen, jüdischen Urkunden probiren, dass wir der Persönlichkeit in's Antlitz schauen und durch ihre Augen und Gesichtszüge hindurch auf dem Herzensgrund lesen lernen? Die Modernen haben auch auf wissenschaftlichem und besonders auf psychologischem Gebiete Bedürfnisse, welche die früheren Geschlechter nicht in demselben Masse kannten. Wir sind nun einmal so geschaffen, das wir uns mit aprioristischen Konstruktionen nicht mehr zufrieden geben, dass wir des Lebens verborgenem Quell zu lauschen, seine geheimen Triebfedern zu kennen wünschen, selbst wenn unsere Logik dabei in's Stocken geräth.

Für die Bewegung, welche durch die von uns befolgte Methode in das Leben Jesu hinein kommt, sind doch Viele zugänglich gewesen, in seiner Weise selbst derjenige Recensent, der seine Empfindung in dem zweideutigen, aber charakteristischen Urtheil ausdrückt, dass unsere Darstellung des Entwickelungsganges Jesu sich etwa «wie ein Roman» lese.

Einleitung zur ersten Auflage.

Das ausnehmend hohe Interesse, das sich an die Untersuchung der vorliegenden Frage knüpft, mag uns zur Entschuldigung dienen, wenn wir trotz der fast unüberwindlichen Schwierigkeiten und obgleich die Aufhellung zahlreicher Vorfragen noch lange Jahre theologischer Forschung erheischen dürfte, einen Lösungsversuch derselben gewagt haben. Wenn eine erschöpfende Behandlung des Bewusstseins Jesu sich allerdings leicht zu einer ganzen Lebensbeschreibung ausdehnen würde, so ist ja unsere Arbeit durch den ausführlichen Titel enger abgegrenzt und auf ein geringeres Quantum reducirt worden: demgemäss durfte sie auch bei weniger allseitiger Vorbereitung, als ein Leben Jesu im eigentlichen Sinne erfordert, unternommen werden.

Es ist dies nun aber nicht so zu verstehen, als hätten wir einen kürzeren Abriss des Lebens Jesu bezweckt, der dem Vorhandenen zur Seite treten sollte. Neben den vortrefflichen Erzeugnissen neuerer Zeit auf diesem Gebiete kann doch gerade eine Sonderdarstellung des Selbstbewusstseins Jesu ihr gutes Recht beanspruchen. Erwünscht wird sie zunächst Jedem erscheinen, der bei der Lectüre jener Werke inne geworden ist, wie sie die Aufmerksamkeit des Lesers durch das Detail der evangelischen Geschichte von dem Träger derselben unwillkürlich ablenken und wie sie dessen Bewusstsein so zu sagen nur in tausendfachen Strahlen gebrochen wiederspiegeln. Möglich sodann wird eine solche Sonderdarstellung, wenn sie überhaupt ausführbar sein soll, von der Betrachtung der messianischen Glaubenswelt des Judenthums aus: in diesen Rahmen ist ja das Bild Jesu nach allen unseren Quellen hineingezeichnet, und wir haben von vornherein keine Ursache, es aus seiner Einrahmung herauszureissen. Gerade nun dies Feld der jüdisch-messianischen Anschauungen und Erwartungen (und namentlich insofern es in den talmudischen Quellen noch brach lag) haben ausgezeichnete Arbeiten neuerer Gelehrten, auf welche wir uns im Laufe unserer Abhandlung oft berufen werden, so reichlich und so fleissig ausgebeutet, dass in der helleren Beleuchtung, welche die Benutzung derselben auf die evangelische Geschichte und das Leben Jesu zu werfen vermag, das relative Recht jedes neuen, der Person Jesu gewidmeten Werkes beruht. Was man etwa dergestalt von der stets zunehmenden genaueren Kenntniss jüdischer Denkweise aus gegen einen verfrühten synthetischen Versuch vorbringen könnte, haben wir uns selber zur Genüge vorgehalten und trotzdem dem Reize nicht widerstanden, mit den schon bereit liegenden Materialien einen Aufbau zu wagen.

Das Gesagte erklärt nun hinlänglich, warum wir in einem ersten, vorbereitenden, aber bei dem dermaligen Stand der Frage höchst wichtigen Theile längere und sorgfältige Rundschau über die messianischen Hoffnungen des Judenthums gehalten haben. Sowohl die innere Bedeutung, als die Entwicklung und Verbreitung derselben mussten nach einander unsere Aufmerksamkeit in Anspruch nehmen. Dass dies aber seinerseits wieder nicht zu erreichen war, ohne vorherige Einsicht in die zeitliche Folge der jüdisch-messianischen Quellen, ist zweifellos. Leider liegt nun diese Quellenfrage, an welcher zum grossen Theil die Lösung des ganzen Problems hängt, einigermassen im Argen; denn, nicht genug, dass zur Ergründung des Bewusstseins Jesu schon die innere, psychologische Seite in so viel Dunkel eingehüllt ist, geht auch, als sollte die Finsterniss noch gesteigert werden, auf mehr äusserem, historischem Gebiete, der Weg dazu durch die geheimnissvolle Literatur der Apokalyptik. Sind also gerade die Unterlagen zu dem hier versuchten Aufbau so schwankend und doch so unentbehrlich, so wird man es begreifen, dass wir uns eingehender darüber verbreitet haben, und dass das Verhältniss zwischen beiden Theilen unserer Erörderung etwas ungleich ausgefallen ist.

In formeller Hinsicht bemerken wir, dass es uns gar sehr darauf ankam, mitten unter der drückenden Stoffmasse Luft zu bekommen. Daher haben wir ein durchgehendes Notensystem angebracht, wodurch es uns ermöglicht wurde, dem Texte eine bündigere und präcise Fassung zu geben und den Leser mit den langweiligen Detailcontroversen zu verschonen. Wir verhehlen uns nicht, dass dergestalt für die Sachkenner das Interesse der Arbeit oft nur in den Anmerkungen beruht.

Wenn es schon unsere Ansicht nicht ist, den Ergebnissen der Untersuchung vorzugreifen, so müssen wir wenigstens der Ueberzeugung, die uns stets gewisser geworden, noch Ausdruck geben, dass nämlich das Resultat hinsichtlich der Gedankenwelt und der geistigen Entwicklung der Person Jesu ein merklich verschiedenes sein wird, je nachdem man von hinten oder von vorn an dieselbe herantritt, d. h. je nachdem man entweder mit dem geistigen Kapital, das achtzehn Jahrhunderte christlicher Erziehung uns allen in die Wiege gelegt haben, in die evangelische Geschichte hineinschaut und seine eigenen Ideale darin wiederfinden zu müssen glaubt, oder aber zuvor mit den letzten, dem Christenthum vorangehenden Geschlechtern, ihren Bestrebungen und Anschauungen vertrauten Umgang gepflogen hat, so zu sagen selbst ein geistiger Repräsentant dieser antiquirten Welt geworden ist und als solcher vor Jesum hintritt. Wenn dermassen der Stifter des Christenthums von dem Boden des Judenthums weniger losgelöst erscheint, als Manche dafür halten, wenn er mühsam kämpfend von tausendjähriger Ueberlieferung sich losringt, so bedeutet das so wenig eine Entwerthung seiner Persönlichkeit, dass im Gegentheil ihre ganze Grösse dadurch erst zum Vorschein kommt und ihre Ueberlegenheit über jene Welt und zuletzt auch über den modernen Beschauer nur um so gewisser, fasslicher und entscheidender wird.

ERSTER THEIL.

DIE MESSIANISCHEN HOFFNUNGEN
DES JUDENTHUMS.

I.

Die Quellen.

Unerlässliche Vorbedingung zur erspriesslichen Behandlung unserer Frage ist eine genaue Feststellung des Zeitalters, welchem die den jeweiligen Stand der jüdischen Messiashoffnungen darlegenden Quellen ihre Entstehung verdanken. Denn die diesbezüglichen, kritischen Misslichkeiten, auf welche schon vor Jahren ein sachkundiger Forscher als auf eine der Hauptschwierigkeiten zur Lösung unseres Problems aufmerksam gemacht hat, können auch heute noch nicht als gehoben erachtet werden.[1] Im vorliegenden Kapitel darf nun aber nicht durch Ermittelung des dogmatischen Gehaltes, speciell der messianischen Ideen, der einzelnen Werke Gewissheit über ihre Abfassungszeit erlangt werden, da ja der Glaubensbarometer einer jeden Epoche erst gesucht werden soll; vielmehr werden wir als einzige Kriterien zur Lösung des chronologischen Problems folgende benützen: die historischen Anspielungen, Tendenz und Zweck der Verfasser.

---

[1] Cf. Holtzmann in d. JB. f. d. Th. 1867. p. 389 ff. Doch scheint neuerdings gerade bei den wichtigsten Quellenschriften (s. unten die Bilderreden Henochs) das Zeitalter mit immer grösserer Wahrscheinlichkeit bestimmt werden zu können.

der geschichtliche Hintergrund, auf dem die zu besprechenden Schriftwerke sich abheben, zuletzt auch das Verwandschaftsverhältniss derselben untereinander. Stimmt sodann mit dieser Zeitbestimmung der Quellen die später zu versuchende Entwickelungsgeschichte der messianischen Ideen wohl überein, so liegt eben darin die beste Gegenprobe für die Richtigkeit des chronologischen Resultates.

Wenn wir unsere Untersuchung auf die messianische Literatur des Judenthums, insbesondere auf die Apokalyptik beschränken, so geschieht dies nicht in der Meinung, die Zukunftsgemälde derselben stünden ausser Zusammenhang mit den prophetischen und könnten für sich allein genügend erklärt werden; vielmehr müssen wir die Bekanntschaften mit den letzteren voraussetzen.[1] Es bezeichnet aber die Apokalyptik einen neuen Einschnitt in der Geschichte der messianischen Ideen. Die Blüthezeit dieses Literaturzweiges erstreckt sich bis in die Anfänge des Christenthums hinein und noch darüber hinaus. Aus diesen Gründen verdienen die apokalyptischen Urkunden unsere volle Aufmerksamkeit. Sie bedürfen aber noch darum einer eingehenderen Erörterung, als für mehrere die präcise Datirung einem kläglichen Schwanken unterliegt. Um jedoch auch auf diesem Gebiet das Gearbeitete nicht der Länge nach zu wiederholen, gedenken wir über die allgemeiner anerkannten Punkte kurz wegzugehen und etwa bloss da länger zu verweilen, wo die bisherigen Ergebnisse mehr zweifelhafter Natur geblieben sind. Um etwaigem Missverständniss vorzubeugen, fügen wir noch folgende Bemerkung bei: es kommt uns vorläufig nicht darauf an, zu wissen, ob Jesus direkt mit der besprochenen

---

[1] Auch die Psalmen, die alt. Apokryphen, die Evangelien, die Offenbarung Joh. werden uns im Laufe dieser Arbeit eine ziemliche Ausbeute liefern. Hinsichtlich ihrer Abfassungszeit werden wir uns jeweils auf die kritisch bestbegründeten Ansichten berufen.

Literatur bekannt gewesen, sondern zu ermitteln, was aus derselben in ihrem Zusammenhang über die messianische Gedankenwelt des Judenthums erschlossen werden kann. In jener Welt lebte Jesus; zu ihren Anschauungen stand er entweder in verwandter oder gegensätzlicher Beziehung und insofern ist das Studium dieser Quellen, wenn auch nur indirekt, grundlegend für unseren Zweck.

Die erste Apokalypse, sowohl der Zeit als dem Einfluss nach, den sie auf spätere Geschlechter ausgeübt, das Buch Daniel, diese religiös-politische Flugschrift gegen die syrische Zwingherrschaft, ist unter den hier in Betracht kommenden Schriftwerken dasjenige, welches die deutlichsten Spuren seines Ursprungs an sich trägt. Die im Heranrücken an die Regierung des Antiochus Epiphanes immer bestimmter lautenden Weissagungen (c. 11) lassen keinen Zweifel darüber, dass der Verfasser in den ersten Zeiten der makkabäischen Religionsnoth gelebt und im Hinblick auf dieselbe geschrieben habe. Selbst wenn dies Buch ältere, babylonische oder persische Ueberlieferungen enthielte, wie neuere Assyriologen anzunehmen geneigt sind,[1] so bliebe nichtsdestoweniger unbestreitbar, dass der Endpunkt der vermeintlichen Prophezeiung und damit wohl die wahre Abfassungszeit durch die beginnende Verfolgung des Epiphanes, näher durch den Gräuel der Tempelentweihung[2] bezeichnet ist. Dem gegenüber könnte auch die Abweichung

---

[1] S. Art. Daniel in Herzog's R. E. 2. Aufl. p. 469 ff. Auch F. Delitzsch verlegt die Abfassung unserer Schrift in die Zeit des Antiochus, in den Winter 168, p. 478 ff.

[2] Dan. 8, 9-14; 9, 26-27; 12, 11-12. — Ein neues Argument in sprachlicher Hinsicht für die Epoche des Epiphanes hat zuletzt Nestle (Z. f. a. W. 1884. p. 248) beigebracht durch den Nachweis, dass die seltsame Bezeichnung «der Gräuel der Verwüstung» in Dan. 9, 27 dem Namen Baalsamem, d. h. Zeus, gleichkommt, womit also die Anspielung auf den dem Zeus Olympios geweihten, von Antiochus im Tempel errichteten Altar ganz offenkundig wird.

der Exegeten in Detailfragen, [1] wie in Berechnung der zehn Hörner des vierten Thieres (c. 7) oder der siebenzig Wochen (c. 9), nicht aufkommen wäre sie auch noch grösser als in Wirklichkeit. Das beredeste äussere Anzeichen aber für die Verlegung dieser Schrift in die makkabäische Periode ist immer noch der Umstand, dass sie nicht in der Sammlung der Propheten, sondern unter den sogenannten Hagiographen zwischen Esther und Esra ihren Platz erhalten hat. Umgekehrt zeugt nun ihre Aufnahme in den ohnehin sehr spät, vielleicht erst in christlichen Zeiten, geschlossenen Kanon [2] sowie die Thatsache, dass sie stets unangefochten aus den wiederholten Bibelrevisionen der Rabbinen hervorgegangen, keineswegs für ihr höheres Alter. Ihre Kanonisation verdankt sie lediglich dem altehrwürdigen Danielnamen, unter dem sie ausgegangen war, sowie vielleicht dem Umstande, dass sie den bestrittenen Büchern, z. B. gerade dem Prediger gegenüber, von einem viel tieferen religiösen Geiste zeugte.

Von den sibyllinischen Orakeln [3] käme nun seines jüdischen Ursprungs und seines messianischen Inhaltes wegen der grösste Theil des 3. Buches (V. 97-807) zur Sprache, welcher Abschnitt, wie seit Bleek die meisten Kritiker annehmen, von einem hellenistischen, alexandri-

---

[1] Bei dem vierten Reich Daniels kann nicht an die Römer gedacht werden, selbst wenn das dritte Buch der Sibyllen schon auf dieselben Bezug nehme. Noch zur Zeit der Abfassung des ersten Makkabäerbuches (in den ersten Decennien des ersten Jahrhunderts vor Chr., cf. Schürer, N. Zeitgesch. 2 Aufl. 2. Theil 1886, p. 581', das manches über die Römer zu berichten weiss, war die Stimmung gegen dieselbe eine freundliche und keine Ahnung des zukünftigen Zusammenstosses vorhanden. Uebrigens hat der Verfasser wahrscheinlich, wie Delitzsch vermuthet, die Vierzahl der Weltreiche in den persischen Weltperioden vorgezeichnet gesehen. Bei der Berechnung der 70 Jahrwochen liegt wahrscheinlich ein Irrthum des Verfassers vor, wie er auch sonst vorkommt, s. Schürer, l. c. p. 616.

[2] S. Reuss, Gesch. d. h. Sch. A. T. 1881, p. 713 ff.

[3] Wir citiren nach der Ausgabe von Friedlieb, Die sibyllinischen Weissagungen. 1852.

nischen Juden verfasst worden und den ältesten Bestandtheil der ganzen Sammlung bildet.¹ Da wir aber einerseits gesonnen sind, unsere Darstellung auf die rein palästinensische Entwickelung der messianischen Erwartungen einzuschränken, und auch anderseits nicht nachzuweisen ist, dass die jüdischen Schulen Alexandriens, vor der Ausbreitung des Christenthums wenigstens, einen erheblichen Einfluss auf die palästinensischen ausgeübt haben,² so vermeiden wir es, auf diese ausländischen, der Geistesbewegung des Mutterlandes ferner liegenden Erzeugnisse näher einzugehen, und nur zur Bestätigung der anderwärts schon feststehenden Punkte werden wir ihrer im Laufe unserer Untersuchung Erwähnung thun. Was insbesondere das erwähnte sibyllinische Orakel betrifft, so ist, trotz der vielfachen Anklänge des genannten Buches an Daniel,³ das Augenmerk seines Verfassers nicht unmittelbar auf die messianische Endzeit gerichtet;

---

¹ S. Reuss, Art. Sibyllen in Herzog's R. E. p. 184 ff. Hinsichtlich der Zeit setzte Reuss ähnlich wie Hilgenfeld ungefähr das Jahr 137 an; verschiedene Anzeichen nöthigen aber noch weiter hinabtzugehen. Für unseren Zweck ist das genaue Datum und daher auch die ausführliche Begründung gleichgültig.

² In seinem apologetischen Streben hat der jüdische Hellenismus dem Universalismus immer mehr Thür und Thor geöffnet. In demselben Masse hat er sich, besonders seit dem Makkabäeraufstand, Palästina verschlossen, s. Freudenthal, Alexander Polyhistor, 1875, p. 127 f. Siegfried (Philo von Alexandria, 1875 p. 315) wagt nicht einen bestimmten Einfluss philonischer Denkweise auf die Synoptiker zu behaupten. S. auch Zöckler, Art. Philo in Herzog R. E p. 647 ff. Auf Philo werden wir um so weniger Rücksicht nehmen, als wir für die Beurtheilung des Selbstbewusstseins Jesu von dem johanneischen Evangelium absehen und uns ausschliesslich an die Synoptiker halten werden. Uebrigens ist die Messiasidee in dessen System nicht recht zu Hause, s. G. Müller, Die messian. Erwartungen des Juden Philo, 1870, p. 6.

³ S. besonders Sib. III, 388-400. Auch die Verse 611-615 sind reine Reproduction von Dan. 11, 40 ff. Allerdings hat die Sibylle nicht wie Daniel die Kriegszüge des Epiphanes im Auge gehabt, weil sie das Heranziehen des asiatischen Königs als gleichzeitig mit dem Herrschen des 7ten Ptolemäers auffasst (608). Wahrscheinlich hat sie überhaupt keine bestimmte Vorfälle, sondern ein noch rein zukünftiges Ereigniss gemeint.

im Vordergrund steht die Polemik gegen das Heidenthum, seine Sittenlosigkeit und seinen Götzendienst, wozu die Hinweisungen auf die hereinbrechenden Gerichte Gottes doch nur mehr als Mittel dienen.

Von grösster Wichtigkeit für unseren Zweck sind die bis auf wenige Bruchstücke nur noch in aethiopischer Uebersetzung vorhandenen Henochbücher.[1] Sie bieten manche Schwierigkeiten sowohl der dunkeln Ausdrucksweise und des befremdlichen Inhaltes wegen, als auch in Hinsicht der genauen Abgrenzung der einzelnen, im vorliegenden Texte zum Ganzen verarbeiteten Theile. Wir scheiden zunächst mit Bestimmtheit die sogenannten Bilderreden (37-71) aus, deren Absonderung von dem Uebrigen durch viele unzweideutige Kennzeichen gefordert wird.[2] Wenn wir nun auch von dem bleibenden Grundstock (c. 1-36 und 72-105) nicht behaupten möchten, dass derselbe ursprünglich ein einheitliches Werk bildete,[3] so werden wir doch in unserer Besprechung diese Kapitel

---

[1] Wir citiren nach der Ausgabe Dillmann's: Das Buch Henoch. 1853.

[2] Dass die Bilderreden erst später hinzugekommen, ist fast allgemeine Ansicht der Gelehrten, cf. Schürer, l. c. p. 620. Die Gründe sind vortrefflich zusammengestellt von Köstlin: Th. J. B. 1856, p. 265 ff. — Auch Dillmann, der zuerst die Einheit des Verfassers für die ganze Schrift festhalten zu können meinte, hat später (Herzogs R. E. 1. Aufl. und Schenkels Bib. lex. p. 10 ff.) die Bilderreden getrennt und, wie schon vor ihm Ewald, der Grundschrift vorangesetzt, zuletzt jedoch sich ebenfalls zur Ansicht einer späteren Einschaltung bekannt (Herzogs R. E. 2. Aufl. p. 351).

[3] Vergleicht man den ersten Reisebericht 17-19 mit dem ausführlicheren 21-36 (cf. Dillmann p. 121), so erhält man ganz den Eindruck verschiedener Bearbeitungen desselben Themas. Aber auch die letzteren Kapitel 21-36 enthalten manches, was in dem astronomischen Theil 72-82 wiederkehrt (cf Köstlin, l. c. p. 262). Diese Erscheinungen bestätigen, was wir oben über den schulmässigen Ursprung dieser Apokalypse aussagen. Auch Abweichungen in den eschatologischen Anschauungen, wie solche (s. Dillmann p. 302 ff.) zwischen dem Traumgesicht (c. 90) und der sonst wohl übereinstimmenden und zu derselben Zeit verfassten Wochenapokalypse (c. 93 und 91, 12-17) bestehen, sind innerhalb der Schule nicht unmöglich. Auf verschiedene jüdische Bearbeitungen geht auch das Urtheil von Schodde, the book of Enoch, Andover 1881.

unter dem Namen der Grundschrift zusammenfassen, weil sie trotz mehrerer Abweichungen sich als geistesverwandte, eng zusammengehörige Produkte kundgeben. Es liegt nämlich das unterscheidende Merkmal der Danielapokalypse von der des Henoch gerade darin, dass letztere ein schriftgelehrtes Sammelwerk darstellt, in welchem die ganze religiöse Natur- und Geschichtsweisheit der Verfasser sich breit macht. Zwar ist der letzte Zweck der Arbeit zweifelsohne ein apologetisch polemischer, aber das Schulmässige derselben zeigt sich entschieden darin, dass der Stoff so ausführlich dargelegt wird und die Erörterung oft ganz in die lehrhafte Form übergeht. Henoch, der Schreiber (12, 3. 4. 15, 1. 92, 1), voll des Geistes der Weisheit, dieser jüdische Prototyp des katholischen Dante, der in Begleitung der Wächter den Himmel und die Enden der Erde, die finsteren oder feurigen Straforter der Gottlosen und alle Wohnplätze der abgeschiedenen Geister erforschend durchwandert, ist nichts anderes als der Patron der Schriftgelehrten, in dessen Namen dieselben siebenfache Belehrung über die ganze Schöpfung ertheilen (93, 10). Dieser Schulcharakter, der sich auch in dem durchgehenden Bestreben verräth, ein möglichst auf biblischem Grunde fassendes Weltsystem zu entwickeln,[1] erklärt hinlänglich, warum die Henochschriften, woran verschiedene Hände thätig gewesen, in einen Rahmen zu stehen kamen, und mag auch dafür bürgen, dass, wie die einzelnen Theile aus derselben Werkstatt hervorgegangen, sie auch zeitlich nicht zu weit auseinander liegen.

Zur Feststellung des Zeitalters der Grundschrift dient ein Dreifaches: ihre Berührung mit Daniel, das Sittengemälde, das sie entwirft, und die Angaben der Geschichts-

---

[1] S. Dillmann, l. c. Allg. Einl. p. XIII ff.

Vision in c. 90. Die danielische Musterapokalypse ist nicht nur benutzt, [1] sondern auch weitergebildet, wie besonders aus dem Traumgesicht (c. 85-90) hervorgeht. [2] Völlige Ueberzeugung, dass Henoch einer vorangeschritteneren Zeit angehört, verschafft der Umstand, dass während Daniels Aufmerksamkeit noch vor allem auf die schwankenden Bewegungen der benachbarten, Israels religiöse Sonderstellung bedrohenden Mächte gerichtet war, die Polemik unseres Schriftstellers hauptsächlich den inneren Schäden gilt. Der ganze letzte Theil (92-105) zeigt ihn in einem Kampf auf Leben und Tod mit den abtrünnigen Elementen seiner eigenen Nation begriffen. Der praktische Materialismus, der es auf gut Essen und Trinken, auf Kleiderschmuck und Häuserbauen abgesehen, ist nur die Aussenseite des inneren Glaubensschiffbruches. Kecke Freigeister, die es nicht glauben wollen, dass ihre Gewaltthätigkeiten Tag für Tag im Himmel aufgeschrieben werden (101, 7), sondern die Sünde als etwas Unvermeidliches hinstellen (97, 4), haben Lügenschriften [3] verfasst, in welchen sie die Wahrheit auf solche Weise verkehren (104, 9 ff. 98, 15. 94, 5). Auch die Lehre der Auferstehung

---

[1] Allerdings können solch allgemeinere Anschauungen, wie das Eingreifen der Engel, oder auch speciellere, wie die Beziehung der Sternenwelt zur Menschheit, nicht als direkte Entlehnung gelten, da sie vielmehr, wie sich zeigen wird, in der religiösen Zeitströmung begründet sind.

[2] Wir erinnern nur an die 70 Wochen, welche in 70 Hirten- oder Wächterzeiten verwandelt werden (89, 59 ff.), an die ausgedehnte Thiersymbolik (cf. Dillmann, p. 254 ff.), an das Bild des Hornes und der Hörner (90, 9 ff.) u. s. w. Mehr noch als durch diese nur formellen Anklänge wird sich die Anlehnung an Daniel bei der späteren Prüfung der messianischen Erwartungen sowohl in der Grundschrift als auch in den Bilderreden herausstellen.

[3] Gerade dieser zersetzenden schriftlichen Wirksamkeit gegenüber betitelt sich der für das väterliche Gesetz einstehende Verfasser «Schreiber der Gerechtigkeit» (12, 4; 15, 1). Wahrscheinlich gehörte er also den pharisäischen Kreisen an, wozu der schriftgelehrte Charakter seines Werkes stimmt; denn als Pharisäer befliss er sich nothwendig der Schriftgelehrsamkeit. s. Wellhausen, Die Pharisäer und Sadduccäer 1874, p. 8 ff.

102, 6 ff.), sowie den jüdischen, nach dem Mondjahr berechneten Kalender haben sie angefochten (82, 4 ff. 74, 12) und von hieraus vielleicht die frommen Berechnungen des nahenden Gerichtes ins Lächerliche gezogen. Ja, es ist eine so arge Störung aller Ordnung, ein solches Uebermass der Bosheit, dass der gottesfürchtige Schreiber, der es nicht zu fassen vermag, unter der Wucht der bitteren Tageserfahrungen die Wurzeln des Abfalls über die geschichtlichen Faktoren hinaus bis in die transcendente Dämonen- und Sternenwelt verfolgen zu müssen glaubt (8. 10, 7 ff. 15, 11 ff. 19. 21...). Es ist nicht mehr das einige Volk, es sind zwei völlig geschiedene Klassen: die Gerechten und Heiligen oder, wie sie auch heissen, die Pflanze der Gerechtigkeit (10, 16. 93, 2. 5. 10) einerseits, die Sünder und Ungerechten anderseits. Bis wohin das Mass der gegenseitigen Erbitterung gestiegen war, mag daraus entnommen werden, dass am Tage der Vergeltung die Gerechten ein furchtbares Blutbad anrichten (91, 9. 95, 3. 99, 6. 100, 1 ff.) und den Abtrünnigen die Hälse abschneiden werden (98, 12). Derartige Zustände nun, wie sie hier vorausgesetzt sind, wo die Parteien einander so schroff gegenüberstehen und schon so Viele aus den leitenden Kreisen zu fremdländischem Wesen hinneigen, passen auf die Zeiten der späteren Hasmonäer, etwa seit den letzten Jahren Hyrcan's, als die Feindschaft der gesetzestreuen Pharisäer gegen die weltliche Dynastie offener hervortrat. [1]

---

[1] S. Josephus, Ant. XIII, 10, 5 ff. und zur richtigen Auffassung der Stelle, Wellhausen, p. 89 ff. — Aus Henoch 95, 5 ff. 103, 14 ff.; 104, 3 ist auf eine unterdrückte Partei (Pharisäer) zu schliessen, welche mit den Herrschern zerfallen, weil diese mit den Sündern (Saduccäern) im Bündnisse stehen. Das weltliche Treiben (Festgelage, Gold und Silber, prächtige Bauten) der Grossen und Mächtigen (d. h. der Sadducäer, cf. Ant. XVIII, 1. 4) im aufblühenden Hasmonäerstaate ist den verdunkelten (103, 11) Pharisäern und geistlichen Literaten ein Dorn im Auge. Da jene einer gewissen religiösen

Wir haben um so mehr Gewicht auf diese inneren Verhältnisse gelegt, als auf den weniger zuverlässigen Text der Hirtenvision (c. 90) nicht oder kaum zu bauen ist. Uebrigens dürfte auch der betreffende Abschnitt, wenn mit 90, 14 die äusserste Grenze der historischen Anspielungen bezeichnet ist, zur Regierungszeit Hyrcans,[1] also gegen Ende des 2. vorchristlichen Jahrhunderts angesetzt werden.[2]

Einen ähnlichen, auf pharisäisch schriftgelehrte Bestrebungen hinweisenden Ursprung haben auch die der Grundschrift Henoch's einverleibten **Bilderreden**. Die neuen Gesichtspunkte, welche daselbst besonders in theologischer und eschatologischer Beziehung hervortreten, hat man durch einen nachchristlichen Ursprung dieser Reden zu erklären gesucht. Diese Ansicht dürfte, obschon sie

---

Lauheit sich schuldig machten (scrupelloses Handeln, Leugnen der Auferstehung charakterisiren die Weltanschauung der Sadducäer, cf. Wellhausen, l. c. p. 52 ff., und gehören auch zu den Klagegründen Henoch's gegen die Sünder), so begreift man, wie der ergrimmte Schreiber, ein Eiferer unter den Pharisäern, die Thorheit seiner Gegner übertreibend, sie zu völlig Ungläubigen stempelt und ihnen zuletzt Götzendienst unterschiebt (99, 7; 104, 9). — Haben ferner die pharisäischen Heisssporne solche Aufreizungen unter ihre Anhänger geworfen, wie sie uns oben entgegentreten, so begreift sich ebenfalls, dass dadurch den Bürgerkriegen unter Hyrcan (Bell. J. I, 2. 8) und Alexander Jannaeus (Bell. J. I, 4. 3. Ant. XIII, 13. 5) nur zu sehr vorgearbeitet wurde.

[1] Wenn nicht vielmehr Judas Maccabäus unter dem grossen Horn (90, 9) verstanden werden muss. Ist Hyrcan gemeint, so fällt die Abfassungszeit des Traumgesichtes auf jeden Fall in den Anfang seiner Regierung, wegen der relativ freundlicheren Stimmung des schriftgelehrten Verfassers. — Umgekehrt scheinen die Schlusskapitel (92-105) eher noch etwas über Hyrcan hinabzugehen: vielleicht über Aristobul I. hinaus, wenn mit c. 100, 2 die Ermordung seines Lieblingsbruders Antigonus (Bell. Jud. I, 3, 2 ff.) und mit dem öfters hervorgehobenen Rauben, Bedrücken und Blutvergiessen der Sünder noch die ersten inneren Wirren unter Alexander Jannaeus angedeutet sind.

[2] So Dillmann, Köstlin; Hilgenfeld: circa 98 vor Christo. Die neueste Deutung von Wieseler bestimmt für c. 90 das Jahr 169 (Z. D. M. G. 1882. p. 185 ff.), welches Datum aber für den letzten Theil der Grundschrift aus den angeführten Gründen nicht massgebend sein kann.

auch heute noch Anhänger zählt, als antiquirt erscheinen.[1] Dass diese den Bilderreden eigenthümlichen Ideen, insbesondere die Lehren vom Menschensohn und seiner Praeexistenz schon im Schosse des Judenthums mit Nothwendigkeit auftauchen mussten, wird sich erst in den folgenden Kapiteln völlig klar machen lassen. Dass aber der Gedankenkreis dieser Schrift in den Urkunden des N. Testaments vorausgesetzt wird, muss und kann hier schon hervorgehoben werden. Wie es nämlich heute bei manchen Vorstellungen, die bisher als erst christliche oder gar als nachapostolische galten, immer wahrscheinlicher wird, dass sie mit ihren Wurzeln ins vorchristliche Judenthum hinaufreichen, so ist neuerdings ganz treffend gezeigt worden, dass es sich in der Stelle 1 Petr. 3, 19 f. um die Predigt des praeexistenten Christus an die gefallenen Engel handelt, welche Anschauung aber sich nur auf Grund der Gedankenwelt der Bilderreden ausbilden konnte.[2] Wenn nämlich im Petrusbriefe Christus das Amt vertritt, das in der Grundschrift Henochs diesem Patriarchen zugeschrieben wird, so wird diese Uebertragung nur begreiflich, wenn einerseits, wie allgemein in den Bilderreden, die Idee der Praeexistenz des Messias verbreitet war, und anderseits, wie das besonders aus c. 71 hervortritt, Henoch als eine Incarnation des Men-

---

[1] Christliche Färbung der Bilderreden haben behauptet Hilgenfeld, Volkmar, Colani und andere. Gegen den christlichen Ursprung ist noch immer ein starkes Argument, dass dann die Bilderreden viel zu wenig christliches Gepräge tragen und man den eigentlichen Zweck des Verfassers nicht einsieht (cf. Schürer, l. c. p. 626). — Der an das N. Testament anklingende Wortlaut von 38,2 ist eine bei den Rabbinen häufig vorkommende Wendung, s. Edersheim, The life and times of Jesus the Messiah, 1884, II p. 120. 502. — Endlich ist das Thal mit den Schwefelwassern zur Heilung (c. 67, 4 ff.) für das Zeitalter der Bilderreden nicht direkt beweisend, da die betreffende Stelle zu den noachischen Einschaltungen gehört, worüber unten. Zudem ist die Beziehung auf die Eruption des Vesuvs (a. 79) ausgeschlossen, da die Zerstörung Jerusalems (56,7) unbekannt ist.

[2] S. Spitta, Christi Predigt an die Geister, 1890.

schensohnes oder des Messias angesehen wurde. Dass diese Combination aber schon früher innerhalb des Judenthums vorgenommen werden konnte, wird dem einleuchten, der bedenkt, dass ein genügender Anlass dazu in der alttestamentlichen Erzählung von der Himmelfahrt des Henoch vorlag. Auch fehlt es nicht an rabbinischen Zeugnissen, welche den Henoch mit den höchsten Prädikaten auszeichnen und ihn geradezu dem Metatron, einer an den Messias erinnernden göttlichen Hypostase, gleichsetzen. Schon in den Bilderreden sowohl wie in der Grundschrift ist er mit solch erhabenen Attributen ausgerüstet worden, dass sich zuletzt der Verfasser der Bilderreden selbst oder bald nachher ein Interpolator veranlasst sah, die völlige Identificirung des Patriarchen mit dem Menschensohn in c. 71 auszusprechen. Mag das eine oder das andere der Wirklichkeit entsprechen, sicher ist soviel, dass ein Christ niemals zu dieser Identificirung gekommen wäre. Es enthält also die besagte Petrusstelle nur eine Reminiscenz an die Sagenwelt der Henochbücher, und es wird sich überhaupt unsere moderne Theologie immer mehr mit dem Gedanken befreunden müssen, dass Spuren apokalyptischer Theologoumena im N. Testament nicht so gar selten sind.

Wenn somit die vorchristliche Abfassung der Bilderreden ausser Zweifel steht, so fragt sich, ob ihre Entstehungszeit noch etwas genauer festgestellt werden kann. Nicht die Ausgänge des hasmonäischen Herrscherhauses,[1] sondern die herodianische Epoche bildet unseres Erachtens den historischen Hintergrund der Bilderreden. Allerdings sind die Anhaltspunkte sehr verhüllt, doch dürfte für das angegebene Datum eine grössere Wahrscheinlichkeit als bisher erzielt werden, namentlich auch aus der Rücksichtnahme des Schriftstellers auf die Römer, deren ver-

---

[1] So Dillmann, Köstlin, Sieffert: vor dem Jahre 64, wegen Nichterwähnung der Römer.

meintliche Uebergehung ein Hauptanstoss der Kritik zu sein scheint. Schwerlich können doch mit «den mächtigen Königen und Hohen, welche die Erde innehaben, welche die Feste besitzen und beherrschen» (38, 4. 5. 46, 4. 48, 8 und besonders 62, 1. 3. 6. 9. 63, 1. 12) die untergehenden, haltlosen Hasmonäer gemeint sein, während die bekannte, enge Freundschaft zwischen Herodes und Augustus diese Ausdrucksweise rechtfertigt. Und gerade dies häufige Gerede vom ganzen Erdreich, von der Feste, dem Meere und den Inseln (53,1) zeigt an, dass der Gesichtskreis des Verfassers sich erweitert, wie das römische Weltreich selbst. Einförmig grau ist dieser Horizont, überall die eiserne Macht des in seiner Verbindung unbezwinglichen Herrscherpaares, Herodes und Augustus. Darum treten die Könige und Mächtigen so in den Vordergrund (46, 5. 53, 5. 54, 2. 55, 4 und die schon angeführten Stellen); von den inneren gleichmässig unterdrückten, pharisäischen und sadduccäischen Parteiungen dagegen verlautet nichts mehr, sie sind beide durch fremde Hofleute beim König ausgestochen. Lastet aber der Druck auf der ganzen Erde, ist die Finsterniss eine völlige, so ist eben die Gegenwart das exacte Kehrbild der messianischen Zukunft, wo das Licht ebenso voll leuchten wird. Daher schwankt die Anschauungswelt der Bilderreden zwischen den zwei entgegengesetzten Polen des Lichtes und der Finsterniss.[1] Ferner wird höchst wahrscheinlich unter den Metallbergen[2] im Westen (52, 1 ff.) in der parabolischen

---

[1] Die ausserordentliche Steigerung der Eschatologie des in Rede stehenden Abschnittes wird begreiflich, wenn der Verfasser von der so beschaffenen Gegenwart mit aller Wucht auf die messianische Aera zurückgeworfen wurde.

[2] Ob nicht ursprünglich sieben Berge aufgezählt waren? Der mit «Tropfmetall» übersetzte Ausdruck ist unklar; er scheint in ein Doppeltes, Blei und Zinn, zerlegt werden zu müssen, cf. Dillmann, l. c. p. 167. — Die Beziehung auf Rom liegt doch näher als auf die phönizischen Metallgruben in Spanien!

Art der Schrift die römische Macht [1] dargestellt: mit all seinem Gold und Silber wird Rom dem Gesalbten nicht entfliehen können, auch seine Panzer und Kriegswaffen, sein Eisen und Blei werden ihm nichts nützen; diese Berge werden vor dem Auserwählten sein wie Honigseim vor dem Feuer.

Aber wie? Lebte denn Herodes nicht in gutem Einverständniss mit den Pharisäern? Hat er nicht ihre Führer, Polio und Sameas, zu seinen Rathgebern gezählt, ihnen den Eid erlassen und auf mannigfache Weise ihre religiösen Ueberzeugungen geschont? [2] Gewiss. Aber ebenso bestimmt wissen wir auch, dass es gegen Ende seiner Regierung gar viel anders aussah. Da hören wir von einem durch Rabbinen ins Werk gesetzten Volksaufstand, von ihrer Verurtheilung zum Feuertod und der Hinrichtung ihrer Anhänger (Bell. Jud. I, 33, 2 ff. Ant. XVII, 6, 2; cf. Bell. Jud. I, 29, 2). Nun war es offenkundig: Herodes, der Halbjude, gehörte zu denen, welche, wie einst Daniel von Antiochus gesagt, «die Sterne des Himmels meistern und ihre Hände gegen den Höchsten erheben» (Hen. 46, 7). So urtheilt unser Verfasser zumal, eine entschieden fromme Seele, einer von denen, welche «gehasst und verschmähet haben diese Welt der Ungerechtigkeit» (48, 7) und welche sich vielleicht niemals, wie die diplomatisch angelegten Naturen unter ihren Parteigenossen, zu einem Compromiss herbeigelassen hatten. Ja wohl, es gab eine Zeit, wo die Pharisäer den Despoten zu den Ihrigen gerechnet, wo dessen «Sinn auf Werke der Frömmigkeit gerichtet war» (Bell. Jud. I, 20,

---

[1] Dass die ganze bewohnte Welt Gaben und Huldigungszeichen nach dem Thale bei den Bergen im Westen bringt (53,1), erinnert ebenfalls an die römische Universalmonarchie zur Zeit Octavians.

[2] S. Jos. Ant. XV, 1, 1. 2. 10, 4. 11, 5. 6. Cf. Wellhausen, l. c. p. 108.

4), darum gerade heisst es von ihm und den Seinigen, dass sie «den Namen des Herrn der Geister verleugnet haben¹ (46, 7. 48, 10), und dass sie werden ausgetrieben aus den Häusern seiner Gemeindeversammlung» (46, 8). Auch was wir von dem misstrauischen Wesen des Königs erfahren, dass er Zusammenkünfte untersagte und sogar sich selbst aufs Spioniren verlegte (Ant. XV. 10, 4), stimmt zu der Angabe, dass der Synagogengottesdienst verhindert wurde (Hen. 53, 6). Unter solch inquisitorischem Regiment war endlich die verhüllte Darstellungsform, ² das Bilderreden, angezeigt: es mochte angehen, dass Henoch in der geschilderten Weise über Könige im Allgemeinen prophezeite, während jede specielle und deutlichere Bestimmung schlimme Folgen nachziehen konnte. Ist nach alledem die Behauptung zu gewagt, dass wir es hier mit Herodes, ³ und zwar mit seinem letzten Regierungsjahr zu thun haben, weil die Bemerkung, dass «Würmer das Lager der Könige sein, und sie keine Hoffnung haben werden, von ihren Lagern aufzustehen» (46, 6), auf die letzte, schmerzhafte, Würmer erzeugende Krankheit des Tyrannen hinweist? ⁴

---

¹ Die etwas älteren Psalmen Salomos, welche trotz der schwersten Beschuldigungen der Regierungspartei der Sadduccäer nirgends offenen Bruch und Verleugnung vorwerfen, liefern den Beweis, dass von den Hasmonäern abgesehen werden muss. Wir werden dort eine ganz andere Zeichnung finden, die mit der obigen nichts gemein hat.

² Möglicherweise sind darum Parther und Meder (56,5) für die Römer gesetzt, wenn nicht eher ein schriftgelehrtes Motiv (cf. Hez. 38, 39) vorliegt, wonach in den letzten Zeiten die Völker des Nordens und Ostens gegen Jerusalem anstürmen werden. Die Parther waren den Juden zur Zeit des Herodes schon längst bekannt, cf. Ant. XIV, 13.

³ Recht stark zu Gunsten der angegebenen Epoche spricht die Vermuthung Wünsches (Neue Beiträge zur Erläuterung der Evangelien, 1878, p. 328 ff.), dass die schon erwähnte Redensart (38, 2) aus dem Streite zwischen den Schulen Schammais und Hillels, also aus den Zeiten des Herodes stamme.

⁴ S. Bell. Jud. I, 33, 5. Ant. XVII 6, 5. Diese Würmerkrankheit des Königs muss auf die Einbildungskraft der Frommen einen gewaltigen Eindruck gemacht haben, s. die Schatzhöhle, übersetzt von Bezold, 1883, p. 61.

Wir vermuthen, dass ein in der Grundschrift Henochs wohl belesener, derselben Schulrichtung [1] angehöriger Pharisäer die unter des Patriarchen Namen umlaufenden Weissagungen benutzt habe, um unter demselben Pseudonym seine Zwecke zu verfolgen. Braucht die immerhin auffällige Erscheinung, dass dies spätere Werk mit dem ersteren verbunden wurde, noch eines weiteren Aufschlusses, so ist es vielleicht der beiden gemeinsame locale Ursprung. Es will uns nämlich dünken, als ob manche Anzeichen auf die Rabbinenschulen Galiläas, [2] als auf die Heimath der Henochapokalypse, hinführen. Zwar mit der Riesenlegende ist, nach den Apokryphen zu urtheilen, das ganze Zeitalter vertraut, aber soll es nicht ein Interesse der Nachbarschaft erklären, dass in Henoch gerade der Hermon als Ort des Herabsteigens der Engel bezeichnet wird (6, 6. 13, 7. 9)? Wurde jedoch der Schauplatz der Engelverschwörung, wie überhaupt die ganze Geschichte Noah's, constant in die nördlichen Gebirge verlegt, nun so ist es wiederum natürlich, dass die Sage besonders in Nordpalästina auflebte und ihre Ausbildung erhielt. Es passt auch der Charakter unserer Apokalypse zu den Ueberlieferungen über die späteren Rabbinen Galiläas, dass sie in vielen Stücken eigenartige Ideen hegten, sich gerne mit mystisch kabbalistischen Spekulationen [3] befassten, das Sprachstudium vernachlässigten, u. s. f. Der tiefe, praktische Ernst, die warme Herzens-

---

[1] Auf jeden Fall hat der 2te Henoch, um die Gleichförmigkeit mit dem ersten zu erhöhen, Manches über physikalische Geheimnisse (c. 41. 43. 59) eingestreut. — Grosse Aehnlichkeit zwischen der Darstellung c. 71 und 14. Vergleiche auch 39, 1. 2 und c. 64 mit der Grundschrift.

[2] Auch Rönsch (p. 524 ff.) denkt für das geistesverwandte Buch der Jubiläen an Nordpalästina.

[3] S. Edersheim, l. c. I, p. 226, Anm. 2, auch l. p. 50 ff. — In der Rabbinenschule zu Tiberias wurden physikalische Theorieen über die Weltschöpfung gepflegt, jer. Chag. 77 a.

frömmigkeit, sowie die patriotische Gesinnung der galiläischen Bevölkerung¹ spiegeln sich in den paränetischen Schlusskapiteln und in den Bilderreden, und wie sehr die messianischen Hoffnungen auf diesem Gebiete im Schwange gingen, dafür zeugen die dort einheimischen Zeloten oder Kannaim.² Die Entstehung ausserhalb Judaeas bringt es zuletzt mit sich, dass der jerusalemitische Tempel zurücktritt und auf die Synagogenversammlungen Gewicht gelegt wird.³

---

¹ Cf. Edersheim. l. c. I, p. 225.
² Bald nach Herodes' Tode rebellirte Judas in Galiläa, Ant. XVII, 10, 5. Bell. J. II, 4. Die nur auf Gottes Hilfe harrenden Apokalyptiker dürfen zwar nicht mit der politischen Partei der Zeloten verwechselt werden, aber es versteht sich, dass die ersteren durch ihre schriftlichen Ergüsse den Umtrieben der letzteren, wenn auch wider Willen, Vorschub leisteten
³ Zusätze eines späteren Schriftgelehrten scheinen die sogenannten noachischen Stücke zu sein: 54, 7. 55, 2. c. 60. 65-69, 25. Die beiden Sagenkreise von Henoch und Noah sind gewiss schon frühe in einander übergeflossen, s. Sir. 44. 16 f 2 Petr. 2, 4. 5. 1. Pet. 3, 19. 20. Die Art des noachischen Interpolators gibt sich darin kund, dass er die Wunderlichkeiten seiner Vorgänger überbietet und der Schulkram ihm zur wahren Liebhaberei wird. Es sind Grillen eines Alchymisten, die Verbindung und Scheidung der männlichen und weiblichen Elemente betreffend (54. 8. 60, 7 ff. cf. 65. 7. 8. 67, 6), es sind Hirngespinnste eines Theosophen und Sterndeuters in Bezug auf curiose atmosphärische Erscheinungen (60, 11-22. 69, 16-25), es sind Auskramungen eines Quacksalbers über Wasserheilungen (67, 8), über Bitteres und Süsses (69, 8), über die bösen Schläge der Dämonen, die Bisse der Schlange (69,12) u. s. w. An dem höheren Zwecke, den die Grundschrift und die Bilderreden verfolgten, scheint dem noachischen Pfuscher wenig gelegen zu sein; er hat Interesse und Freude an jenen Kleinigkeiten an und für sich. — Die ursprüngliche Beziehung der Metallberge ist ihm ein Geheimniss geblieben (67, 4). Genauere Zeitangaben sind kaum vorhanden: auf das römische Kaiserreich passt, was dem Giessen der Gussbilder für die ganze Erde (65, 6), oder von den Werkzeugen des Todes (69, 6) gesagt wird. Merkwürdigerweise weisen auch diese noachischen Einschaltungen auf Nordpalästina als ihren Entstehungsort. In Sanh. fol. 108, 1 lesen wir von drei heissen Quellen Galiläa's, welche auf die Sündfluth zurückgeführt wurden: nämlich die Wasserwirbel von Gadara, der grosse Born von Biram und die heissen Bäder von Tiberias. Ueber alle drei s. Hamburger, Real-Encyclopädie für Bibel und Talmud, II p. 371 f; über die letzteren s. Lightfoot, Horae hebraicae I, p. 151. Kranke suchten dort Heilung ihrer Gebrechen, jer. Schabb. fol. 3, 1. Nun spricht auch Henoch 67, 6 ff. von Schwefelquellen, welche zur Heilung dienten

Nicht zu bestreitendes Zeugniss für das Vorhandensein einer Henochschrift liefert die **kleine Genesis** oder das **Buch der Jubiläen**,[1] das uns nicht so sehr seines spärlichen, messianischen Inhaltes wegen interessirt, als durch die Beleuchtung, welche die fromme, jüdische Weltbetrachtung zu Beginn unserer Zeitrechnung daraus erhält. Aus der Art und Weise, wie der Verfasser über die schriftstellerischen Leistungen des Patriarchen sich auslässt, ist nicht nur zu schliessen, dass ein dem Henoch zugeschriebenes Werk ihm vorgelegen, sondern auch, weil die Schilderung mit dem Inhalte unserer Apokalypse so genau stimmt,[2] dass es in der That diese gewesen. Als schriftgelehrten Schreiber kennzeichnen die Jubiläen den Erzvater; früher hingegen, vor dem Erscheinen der Apokalypse, galt er, wie Sirach (44, 16) lehrt, als Muster eines zarten, reuigen Gewissens.[3]

Unter den weiteren Anzeigen einer engen Verwandtschaft der kleinen Genesis mit Henoch sind zu betonen: die beiden Werken gemeinsame, verworrene Stilart,[4] die

---

und von der Bestrafung der Engel herrühren. Ferner wird doch dies Thal der Strafe im Norden gesucht werden müssen, da wo die Engel auch herabgestiegen. «Im Westen» (67, 4) heisst es vom Standpunkt Noahs — Allerdings erwähnt Josephus (Bell. Jud. VII, 6, 3) auch warme Quellen am todten Meere bei Machaerus, allein für deren Ursprung lieferte die Sodomssage Auskunft, mit welcher der noachische Sagenkreis von den Göttersöhnen und der Sündfluth nicht vermischt werden darf, cf. Sap. 10, 7.

[1] Den äthiopischen Text citiren wir nach der deutschen Uebersetzung von Dillmann (Ewald's Jahrbücher der bibl. Wissenschaft, 1849, p. 230 ff 1850 p. 1 ff.); die seither auf der ambrosianischen Bibliothek zu Mailand entdeckten, lateinischen Fragmente nach der Ausgabe von H Rönsch: Das Buch der Jubiläen oder die Kleine Genesis, Leipzig 1874.

[2] S. das Zeugniss bei Dillmann, l. c. 1849, p. 240.

[3] So auch bei Philo. S. Ewald, Gesch, des Volkes Israel, IV, p. 456, Anm. 1. — Den Schreiber Henoch hätte das genannte Apokryphon um so mehr erwähnt, als es anderes derart, wie David's Psalmen und Salomo's Schriften, nicht mit Stillschweigen übergeht.

[4] Obwohl dies Argument dadurch an Werth verliert, dass beide Schriften uns nur in Uebersetzungen 2ten oder gar 3ten Ranges zugänglich sind.

ausführliche Beschreibung des Falles der Engel,[1] die eigenthümlichen Gerichtsstrafen,[2] die Bezeichnung der gesetzestreuen Judenschaar mit dem Ausdruck «Pflanze der Gerechtigkeit» (Jub. 16), die Auseinandersetzungen über Jahresberechnung nach Sonne und Mond[3] und anderes mehr.[4]

So viel aus dem Buche der Jubiläen selber zu ersehen ist, fällt dessen Abfassung in den Anfang der christlichen Zeitrechnung,[5] was mit der Benützung der

---

[1] Die Wächter steigen herab in den Tagen Jareds (Jub. 4 und Hen. 6 in den griechischen Fragmenten des Syncellus). Sie fangen an, einander aufzufressen (Jub. 5 = Hen. 7). Auch die Reihenfolge der Gerichtsworte und -acte stimmt mit Hen. 10. Die Kinder der Wächter sind die Dämonen (Jub. 10 = Hen. 15).

[2] Hagel, Eis, Schnee . . . Jub. 23 = Hen. 100, 13.

[3] Hiebei scheint doch eine gewisse Abweichung vorhanden zu sein: Jub. 6 weist die Feststellung des Jahres nach dem Mond ab, s. dazu Henoch 74, 12 f. Ob aber darum der Kalender der Jub. antipharisäisch gewesen? — Wir glauben auch nicht, dass die Seelenlehre der Jub. dem Judenthum so ganz fremd gewesen ist, s. dazu Hen. 103, 4 eine Antwort auf 102, 11 und daher wohl auch auf das Todtenreich bezüglich, wie der Gegensatz 103, 7. Siehe unten Kap. IV.

[4] Henoch, der 7. seines Geschlechtes, Jub. 7 und Henoch 93, 3. cf 60, 8. — Nach der Geburt Methusala's von Adni (cf Hen. 85, 3. Edna) war Henoch 6 Jahre bei den Engeln Gottes, und sie zeigten ihm alles auf Erden und im Himmel, und er legte Zeugniss ab gegen die Wächter, Jub. 4, Hen. 12, 1 ff.) — Die verwandten Punkte sind zusammengestellt bei Rönsch, l. c. p. 403 ff Hilgenfeld, Die jüd. Apokalyptik, 1857, p. 102 ff. Indessen müssen wir auch hier bemerken, dass auf solche Anschauungen, wie die der himmlischen Tafeln z. B. welche im Schosse des Judenthums allgemeinere Verbreitung gefunden, nicht zu viel zu geben ist. Nur wo die Ideen in specieller, ungewöhnlicher Form übereinstimmen (so das Buch der Unterweisung und der Zucht Jub. 36 und Hen. 39, 2), darf direkte Abhängigkeit vorausgesetzt werden. — Auch die verloren gegangenen Partieen Henoch's dürften Parallelen dargeboten haben: so sind die Riesen, Nephilim und Eliud (Jub 7) nur noch in den Bruchstücken des Syncellus wiederzufinden; vergl. auch Hen. 86, 4. Der dem Henoch zugeschriebene Ausspruch, dass diejenigen, welche das bis zum 3. Tage aufgehobene Fleisch essen, sündigen (Jub. 21), scheint ebenfalls verloren.

[5] Hieronymus, der mit Epiphanius als der erste Zeuge für die Jubiläen anzusehen ist, setzt sie zwischen Henoch und den auf jeden Fall erst nach dem Jahre 70 (nach Sinker zwischen 90-130) entstandenen Testamenten der 12 Patriarchen, welche zahlreiche Berüh-

Henochapokalypse stimmt. Von der Zerstörung Jerusalems und des Tempels hat es keine Kunde. Die Opfer dauern fort, und es werden eingehende, darauf bezügliche Vorschriften gegeben. Das Gemälde, das von der Zeit und den Zeitgenossen entworfen wird, hat manche Züge mit Henoch gemein, im Ganzen aber sind die Farben noch schwärzer, die Verhältnisse schlimmer geworden. Die Beschneidung wird unterlassen und die unbeschnittenen Volksgenossen Beliarsöhne gescholten (Jub. 15). Aus Kap. 23 erfahren wir, dass Streit bis in die Familien eingedrungen ist: es zankt alt mit jung, arm mit reich, der Bettler mit dem Fürsten über das Gesetz und den Bund. Von hierab scheint der Verfasser rückgreifend den ganzen Cyclus von Jammer und Elend zu durchgehen, der seit den Maccabäern über Israël hereingebrochen: sie werden aufstehen, heisst es von letzteren mit Schwertern und Bogen, um sie [1] auf den Weg zurückzubringen, aber sie werden nicht umkehren, bis viel Blut vergossen ist auf Erden; die übrig bleibenden kehren nicht um zur Gerechtigkeit, vielmehr sie rauben und verunreinigen das Heiligste (die lose Wirthschaft der hasmonäischen Hohepriester); dann kommt ein grosses Strafgericht des Schwertes über jenes Geschlecht, Gefangenschaft und Raub

---

rungspunkte darbieten, s. Dillmann in Ewald's Jahrb., 1850 p. 91 ff. Für das erste christliche Jahrhundert und zwar vor 70 haben sich entschieden, Dillmann, Hilgenfeld, Langen Holtzmann, Schürer. Nöldeke, (Z. w. Th. 1873): aus dem letzten Jahrhundert vor Christus. Rönsch (l. c. p. 518) bestimmt genau das Decennium 50-60, da schon Rücksicht genommen werde auf die Sekte der Nazarener. Wir glauben einer eingehenden Begründung unserer Auffassung uns entheben zu dürfen, indem wir überhaupt auf die gründliche Untersuchung des letztgenannten Gelehrten verweisen.

[1] Dem pharisäischen Verfasser scheint der makkabäische Aufstand in erster Linie gegen innere Religionsfeinde gerichtet, die er sich anachronistisch unter den Farben der späteren sadduccäischen Aristokratie vorstellt — auch ein Zeichen, dass die Ereignisse schon in grosse Ferne gerückt sind.

(das Eingreifen der Römer unter Pompeius). «Er wird über sie Sünder erwecken, die kein Mitleid und keine Gnade kennen, und keine persönliche Berücksichtigung.... sondern böse und mächtige Leute, damit sie böser handeln als alle Menschenkinder und Gewalt üben gegen Israël und Schuld begehen an Jacob, und viel Blut auf Erden vergossen werde, und niemand wird sein, der rettet....» Die Charakteristik passt vortrefflich auf das unpersönliche, eiserne Regiment der Römer. Die rasch wechselnden Procuratoren sind in den bösen und mächtigen Leuten wiederzuerkennen. Dass der Halbjude Herodes mit den Römern zusammenfliesst und nicht mehr hervortritt, zeigt, dass sein Tod schon vor Jahren erfolgt ist. Das viele Blutvergiessen ist am Platze: zuletzt noch das Blutbad der 10,000 (?) Juden unter Cumanus (Bell. J. II, 12. 1). Bezeichnend für ein längeres Schmachten unter dem Joch ist die wiederholte Klage, dass niemand sammelt, niemand rettet.

Es wäre als Reaction gegen die schon fühlbar gewordene, nie ausbleibende Nivellirung der römischen Staatspolitik äusserst begreiflich, dass so strenge Absonderung von allem Nichtjüdischen gelehrt wird, dass der Hass gegen die Völkerwelt so auflodert und der alttestamentliche Particularismus zu einem jüdischen «odium generis humani» heranwächst.[1] Nicht genug kann von den Heiden gesagt werden, welch arge Greuel sie verüben, wie sie Todtenopfer schlachten, auf den Gräbern essen, Dämonen anbeten, zu Holz und Stein flehen, als ob sie Gott seien (Jub. 22).

---

[1] Ammon und Moab (Jub. 16), Philister (24), und Edom (37), alle werden verflucht. S. Jub. 10. 19. 22. 30. 34. 38. cf. Rönsch, l. c. p. 492 ff. Jub. 38: Non cessaverunt filii Edom de jugo timoris quem imposuerunt illis filii Jacob *usque in diem istum*; die definitive Unterwerfung der Edomiter durch Hyrcan (Ant. XIII, 9, 1) ist also eine längst vollbrachte.

Aus allen diesen Gründen betrachten wir das in Rede stehende Werk, diesen midraschartigen Kommentar eines Schriftgelehrten zur Genesis, als einen Zeugen der zur Zeit der Römerherrschaft, um die Mitte [1] des ersten, christlichen Jahrhunderts in Palästina [2] heimischen Ansichten und Lehren. [3]

Um das näher Zusammengehörende nicht zu trennen, haben wir die chronologische Reihenfolge der Quellen durchbrochen und die Besprechung der den zwei letztbe-

---

[1] Die vielfachen, haggadischen Ausführungen des biblischen Textes können noch nicht mit den späteren Midraschim auf eine Linie gestellt werden. Von der Bath Qol ist nichts wahrzunehmen. Auch kann von etlichen Zusätzen der Jubiläen nachgewiesen werden, dass sie schon frühe gäng und gebe gewesen: so die Tradition, dass auch die Gebeine der Brüder Josephs nach Canaan zurückgebracht wurden, cf. Act. 7, 16. Ant. II, 8, 2. Während die Jubiläen dem Texte gemäss noch von einer Herabsetzung des Menschenlebens auf 120 Jahre sprechen, corrigirt das Targum Onkelos und nimmt eine entsprechende Verlängerung an mit Rücksicht auf das thatsächliche Alter der Väter nach Noah.

[2] Die auf theilweise Verwandtschaft mit den LXX sich stützende Behauptung ägyptischen Ursprungs (so Frankel) kann nicht aufkommen gegen die durch Hieronymus bezeugte hebräische oder aramäische Urschrift, s. Dillmann, Ewald's Jahrb. III p. 89. Erwähnt wird die Leptogenesis zuerst in Palästina und auf Cypern. Neben den LXX kennt sie auch den hebräischen Text und stimmt oft mit demselben zusammen gegen die griechische Version, s. Dillmann, Z. deut. morg. Ges. 1857, p. 161 ff. Die Bedeutung des Centralheiligthums zu Jerusalem (Jub. 49) spricht nicht zu Gunsten eines Aegypters. — Mit dem alexandrinischen Ursprung Henoch's steht es um nichts besser. Die Sage von den Riesen findet sich nicht nur Sap. 14, 6. 3 Makk. 2, 4. sondern auch in ächt jüdischen Werken, Sir. 16, 7. Bar. 3, 26. Gesetzt auch, deren Entstehung erkläre sich leichter aus den LXX, so ist es Thatsache, dass auch die Juden Palästinas sich der griechischen Uebersetzung bedienten, literarische Beweise für die Verbreitung des Hellenismus in Palästina, s. Freudenthal, Hellenistische Studien, 1875; für Gebrauch der LXX, p. 185. S. auch Schürer II, p. 287. Ein hebräisches Henochbuch wird bei den Rabbinen citirt. (Jellineck, Beth ha Midrasch II, p XVI). — Aus den nachfolgenden Kapiteln mag man den Eindruck gewinnen, dass beide Schriften nach ihren Hauptzügen in die Entwickelung des Judenthums hineinfallen. Ueberhaupt ist von der philosophischen, allegorischen Tendenz der Alexandriner nichts bemerkbar: durchweg sinnliche Färbung, concrete Begriffe, genuin jüdische Phantasie.

[3] Ueber den vermeintlichen Essäismus der Jubiläen sowohl als Henoch's später.

trachteten Schriften zeitlich vorangehenden Psalmen Salomo's¹ bis jetzt verschoben. Unsere Aufgabe hinsichtlich der Entstehungszeit derselben vereinfacht sich in dem Masse, als unter den neueren Gelehrten schon grosse Uebereinstimmung in dieser Frage erzielt worden ist und mehrere Psalmen eine in der jüdischen Geschichte bestimmt wiederzuerkennende Situation an den Tag legen. Namentlich sind Psalm 2. 8. und 17 lehrreich, welche zweifellos auf die Eroberung Jerusalem's durch die Römer im Jahre 63 hinweisen. ² Selbst manche Einzelheiten werden durch die Berichte des Josephus bestätigt. ³

Nach innen beschweren sich die Psalmen über solche, welche das Heiligste an sich gerissen, da es kein rechtmässiger Erbe ⁴ in Schutz nahm (8, 12), und seitdem

---

¹ Für dieselben, sowie für die noch folgenden Quellenschriften benützen wir die Ausgabe von Fritzsche, Libri Vet. Test. pseudepigraphi selecti, 1871.

² So Langen, Hilgenfeld, Nöldeke, Hausrath, Carrière, Geiger, Fritzsche, Wittichen, Wellhausen. Der fremde Mann (17,9) ist Pompeius: an und für sich möglich wäre die Auspielung auf den Idumäer Herodes, da ohnehin die Abfassung der 18 Psalmen auf einen längeren Zeitraum (von 63-48 mindestens) sich erstreckt. Indessen muss doch Psalm 17 bald nach der Eroberung Jerusalems (a. 63) angesetzt werden. Die Katastrophe mit all ihren Folgen steht noch in frischem Andenken (13-22). Das Tagesereigniss ist das Aufhören des hasmonäischen Königthumes; daher ist die messianische Hoffnung Thema des Psalmes. In der That wurde durch Pompeius der Königstitel abgeschafft (s. bes. Ant. XX, 10). Es passt ferner, dass die vollständige Ausrottung der Hasmonäer erst von der Zukunft erwartet wird (17, 8). Vergl. auch die Interpretation v. 11, bei Wellhausen, l. c. p. 163. Entscheidend ist der Umstand, dass der Ausdruck ἀλλότριος anderwärts (17, 15. 2, 2.) unzweideutig auf die Römer geht

³ So, dass die Landesfürsten dem Feinde Jerusalems Thore («die Pässe nach Jerusalem», s. Wellhausen, p. 151 ff) öffneten (8, 18 ff.), dass hinterher doch die Tempelmauern beschossen werden mussten (2, 1), weil sich Aristobul dorthin geflüchtet, dass viele Juden, dabei ein Fürst und seine beiden Söhne, nach dem entfernten Westen geschleppt wurden . . . .

⁴ Womit deutlich die Art bezeichnet wird, wie die Hasmonäer in Besitz der Hohenpriesterwürde gelangten. Die Umdeutung Geigers (Der Psalter Salomo's 1871, p. 128) ist ebenso verfehlt wie unnütz. Offenbar ist die 2. Hälfte von v. 11 ironisch zu verstehen und nicht, wie Wellhausen annimmt, mit dem folgenden, sondern mit dem vorhergehenden zu verbinden.

die heiligen Altäre schänden¹ (1, 8. 2, 3. 8, 13. 26). Sie entlarven die Weltmenschen, welche im Synedrium sitzen und grossen Eifer heucheln (4, 1 ff.), auf verschmitzte Weise in die Familien sich einschleichen, wie die Schlange² mit ihren Augen rings umher spähen (4, 11) und durch freches Mienenspiel und geheime Verabredung die Weiber verführen (4, 4 ff.). In dunkelm Versteck treiben sie ihr Wesen, und mit Lügenreden stören sie der Häuser Frieden (8, 9 ff. 1, 7. 12, 1 ff.). Eine erbärmliche Laxheit in den religiösen Principien (4, 11. 9, 7 ff.) vervollständigt diese gewiss nicht schonende Schilderung des sadduccäischen Regierungsadels. Dies Gemälde sadduccäischer Sitten ist gerade nach der Seite, wo es über das gleichartige der Grundschrift Henoch's hinausgeht — wir meinen das Einreissen der Wollustsünden und der geschlechtlichen Ausschweifungen — höchst charakteristisch für einen schon ganz zerrütteten, der Auflösung nahen Staatskörper wie das jüdische Gemeinwesen um die angegebene Zeit.³

Es bedarf keiner weiteren Begründung: der Psalter Salomo's fällt in die Mitte des ersten vorschriftlichen Jahrhunderts, und die aus Psalm 2 gewonnenen Data (an.

---

[1] In dem Uebermass des Frevels von Seiten der eigenen Volksgenossen liegt vielleicht der Grund, dass die durch die Römer begangene Entweihung nicht mehr (2, 2) betont wird. Psalm 7 scheint während der dreimonatlichen Belagerung des Tempelberges verfasst, als man schon begann die Zerstörung des Heiligthums zu befürchten, cf. 7, 9.

[2] Wir achten die Beziehung von Ps. 4 auf Alexander Jannaeus für unzulässig. Nicht nur ergäbe sich für die einheitliche Sammlung eine Mehrheit von Verfassern, sondern weil ähnliche Vorwürfe gegen den Einen und die Vielen erhoben werden, so muss auch durchweg an dieselbe Sippschaft (der Sadducäer) gedacht werden, worunter, wie es scheint, eine dem Psalmisten besonders unausstehliche Persönlichkeit gewesen. Daher der stete Wechsel des Singular mit dem Plural (v. 7 ff).

[3] Die Ansteckung hat auch die Besseren ergriffen, Ps. 16.

63 und 48) mögen ungefähr die Grenzen [1] bilden, innerhalb derer die 18 Lieder geschrieben worden.

Den drei noch zu besprechenden Quellenschriften, der Assumptio Mosis und den Apokalypsen Esra's und Baruch's ist eigenthümlich, dass sie der Umwälzung Rücksicht tragen, welche die Ausbreitung der christlichen Religion im Schosse des Judenthums hervorgerufen. Den gewaltigen, durch der Jünger und insbesondere des grossen Heidenapostels Predigt in Israël entstandenen Riss bezeichnen sie in apokalyptisch verhüllter Art durch die Erinnerung an die alttestamentliche Erzählung der Spaltung der 12 Stämme, welche offenbar als typische Bezeichnung des nun wieder entzweiten Judenthums gebraucht wird. [2] Denn mit dem Hinweis, dass die Apokalyptik allgemein den Zustand des jüdischen Volkes nach 70 mit dem babylonischen Exil identificire, st gerade die eigenthümliche Erscheinung dieser Schriften noch nicht erklärt. Reden sie doch viel weniger von dem grossen Exil, als von den 10 Stämmen und ihrem Schicksal. Dementsprechend werden nun auch diese Apokalyptiker ein der letzten Katastrophe von 70 vorausgehendes nationales

---

[1] Aus den «Gerichten» im Plural (2, 12, und noch mehr aus dem drastischen Vergleich, dass Jerusalem, wie eine Hure, Jedem Vorbeiziehenden offen stehe (2, 13), ist zu folgern, dass der Psalmist auch die zwischen 63 und 48 innenliegenden Geschicke Jerusalems berührt, namentlich die wiederholten Eingriffe der römischen Statthalter Syriens: so die Ankunft des Gabinius in Jerusalem und die Verfassungsänderung, die er vornahm; die Tempelplünderung des Crassus.

[2] Besonders stark und so, dass die Absicht wohl hervorblickt betont die Assumptio das Factum. 2, 3 ff. 3, 4 ff. 4, 7 ff. Ap. Bar. 77, 1 ff. 78-86. Ap. Es. 13, 39 ff. Letztere Stelle glaubt Kabisch (Das vierte Buch Esra 1889, p. 107) vor der Zerstörung Jerusalems ansetzen zu müssen, weil mit den derelicti (48) die noch in und um Jerusalem weilenden 2 Stämme gemeint seien. Uns aber scheint es gar nicht so «selbstverständlich», dass mit V. 48 nicht auch der Zustand Judäas nach 70 geschildert werden könnte. Bei seiner Auffassung musste Kabisch vor allem klar machen, warum auch noch in den Apokalypsen nach 70 die Unterscheidung zwischen den 2 und 10 Stämmen festgehalten wird. Ueber seine Quellenscheidung des 4ten Esra überhaupt s. unten.

Unglück im Auge gehabt haben. Welches aber würde besser passen als die beginnende Christianisirung der Juden, diese geistige Losreissung oder Hinwegführung der Stammesgenossen? Ganz sachgemäss müssen daher die zuerst verbannten und draussen gebliebenen zehn Stämme ihren Namen hergeben für die übergetretenen oder in Gefahr des Uebertritts schwebenden Juden, wie ja gerade in der jüdischen Diaspora das Schisma durch die paulinischen Missionsreisen und Gemeindestiftungen am meisten gewachsen war. Wie die zehn Stämme sich losgerissen (Ass. 2, 5) und darum in die Gefangenschaft abgeführt worden, so werden nun die Judenchristen beschuldigt, durch ihre Versündigung auch über das gläubige Israël Elend heraufbeschworen zu haben (ibid. 3, 3 ff.). Pseudo-Baruch, der ganz bestimmt, wie sein Geistesbruder Pseudo-Esra, nach der Zerstörung Jerusalems (70) geschrieben, hält ebenfalls dafür, dass dies schreckliche Strafgericht über den Rest aus Israël der Uebertretungen ihrer Brüder wegen hereingebrochen (Ap. Bar. 77, 4).[1] Es ist deutlich der neue Glauben, den er in einem an die 10 (9½) Stämme gerichteten Briefe als einen eiteln Irrthum[2] (errorem vanum) verwirft (Ap. Bar. 78, 6); der einzige Rettungsanker ist una per unum lex (Ap. Bar. 85, 14). An der Hand der Geschichte wird gezeigt, dass den Verirrten nur dann eine lichtvolle Zukunft erscheinen wird, wenn sie von den Heiden sich abschliessen und der Väter Satzungen wieder beobachten (IV. Es. 13, 41. 42.). Nichtsdestoweniger ist die messianische Idee in den frommen

---

[1] Umgekehrt beurtheilten die Christen die Zerstörung als eine Folge der Verstocktheit Israëls.

[2] Vergl. Ap. B. 83, 8 «parate corda vestra ad illud, quod antea credidistis.» Bedeutsam sind auch die Stellen 41, 3. 4. 42, 4. 5., wo deutlich zum Christenthum sich bekennende Juden und Proselyten des Judenthums unterschieden werden. Cf. Hilgenfeld, Z. w. Th. 1888, p. 270.

Gemüthern dieser Schriftsteller so mächtig, dass sie der Väter Hoffnung auf eine einstige Wiedervereinigung Aller nicht preisgeben, vielmehr zu kräftigem Ausdruck bringen [1] (Ass. 3, 9 ff., 4, 8 ff. IV. Es. 13, 39 ff., Ap. Bar. 77, 6. 78, 7. 84, 10). So ist es denn durch die Loslösung der Christen von dem Mosaismus bewirkt, dass das klägliche Andenken an die Trennung der Stämme und zugleich auch die prophetische Verheissung einer Rückkehr der Verbannten wieder zur Tagesordnung gebracht wird.

Zu dieser mehr äusserlichen Bezugnahme auf die christlichen Separatisten kommt nun für die Assumptio Mosis eine viel durchgehendere, innere Beziehung auf das Christenthum. Genau besehen, ist nämlich der Zweck der Schrift ein apologetischer oder noch richtiger ein versteckt polemischer. Nicht so sehr die Darstellung der messianischen Hoffnungen lag im Sinne des Verfassers, wie denn dieselbe auch kurz gefasst ist: nein, gerade was man geneigt wäre als Nebensache, als blossen Rahmen aufzufassen, das Auftreten Mosis und die historischen Skizzen, [2] sind seine eigentlichen Herzensangelegenheiten. Er beabsichtigt, die Grundfesten der neuen, vom Judenthum abgezweigten Gemeinschaft wankend zu machen: daher die Verherrlichung des Vermittlers des alten Bundes, daher die Beschreibung der ganzen israelitischen Geschichte nach ihrem Verhältniss zum Gesetz. Alle Eigenschaften, alle Vorzüge, welche die christliche Ge-

---

[1] Ein direktes Gegenstück zu der Hoffnung des Paulus, der sich ebenfalls dessen nimmer getrösten kann, dass Gott sein Volk verworfen habe! Wie natürlich die beiderseitige Erwartung bei ernsten, überzeugten Seelen! Durch diesen Herzensdrang und die gemeinsamen Erinnerungen näherten sich auf jeden Fall Juden und Judenchristen trotz der Scheidewand.

[2] So erklärt sich vielleicht, dass das historische Gemälde nicht in symbolischer Einkleidung, in jener objektiven, künstlerischen Fassung aufgerollt wird, wie bei Daniel, Henoch und überhaupt in der Apokalyptik. Die polemischen Ausfälle verstärken sich nach der Zeit des Verfassers zu.

meinde ihrem Gründer zuschreibt, sind ja auch Mose zukommend :[1] er ist der ächte Mittler[2] zwischen Himmel und Erde, zu diesem Amte hat ihn Gott selber auserlesen (1, 14), damit die Völker sich nachher nicht mit Streitfragen untereinander behelligen.[3] Ist all das, was Israel seitdem zugestossen, nicht seinen Worten und Zeugnissen entsprechend? (3, 13). Er war der rechte Hohepriester, der jederzeit, Tag und Nacht, die Kniee zur Erde beugte (11, 11. 17. 12, 6); er war der göttliche, mit dem heiligen Geist ausgerüstete Prophet für den ganzen Erdkreis, der vollendete Lehrer für alle Zeiten (11, 16). Kurz, neben ihm ist für einen zweiten kein Platz.[4]

Aber noch mehr. Wie ist doch der Stifter des alten Bundes erhaben über denjenigen des neuen und über das erbärmliche Schicksal, das diesen getroffen! Mosis Grabmal ist nicht auf Erden zu suchen, wie das gewöhnlicher Menschenkinder; wer hätte es gewagt, seinen Leichnam aus einem Ort in einen anderen zu bringen?[5] Seine Grabstätte erstreckt sich von Sonnenaufgang bis Sonnenuntergang und umfasst den Erdkreis (11, 6-8). Ja, Moses

---

[1] So Präexistenz 1, 14. Auch eine lange Leidensschule in Aegypten, im rothen Meere, in der Wüste und zwar 40 Jahre lang, 3, 11. Dies im Gegensatz zur Verherrlichung der Leiden Jesu.

[2] 1, 14. 3, 12 arbiter: μεσίτης in dem griechischen Fragment bei Gelasius Cyzicenus im Commentar der Akten d. Nic. Syn. Dazu Gal. 3, 19.

[3] In der verdorbenen Stelle 1, 13 sehen wir eine Anspielung auf die zwischen Christenthum und Judenthum obwaltenden Controverspunkte.

[4] «Ewald, Gesch. d. Volk Isr. V p. 75: «So hoch steht unserem Verfasser Mose, dass er ihn oder bestimmter seine letzten Lebenstage geradezu zu der erhabenen Mitte aller Vergangenheit, ja aller Zeiten der Weltgeschichte bis zur messianischen Vollendung hin macht.» Sind nämlich bis zum messianischen Zeitalter 5000 Jahre, so steht Moses gerade in der Mitte (das Jahr 2500, cf. 1, 2).

[5] Wie solches bei Jesu der Fall gewesen. Marc. 15, 46.

hat den Tod gar nicht geschmeckt, da ihn Gott zu sich erhöhte. [1]

Man darf annehmen, dass der Angriff nur darum etwas verschleiert gehalten wird, weil der Verfasser absichtlich und kunstgerecht den Standpunkt der Prophetie zu behaupten versucht. [2] Ueber die wahre Tendenz seines Werkes kann aber kein Zweifel bestehen, da so grosses Gewicht auf die Stabilität des mosaischen Testamentes gelegt wird (s. bes. 4, 2. 12, 13). Josua [3] wird mit Nachdruck eingeschärft, die von Mose gezogene Linie einzuhalten und den Bund zu bewahren (10. 15). Mit der neuen Heilslehre der Christen, welche Juden und Heiden auf die gleiche Stufe stellt, ist es also nichts: dieser eigenmächtige Universalismus ist eine Neuerung, da Gott «von Anbeginn bis zum Schluss der Welt sie (die Heiden) und uns vorher bestimmt hat,» nämlich in

---

[1] Das lehrt der Titel unserer Apokalypse: Assumptio Mosis, ein Seitenstück zur Himmelfahrt Christi. Wie Jesus vor seiner Wegnahme seine Jünger zu seinen Zeugen einsetzt, so bestimmt Moses Josua zu seinem Nachfolger. — Die Berichte des Clemens und Anderer über das Ende Mosis nach unserer Schrift s. bei Volkmar, Mose Prophetie und Himmelfahrt, 1867, p. 8 ff. Wenn nach diesen Fragmenten ein Theil des Körpers in den Schluchten des Gebirges begraben wurde, so sollte damit dem deuteronomischen Texte Genüge geschehen. Volkmar (p. 85) freilich sieht hierin eine Beziehung auf das begrabene Opfergesetz! — Offenbar galt von Moses, was von Baruch, dessen Himmelfahrt (Apoc. Bar. 76) nur eine Copie der deuteronomischen Erzählung ist.

[2] Vielleicht soll auch vor der Leistung Mosis, der hundert tausend in der Wüste genährt (11. 9. 13. 14.), verschwinden, was von den Speisungswundern Jesu gerühmt wurde. In v. 14 muss das imperfectum des Codex (erant) festgehalten werden — Noch anderen sonst schwer verständlichen Stellen ist durch die Kenntniss des Zweckes der Schrift nahezukommen. Ueber den Einfluss desselben auf die messianische Darstellung, später.

[3] Um nicht dem Vorwurfe der Krittelei zu verfallen, unterlassen wir es, in Josua (Jesus) eine versteckte Beziehung auf den gleichnamigen Stifter des Christenthums nachzuweisen. Dem Weltpropheten Moses gegenüber ist dieser Josua nur ein homo probatus domino (1, 6); seine Unterordnung (cf. Wieseler: Jahrb. deutsch. Th. 1868, p. 632 [1]) tritt sehr hervor (11, 1. 2. 15. 12, 1. 2 ff.)

unserem gegenseitigen Verhältniss ¹ (12, 4 ff.). Den
Erdkreis hat der Allmächtige doch nur seines Volkes
wegen geschaffen (1, 12. cf. 12, 12).

Die christliche Lehre von der Abrogation des Gesetzes
dergestalt in Misskredit zu bringen, fiel dem Apokalyptiker verhältnissmässig leichter, als den anderen Vorzug
in Schatten zu stellen, welcher dem Christenthum aus
dem Opfertode seines Stifters zufloss. Es ging wohl an,
für eine Zeit dem erhabenen Gesetzgeber eine Dornen-
krone aufzusetzen (3, 11), welche denselben mit neuem
Heiligenscheine umgab, aber ihn dem Tode anheimgeben,
dazu einem glanzlosen und schmachvollen, war dem kreuz-
flüchtigen Juden unerträglich. Und doch, je tiefer seine
religiöse Einsicht war, je mehr musste er, durch die Idee
einer freiwilligen, persönlichen Hingabe bis in den Tod
überwältigt, in der christlichen Predigt des Kreuzes eine
relative Wahrheit anerkennen. So hat er denn — ein
Beweis seiner religiösen Natur — einen Mittelweg einge-
schlagen. Die geheimnissvolle Stelle vom Taxo aus dem
Priestergeschlechte Levi — eine wahre Innovation ² in
der Apokalyptik und zugleich eine der höchsten Leistungen des frommen Judenthums — soll lehren, dass
man auch im Schosse des Mosaismus im Aufblick auf
Gott zu sterben verstehe; wie Jesus und seine 12 Jünger
alle Verfolgungen ertragen, so auch der Taxo und seine

---

¹ Omnia praevidit et pronovit cum eis; richtig erklärt Volkmar (l. c. p. 52, 6), cum eis durch τά μετ' αὐτόν, ihr Schicksal.
Die Stelle ist nicht als ein Zugeständniss an den christlichen Universalismus anzusehen; von dem absoluten Willen Gottes, von seiner
unumschränkten Schöpfermacht (auch 12, 9) aus, nicht von religiös
sittlichem Standpunkt wird das Verhältniss der Völker beurtheilt.

² Volkmar (l. c. p. 109) behauptet mit Recht, dass die blosse
Nachahmung der Makkabäerberichte nicht genüge. Nichtsdestoweniger
ist die freie Composition (nach historischen Reminiscenzen) von
cap. 8 und 9 offenbar. Zur Höhle auf dem Felde (9, 6), s. Ap. Bar.
21, 1 Ap. Esra 12, 51; vergl. Jes. 32, 14. 15.

7 Söhne,[1] und einen Vorsprung gewinnen letztere insofern, als sie alle insgesammt in den Tod gehen (c. 9). Wahrlich, nicht ohne Bedacht hat der apokalyptische Polemiker seine Streiche geführt. Gerade den beiden Hauptsäulen der neuen, christlichen Heilslehre hat er die Spitze abgebrochen, indem er die Auflösung des alten Bundes verneinte und den Opfertod Christi überbot.

Ist der eben versuchte Nachweis stichhaltig,[2] so kann, wie leicht begreiflich, unsere Schrift nicht wohl vor Mitte des ersten Jahrhunderts verfasst sein. Sehen wir nun aber, welch andere Handhaben zur Ermittelung eines näheren Datums sie uns darbietet. In seiner ausführlichen und sehr scharfsinnigen Untersuchung hat Volkmar und ergänzend Colani[3] eine Legion von Gründen ins Feld geführt, um zu beweisen, dass unsere Apokalypse in den bewegten Zeiten des jüdischen Aufstandes unter Hadrian (137/138) entstanden sei. Dabei haben sich besagte Forscher vornehmlich auf die genaue Schilderung (c. 8) der letzten Verfolgung berufen, wofür in der Geschichte jener Epoche[4] treffende Parallelen zu finden seien.[5] So schön nun auch Manches dort stehen möge, völlig überzeugend würde es doch erst, wenn auch der Taxo ebensogut historisch untergebracht werden könnte. Was gegen Volkmar's (p. 60 ff.) Deutung auf

---

[1] Jacob und seine 12 Söhne in den Jubiläen sollen nach Rönsch (l. c. p. 519) auf Jesum und die Zwölf anspielen. Die letzteren hat auch Philippi (das Buch Henoch 1868) in dem Taxo und den Seinen erkannt: in Wahrheit sind diese das jüdische Gegenstück zu Jesus und den Jüngern.

[2] Berührung der Assumptio mit dem Christenthum, auch nach Volkmar p. 84 ff. Dessen Conclusion wenigstens, dass der Verfasser ein sehr religiöser, aber doch antichristlicher Rabbine gewesen, können wir unterschreiben.

[3] Revue de théologie, 1868, p. 65 ff.

[4] S. Graetz, Geschichte der Juden. IV, 2. Aufl. p. 183 ff.

[5] Volkmar, l. c. p. 72 ff. Colani, l. c. p. 74 ff. Eine eingehende Kritik der früheren Annahmen gibt Volkmar, p. 95 ff.

Rabbi Akiba zu erwidern ist, hat Colani selbst am besten besorgt.¹ Schade nur, dass dessen eigener Versuch nicht befriedigender ausgefallen und von ihm selbst alsbald aufgegeben worden ist. Das Haltbarste, was auf diesem Gebiete geleistet worden, scheint noch immer die Conjectur von Carrière² zu sein, welcher durch Rückübersetzung in's Hebräische für die Worte «cui nomen erit taxo» den Sinn herausbringt «un homme qui promulguera une ordonnance». Damit ist natürlich für die Zeit Hadrian's nichts bewiesen: denn wenn auch Rabbi Akiba als Märtyrer seine Seele ausgehaucht, so fragt sich doch, wie denn unser Apokalyptiker dazu gekommen ist, gerade auf diesen waffenlustigen Aufwiegler zum verderblichen Kampfe eine solche Stimmung gelassener Gottergebenheit zu übertragen, wie sie in der «Verordnung» des Taxo zu Tage tritt. Haben doch die Apokalyptiker überhaupt weder den heiligen Krieg gepredigt, noch auf eine menschliche Schilderhebung gehofft. Wir achten dafür, dass unser Schriftsteller viel eher mit dem Gegner des Akiba, mit dem friedlich gesinnten R. Josua, gemeinsame Sache gemacht hätte.³ Und wie kommt es, dass in dieser detaillirten

---

[1] Vergl. auch Hilgenfeld, Z. w. Th. 1867, p. 221 ff.

[2] Revue de théologie, 1868, p. 94 ff. Diese Auflösung des Worträthsels stimmt zu der oben angegebenen Tendenz der Stelle. — Die neueste Deutung von Wieseler (Z. deut. morg. Ges. 1882, p. 185 ff.), annehmbar nach Seite der Worterklärung (taxo der Dachs, cf. 1. 1 Makk. 2, 3 θασσι), ist völlig unpassend zum Sinn der Stelle: ein Zelote, der sich wie der Dachs in seine Höhle verbirgt! Von einem freien Entschluss zu sterben, ist ja die Rede.

[3] Noch anderes zeigt, dass Akiba kein Geistesverwandter unseres Verfassers gewesen: während dieser, wie gezeigt, eine Rückkehr der 10 Stämme hoffte, bezweifelte sie jener (Sanh. X, 3). — Die Friedensermahnungen des R. Josua, s Derenbourg, Essai sur l'Histoire... I, p. 418. — Nach Rosenthal (Vier apokryphische Bücher aus der Zeit und Schule R Akiba's 1885) hätte ein Amhaarez, d. h. einer aus dem Landvolke, unsere Apokalypse gegen die Schriftgelehrten zu Jabne bald nach der Zerstörung des Tempels zur Verurtheilung ihrer Fahnenflucht verfasst. Unter den Gewaltsstreichen, zu welchen auch diese Hypothese führt, scheint uns einer der bedenklichsten,

Besprechung der hadrianischen Verfolgung des Haupthelden, Bar Kochba, mit keinem Worte gedacht wird? Dass er nel. trifft ja doch in gleichem Masse R. Akiba, der ihn zum Messias ausgerufen hatte. Ob aber sein Sturz überhaupt unseren Verfasser noch anfechten konnte, da er anderseits den Taxo (d. h. Akiba nach Volkmar) wegen seines Entschlusses zu sterben, so belobt und verherrlicht?

Mit der Hypothese der Entstehung im zweiten Jahrhundert scheint der Umstand, dass der Grundtext unserer Schrift aramäisch [1] war, nicht wohl verträglich. Ebenso will uns nicht recht einleuchten, dass dann der von Volkmar und Anderen [2] in's zweite Jahrhundert verlegte Brief des Judas einer fast gleichzeitigen, zuvor gänzlich unbekannten Quelle Beweisstellen entnommen haben sollte? Auffallend ist ferner die Nichterwähnung der Zerstörung des Tempels unter Titus, zumal die Geschicke desselben sonst angelegentlich verfolgt werden (1, 17. 2, 3. 4. 8. 3, 2) und auch seine theilweise stattgefundene Verbrennung zur Zeit des Varus nicht übergangen wird [3] (6, 9).

---

dass dergestalt wieder die polemische Stelle (c. 7) halbirt werden und der eine Theil den Sadduccäern, der andere den Pharisäern gelten muss (s. p. 19 f, 29 f.)

[1] So Ewald, Schmidt und Merx. Colani, Schürer und bes. Rosenthal gegen Hilgenfeld und Volkmar.

[2] cf. Holtzmann, Einleitung in das N. Test. 2. Auf. 1886, p. 533.

[3] Diesen Einwand haben weder Volkmar (p. 69) noch Colani (l. c. p. 89 ff.) durch entscheidende Gründe zu entkräften gewusst. Doch tragen wir einige Bedenken. Sollten die lebendige Schilderung (c. 3) und die traurigen Ergüsse der 2 Stämme (d. h. des gesetzestreuen Judenthums) sich nicht an eine eben erlebte θλῖψις anlehnen? Läge nicht auch in der für die persische Epoche zu kategorischen Behauptung «non poterint referre...» (4, 8) eine Hindeutung auf später? — Wie gerade auch von hieraus (von der gänzlichen Verschweigung der Tempelzerstörung aus) die triftigsten Gründe gegen die Auffassung Rosenthal's sich erheben, s. Hilgenfeld, Zeit f. w. Th. 1886, p. 132 ff.

Noch significanter wird dies Schweigen, so man erwägt, welch endlosen und schmerzlichen Nachhall dies Unglück vom Jahre 70 in den Esra- und Baruchapokalypsen zurückgelassen hat.

Demnach wäre als *terminus ad quem* für die Moseprophetie die Epoche der Eroberung Jerusalem's festzuhalten. Auf ein genaueres Datum, das sich doch nur auf die ganz lückenhaften Zahlenangaben c. 7 und auf meist willkürliche Interpolationen stützen müsste, verzichten wir. Anderseits muss über die zuletzt in c. 6 angedeuteten Ereignisse [1] noch um einige Decennnien hinabgegangen werden, was nicht nur die Kenntniss der Nazarenersecte, sondern auch das schwarze Bild erfordert, das von der Römerwirthschaft in Palästina entworfen wird (7). Die sündigen und verderblichen Menschen, die sich für gerecht ausgeben, die aber trügerisch, selbstgefällig, verstellt, Tafelfreunde und Schlemmer sind, diese und noch andere Prädicate werden am besten ihre Anwendung auf die römischen Procuratoren [2] finden, wofür die ähnliche, auf

---

[1] Wieseler hält sich an die Kriegszüge des Varus. Ewald erblickt den Taxo in dem kriegerischen Gaulonäer Judas, seinem direkten Widerpart! — Dass die Regierung der Söhne Herodis *breviora tempora* dauern solle, ist noch kein Beweis, dass die Assumptio vor deren Tode geschrieben worden, cf. Reuss, Gesch. d. h. Sch. A. Test. p. 705.

[2] Die Endzeit (7, 1) begann für den Verfasser mit der Ausbreitung des letzten, römischen Weltreichs über Judäa nach Herodes und seinen Söhnen. Die chronologischen Bestimmungen von Fritzsche (ungefähr in den sechziger Jahren) und von Schmidt-Merx (51—64) werden der Wahrheit am nächsten kommen. — Es ist ganz unbegreiflich, wie man in den «homines pestilentiosi et impii» die Pharisäer zu erkennen vermag (so Philippi, Schürer). Schon die Ausdrücke *regnabunt* (7, 3) und *ab oriente usque ad occidentem* (7, 7) sollten davon abhalten. Auch c. 5, 5 ist gewiss nicht von den Pharisäern zu verstehen: magistri (Synedristen) sind die Sadducäer; doctores heissen sie vom späteren (talmudischen) Standpunkt, wo sie immer mehr zu Schulhäuptern umgesetzt wurden. — Noch unmöglicher ist die Abfassung durch einen Zeloten. Zeloten schrieben wohl überhaupt keine Apokalypsen. Ueber das Fehlen des Messias, s. Kap. III.

ebendieselben gemünzte Zeichnung der Jubiläen (23) bürgen mag.[1]

Was der bisher betrachteten Assumptio zu fehlen schien, nämlich ein untrügliches Kennzeichen, dass der Fall Jerusalem's schon erfolgt sei, das tragen die beiden nach Form und Inhalt so nah verwandten Apokalypsen des Esra und des Baruch unverkennbar an der Stirn geschrieben. Es genügt wohl, auf Stellen wie Ap. Bar. 35, Ap. Es. 10, 21-23 (cf. 4, 23. 14, 21. Ap. Bar. 77, 13. 85, 3) hinzuweisen. Dass darin die Eroberung durch Titus gemeint ist, darüber kann nach der ausdrücklichen Erwähnung einer doppelten Zerstörung der Stadt in der Apokalypse Baruchs (32, 2 ff.) gar kein Zweifel bestehen.[2]

Den Ausgangspunkt für jede präcisere Zeitangabe muss also das römische Vernichtungswerk im Jahre 70

---

[1] Das in c. 8 folgende Gemälde der Endzeit (wozu auch der Taxo 9]) ist also ein apokalyptisches, aus historischen Reminiscenzen zusammengelesenes Phantasiebild. Präcise Fassung der Prophezeiungen ist im Geschmack aller Apokalyptik bis zur Kanonischen Offenbarung. Nicht unbefugt redet der unter römischer Verwaltung aufgewachsene Schriftsteller von Kreuzigung, cf. auch 6, 9. — Für das Bild des Adlers (10, 8) braucht man keine Entlehnung aus IV. Esra zu statuiren. Der römische Drache der Psalmen Salomo's (2, 29) ist dem Adler nicht ganz fremd; cf. Dan. 7, 4 ff. Bell. Jud. I, 33, 2. — Die Häupter im Plural waren verständlich von den Hörnern Daniel's aus; wäre die Uebersetzung nicht so sklavisch, das gewöhnlich im Plural gebrauchte cervices könnte einen griech. Singular vertreten.

[2] Den wahren Sachverhalt verräth auch Ap. Bar. 39, 3, wo der Verfasser, aus seiner Rolle fallend, die chaldäische Eroberung in graue Vorzeit (olim) verlegt. — Demnach kann das vierte Reich, dessen Herrschaft drückender und schlimmer, als alle die ihm vorhergegangen (Ap. Bar. 39, 5), nur das römische sein. Das Bild des Waldes (Ap. Bar. 35) wird auch sonst auf Rom angewandt, s. Schabb. 56 b, Sanh 21 b: Als Salomo sich mit Pharao's Tochter vermählte, stieg Gabriel in's Meer hinab, pflanzte ein Rohr, und als sich Schlamm darum gelagert, wuchs ein Wald daraus hervor, auf welchen Rom erbaut wurde. — Die Bezeichnung Rom's durch Esau (Ap. Es. 6, 9) ist ebenfalls durch die Rabbinen verbürgt. Dazu stimmen die Vorwürfe, welche dem Adler, dem vierten Thiere, gemacht werden, unter anderen, dass er die Mauern derer, die ihm kein Leid gethan, umgeworfen (Ap. Es. 11, 39-42).

bilden. Daher sind wohl alle Erklärungsversuche der Adlervision mit den 12 Schwingen (Ap. Es. 12, 1 ff.), welche jenseits des angegebenen Datums stehen bleiben, im voraus verfehlt,[1] insofern es wenigstens bis heute noch nicht gelungen ist, die betreffenden Kapitel als spätere Interpolationen von dem Ganzen zu trennen.[2]

Indessen ist neuerdings von Kabisch ein ernster Versuch gemacht worden, das 4. Esrabuch in mehrere Quellen zu zerlegen. Ausser der Adlerapokalypse und zwei kleineren Bruchstücken seien hauptsächlich zwei Schriften, eine Salathielapokalypse aus dem Jahre 100 n. Chr. und eine im Jahre 30 v. Chr. verfasste Esraapokalypse in unserem 4. Ersabuch zu einem Grossen und Ganzen verarbeitet worden.[3] Da die Beweisgründe für diese Quellenunterscheidung zumeist der theolog. messianischen Anschauungswelt der Apokalypse entnommen sind, so können dieselben nach der zu Anfang aufgestellten Regel erst in einem späteren Kapitel ihre Erledigung finden.[4] Sonst aber liegt die Sache so, dass

---

[1] Gegen die Ansicht Lücke's, der sich für die Zeit Cäsar's ausgesprochen (Einltg. in die Offenbrg. Joh. 2. Aufl.), sowie gegen diejenige Hilgenfeld's, der bei Octavian und Herodes stehen bleibt (Z. w. Th. 1867. p. 285; 1886, p. 139 ff. 1888, p. 257 f.), dürfte auch daran erinnert werden, dass das Herrschen des Adlers (über Jerusalem natürlich) als ein schon lange (tot temporibus, Ap. Es. 11, 40) anhaltendes bezeichnet wird (die wahrscheinlichste Lesart: inhabitans, s. Hilgenfeld, Messias Jud. p. 166). Ebenso die Apokalypse Baruch's 39, 5: tempora multa. — Aehnlichkeiten zwischen den Jubiläen und dem vierten Buche Esra (s. Rönsch, l. c. p. 412 ff.) zeugen nicht für schriftstellerische Abhängigkeit, am allerwenigsten für die Priorität Esra's. Als wenn IV. Es. 6, 20 z. B. nicht hinlänglich aus Daniel zu verstehen wäre?

[2] Nicht die visio selbst, sondern die Deutung derselben sei von christlicher Hand im 3. Jahrh. interpolirt, so zuletzt Dillmann, Berichte der Akad. der Wissensch. Berlin 1888.

[3] S. Kabisch, das 4. Buch Esra 1889.

[4] Wir bemerken übrigens gleich hier, dass es Kabisch selbst nicht entgangen ist, was gegen seine Secirungsarbeit auf Grund abweichender Vorstellungen eingewandt werden kann. So z. B. p. 153, wo er anerkennt, dass manche contrastirende Züge gar keine Neuschöpfungen der Apokalyptiker sind, sondern von denselben aus

auch in der vermeintlich älteren Esraapokalypse unverkennbare Anspielungen auf den Fall Jerusalem's vorkommen,[1] (s. 6, 19.) Was dann positiv für eine frühere Abfassungszeit derselben sprechen soll, hält bei eingehenderer Prüfung nicht Stand. Denn, wenn es an und für sich wohl möglich wäre, dass der Satz «regnabit quem non sperant ... (5, 6) die unerwartete Thronbesteigung Octavian's bezeichne, so wird doch demjenigen, welcher die betreffende Stelle im Zusammenhang liest, noch viel wahrscheinlicher, dass dieser Zug gar nicht besonders gedeutet werden darf. Steht er doch mitten in einer Aufzählung solcher Punkte, welche durchweg nur das Eine besagen, dass in der Endzeit Alles eine unerwartete Wendung nehmen wird. Das gilt aber nach allgemein apokalyptischer Anschauung auch von der öffentlichen Ordnung und von dem Leben im Staate. So ist denn der Ausspruch von dem «unerwarteten Herrscher» nur ein Exempel wie alle anderen. Wer das eingesehen hat, der wird auch verstehen, wie ein weiteres Exempel in demselben Zusammenhange, (V, 7): et mare Sodomiticum pisces rejiciet: et dabit vocem noctu» zu erklären ist ohne den Recurs auf ein geschichtlich bestimmbares Erdbeben und besonders auffällige Erscheinungen am Sodommeer. Die specielle Erwähnung dieses Meeres berechtigt nur zu dem Schluss, dass der Verfasser in der Nähe desselben geweilt oder geschrieben hat.

---

der Tradition herübergenommen wurden. Diese Thatsache hat aber eine viel grössere Tragweite als Kabisch anzunehmen scheint; und darum kann bei der Quellenuntersuchung in der Apokalyptik nicht vorsichtig genug vorgegangen werden.

[1] Vor der bequemen Auskunft eines redaktionellen Einschubs (Kabisch, l. c. p. 152) muss die Erwägung abhalten, dass die Worte «quando suppleta fuerit humilitas Sion» nicht sowohl von «einer Vervollständigung der Erniedrigung» im Sinne einer noch grösseren Vernichtung zu verstehen sind (solches hätte selbst der Schlussredaktor nicht interpolirt), sondern nach der durchgehenden Anschauung, dass das Mass der Zeit voll werden muss, von der zeitlichen Dauer der Erniedrigung.

Muss also das 4. Esrabuch als ein einheitliches, im Hinblick auf die Zerstörung der heiligen Stadt verfasstes Buch betrachtet werden, so wird allerdings die Adlervision irgendwie in Verbindung gebracht werden müssen mit der römischen Kaisergeschichte. Freilich hat es nun keinem Forscher gelingen wollen, das Gesicht Esra's in seinen Einzelheiten ohne Fehl und Gewalt auf diesem Gebiete unterzubringen.[1] Indess die so wahrscheinliche Deutung der drei Häupter auf die Flavier wird dadurch zur Gewissheit erhoben, dass die in dem apokalyptischen Schwesterpaar vorherrschende Stimmung durchaus verbietet, mehr als ein Menschenalter über die Zerstörung der jüdischen Hauptstadt hinabzugehen. Aus dem ganzen Ton und Inhalt ist zu merken — eine Ueberzeugung, die allerdings erst nach zusammenhängender Lektüre vollkommen wird, — dass beide Schriftsteller Augenzeugen, zum mindesten Zeitgenossen des furchtbaren Ereignisses gewesen sind. Sie haben einen unvergesslichen Eindruck empfangen, sie stehen gleichsam noch unter dem Schlag. «Ach! warum ist mir der Mutterleib nicht geworden zum Grabe, dass ich nicht sehen musste Jacob's Drangsal und das Elend des Geschlechtes Israël?» (Ap. Es. 5, 35.) Ebenso Pseudo-Baruch 10, 6 ff.; 35. Zu den zahlreichen Aeusserungen «des unendlichen Schmerzes, der masslosen Trauer» (Ap. Bar. 11. 2) kommt nun noch das tiefe, durchgehende Gefühl der Verdorbenheit und Vergänglichkeit alles Irdischen, die bis auf's höchste gediehene Entrüstung über den völligen Triumph Babels, das heftige, unablässige Drängen nach dem Ende der Zeiten, das Schmachten nach dem Anbruch der neuen Welt. Beide Schriften wären fast ganz zu citiren; ja, wenn sie überhaupt einen Sinn haben sollen, so kann es

---

[1] Cf. Schürer, l. c. II p. 653 ff.

— 41 —

nur der sein, das unerhörte Geschick von theokratischem Standpunkte aus begreiflich zu machen und durch den Ausblick in eine hellere Zukunft zu lindern.

Es ist schwer zu sagen, welche von den zwei Apokalypsen zuerst geschrieben worden und aus all dem, was man geltend gemacht hat, ist nach unserem Ermessen mit Sicherheit nichts zu ermitteln.[1] Es scheint allerdings, als sei Pseudo-Esra am meisten betroffen, wie das immer wieder anhebende Staunen über die endlose Saat des Bösen und das unruhige Haschen nach Allegorieen, die das Geheimniss dem Verstande[2] näher rücken sollen, beweisen dürften. Er hat einen solchen Blick in die allgemeine Verderbniss gethan, dass er eilt, sein Angesicht wegzuwenden, und nur in der nahen Aussicht auf die göttliche Vergeltung zur Ruhe kommt. Zwar ist auch seinem apokalyptischen Doppelgänger die Frage nach dem Bösen sehr angelegen, aber das Dogma der menschlichen Sündhaftigkeit dient ihm doch mehr dazu, die erlittene Schmach zu rechtfertigen.[3] Ihr Verhältniss ist das der doppelten Gesichter des Januskopfes, von denen das eine (Baruch)

---

[1] Die Aussprüche über die Erbsünde an und für sich entscheiden nichts, cf. Schürer, l. c. p. 643. Andere Punkte (s. Langen, De apocalypsi Baruch, 1867, p. 6 ff Rönsch, l. c p. 412 (¹) besagen nicht mehr. Die Behemoth- und die Leviathansage ist in der Baruchapokalypse mit nichten weiter ausgeführt: in «quibus vis et quando vis» (Ap. Es. 6, 52) liegt bestimmt eine Beziehung auf die Messiaszeit. Zu der Bath Qol in der Ap. Baruch 13, 1; 22, 1 (cf. Dillmann, Herzog R. E. 2. Aufl. Pseudepigraphen, p. 356) vergl. Apoc. Es. 11, 36; 14, 1.

[2] S. die oft wiederkehrenden Ausdrücke: capere, intelligere, investigare, apprehendere... Die grösste Pein ist die Verstandespein Ap. Es. syr. (6, 38 ff.)

[3] Ap. Bar. 77, 8-10; cf. 44, 3-7; 84, 2-6. — Auch die legendenhafte Ausschmückung der Eroberung Jerusalems bei Pseudo-Baruch. (c. 6. 7. 8.) zeigt, dass der Verfasser dieselbe in weiterer Perspektive betrachtet. Vergl. auch 35, 4 (olim). — Voraussetzung der Frage c. 26, sowie der Versicherungen 12, 2-4 ist doch eben, dass das Elend anfängt zu dauern, dass der Sonne Strahlen schon lange versengen.

eher zurückblickt auf den Schreckenstag über Jerusalem, das andere (Esra) hingegen mehr vorwärts auf den bevorstehenden Gerichtstag über die Welt. Wir vermuthen also, dass der Apokalypse Esra, in welcher die grösste Spannung wahrzunehmen ist, der Vorrang zukommt. Hat deren Verfasser noch unter Domitian [1] geschrieben oder, (was darum wahrscheinlich ist, weil es den Angaben der Apokalypse selbst entspricht), 30 Jahre nach der Zerstörung, also zu Anfang der Regierung Trajans, [2] so Pseudo-Baruch spätestens gegen Schluss seiner Regierung und zwar noch vor den ihm unbekannten jüdischen Wirren, welche zwei Jahre vor dem Tode des Kaisers in Aegypten und Cyrene ausbrachen. [3]

Obschon beide Schriften ihren schriftgelehrten [4] Ursprung nicht verleugnen, so sind sie doch von dem casuistischen Geiste frei, der in den bald nach dem Falle Jerusalem's zu Jabne, Lydda und allerwärts gegründeten Rabbinenschulen [5] sich regte. Sie sind das Werk solcher, denen das Herz noch höher schlug und die Welt nicht in den halachischen Regeln aufging. [6]

---

[1] So Dillmann, Wieseler, Reuss und Schürer.
[2] So Kubisch für seine Hauptquelle l. c. p. 132.
[3] S. Rosenthal l. c. p. 89 f. Nach dem sogenannten Polemos des Quietus unter Trajan verordneten die Rabbinen, die Verlobten sollten sich des Kranzschmuckes enthalten, Sota IX, 13 cf. Ap. Bar. 10, 13.
[4] IV. Es. 14, 50; cf. 12, 42; 13, 54. 55; 14, 42-50. Ap. Bar. 38, 4; 46, 1-4.
[5] S. J. Derenbourg, Essai sur l'hist. et la géogr. de la Palestine, I 1867, p. 302, 306 (4).
[6] Einzelne Gesetzeslehrer und gerade die Schulhäupter, wie R. Jochanan b. Zakkaï und Gamaliel II (Derenbourg, l. c. p. 302 ff., 319 ff.) scheinen auch eine freiere Stellung eingenommen zu haben. — Ihre Klagen über den Untergang des Tempels (Derenbourg, l. c. p. 333 ff., cf. p. 302) ähnlich denjenigen unserer Apokalypsen. — Die hervorragendsten unter diesen Gesetzeslehrern wurden mit Mose und Esra verglichen, Menachoth 29 b, cf. Ap. Es. 14, 1 ff.; Ap. Bar. 76, 3. — Sie kamen auch vielfach mit Judenchristen in Berüh-

Es bleibt uns noch übrig, ein Wort über das ungeheure, in Talmud und Midraschim aufgespeicherte Quellenmaterial hinzuzufügen. So wenig man den Werth dieses vielfach «todten Stoffes» überschätzen darf, ebensowenig geht es heutzutage an, denselben einfach zu ignoriren, angesichts der grossen Anstrengungen neuerer Gelehrten, dieses so lange fast brach gelegene Feld fleissiger zu durchforschen und besonders der neutestamentlichen Geschischtswissenschaft zugänglicher zu machen. Es ist zwar die Bemerkung ohne Zweifel richtig, dass der Talmud «als Quelle für die geschichtlichen Zustände des vortalmudischen Judenthums nur sekundäre Bedeutung»[1] beanspruchen kann; allein es steht doch etwas anders in Hinsicht seines Ideengehaltes, und dieser letztere kann doch wieder indirekt zur Aufhellung geschichtlicher Probleme beitragen. Von manchen Anschauungen der späteren Rabbinen nämlich wird sich nicht leugnen lassen, dass sie in das Zeitalter Christi und noch höher hinaufreichen,[2] und es kommt nur auf Handhabung einer festen, kritischen Methode an, welche das, was auf jüdischem Boden wachsen konnte und musste,

---

rung; augenscheinlich sind die Beziehungen der 2 Apokalypsen auf das Christenthum, worüber später. — Beide Verfasser scheinen in Palästina (Ap. Bar. 77, 5) geschrieben zu haben, abweichend von der Geschichte, der zufolge Baruch nach Aegypten zieht, welche Tradition das apokryphische Buch Baruch nur insoweit ändert, als für Aegypten Babel eintritt. Nicht unmöglich wäre, dass die zwei besprochenen Werke (s. besonders die Erwähnung des mare Sodomiticum IV. Esra 5, 7) mit den südlichen, kabbalistisch angehauchten, von den Talmudisten verachteten Schulen des Daroma (Derenbourg, l. c. p. 284, 286, 289) in Verbindung stehen — Rosenthal (l. c. p. 40, 57 f.) schreibt die Ap. Es. einem Schüler des R. Jochanan, dem R. Elieser zu, indem er auf gewisse Aehnlichkeiten in beiderseitigen Aussprüchen sich beruft: in Pseudo-Baruch sieht er einen Mann aus dem Volke, einen Geistesverwandten des R. Josua oder R. Akiba.

[1] S. Wellhausen, l. c. p. 130.
[2] Für den Talmud, s. Edersheim, l. c. II, p. 136; für die mystisch kabbalistischen Schriften, denselben p. 691 ff.

von der christlichen Flora unterscheiden und den Kreuzungspunkt beider Zonen erkennen lehrt.¹ Im Allgemeinen wird man als ächt jüdisches Baumaterial zur Rekonstruktion des christlichen Gebäudes all das verwenden dürfen, wofür in den bisher betrachteten, griechischen Quellen Anhaltspunkte vorliegen.

Die messianischen Belegstellen aus der rabbinischen Literatur werden wir zum grossen Theil dem, was die Benutzung des Talmud betrifft, sehr sorgfältig gearbeiteten Leben Jesu von Edersheim² entnehmen. Nicht minder häufig aber werden wir uns zur Begründung unserer Ansicht auf die so verdienstliche Systematisirung der jüdischen Theologie von Weber, sowie auf die werthvollen Beiträge Wünsche's zu stützen haben.

---

¹ Unsere Abhandlung mag zeigen, dass die Entwickelung der messianischen Vorstellungen des Judenthums, so weit wir sie verfolgen werden, eine innerjüdische geblieben, und dass das Christenthum nur geringen und zwar meist negativen Einfluss ausgeübt. «Nach unserem Dafürhalten, sagt auch Wünsche (Neue Beiträge zur Erläuterung der Evangelien 1878, Vorwort) sind die neutestamentlichen Urkunden an den talmudischen Weisen der beiden ersten Jahrhunderte fast spurlos vorübergegangen.» Derenbourg, p. 4. — Um so mehr dürfte sich die durch und durch jüdische Basis der christlichen Weltanschauung herausstellen.

² Der Verfasser gibt die wiederholte Versicherung, nur aus den relativ früheren Werken geschöpft zu haben. Vor den älteren Arbeiten von Lightfoot, Schoettgen, Wetstein u. s. w. haben die Citate bei Edersheim den Vorzug, dass sie mehr fortlaufender Art und im Contexte vorgeführt werden. Ueber die andern Vorzüge, sowie über die Mängel dieses Lebens Jesu, namentlich in Hinsicht der Behandlung der Evangelienberichte, wo die «kritische Untersuchung über die Quellen gänzlich fehlt» s. H. L Strack, Theol. Literaturblatt, 1884. p. 369 ff.; cf. Holtzmann, Theol Jahresbericht IV, p. 84.

II.

Sinn und Bedeutung der messianischen Hoffnungen
im religiösen Gesammtbewusstein des Judenthums.

Es ist eine nach ihren letzten, tiefgehenden Consequenzen noch immer nicht genügend gewürdigte Thatsache dass die jüdische Gottesidee von der in den Propheten niedergelegten Anschauung merklich abweicht. Liefert nun aber dieselbe den sichersten und nächsten Masstab für die durchweg fühlbare, religiöse Schwäche des Judenthums und überhaupt für den Umstand, dass die Anschauungswelt dieses Zeitalters ihrem alttestamentlichen Vorbild vielfach so unähnlich geworden, so dürfte sie auch der Schlüssel sein für das Verständniss der besonderen messianischen Hoffnungen der letzten, vorschristlichen Jahrhunderte. [1]

Alles sollte dazu beitragen, das Judenthum auf der Bahn streng transcendentaler Gottesanschauung immer weiter zu treiben. Zu der gesegneten Frucht der Predigt,

---

[1] Daher haben wir auch die Gottesidee zum Ausgangspunkt gewählt. Der überwuchernde Nomismus ist doch erst vom gesunkenen Gottesbewusstsein aus zu begreifen und daraus entsprossen, obschon er rückwirkend der Lehre von Gott noch mehr zurückgab als er empfangen hatte. Allerdings ist die Gotteslehre stets etwas secundäres, aber doch der sicherste Prüfstein für die religiöse Stimmung eines Zeitalters.

durch welche die grossen Propheten des Exils ihren Volksgenossen, im Gegensatz zu den nichtigen Götzen des Heidenthums, die Einheit und Erhabenheit Jahve's einschärften,[1] gesellte sich bald ein unerwünschter, nicht beabsichtigter Erfolg, wie ihn jedes einseitige Verständniss des Guten leicht mit sich führen kann. Wurden die gleichen Bestrebungen auch unter den Heimgekehrten inmitten des unbestrittenen Triumphes des Monotheismus fortgesetzt,[2] so ist unschwer zu errathen, was sie für den Gedanken von Gott absetzen mussten.

Dazu begann nun in der neuen Kolonie das Reich der Schriftgelehrten. Wie das Geschriebene selber, starr und unbeweglich, so ward ihre Religionsauffassung: der Gott der Schriftgelehrsamkeit verdrängte den Gott des Prophetismus. So bekundet schon die levitische Periode die Neigung, «den Gottesbegriff so abstrakt und so erhaben wie möglich zu schildern».[3] Ziemlich farblos bleibt auch das Gottesbild in der apokryphischen Literatur:[4] von dem Himmlischen und Allerhöchsten steht nicht zu erwarten, dass er in den Fluss der Geschichte eingeht. Das gewaltsame Eindringen der griechisch-römischen Kultur mit ihrem Sinnen- und Bilderdienst war natürlich nicht dazu angethan, die abstrakt-transcendentale Gotteslehre zu mildern, und wenn je die griechische Weltweisheit, speciell die platonische Ideenlehre einen Einfluss auf das jüdische

---

[1] Cf. H. Schultz, Alt. Theol. 2. Aufl p. 181.

[2] Nicht erst zur Zeit der Makkabäerkämpfe, schon viel früher, wie das Auftreten Esra's und Nehemia's beweist, machte sich das Bedürfniss der Absonderung fühlbar, Esra 9, 1 ff. Neh. 9, 2; 13, 1 ff., 16 ff., 23 ff.; cf. Esra 4, 1 ff.

[3] H. Schultz, l. c. p. 786.

[4] Die Grösse u. Macht des Ewigen: Sirach 43, 26-33, cf. 18, 1 ff. — Die Gottesidee der Makkabäerbücher, s. G. Schnedermann, Das Judenthum der beiden ersten Makkabäerbücher (Z. f. kirch. Wiss. u. kirch. Leben, 1884, p. 94. — Vergl. auch Qoh. 3, 14. 9, 5 . . . . . das Thema der Proverbien, die Furcht Gottes.

Denken ausübte, so musste sie den naiven Glauben an den israelitischen Bundesgott vollends erschüttern.

Es ist sehr bezeichnend, dass auch die Apokalyptik, obschon sie in gewisser Beziehung, wie sich erweisen wird, eine religiöse Reaction darstellt, dennoch die stets zunehmende Welt- und Menschenscheu Gottes nicht zu überwinden vermochte: auch in ihren schönsten, zumeist an die Propheten erinnernden Zeichnungen von Gottesoffenbarungen ist das hervorstechendste Merkmal das der schlechthinigen Erhabenheit Gottes über die Welt. Man denke nur an die berühmte Vision des Betagten bei Daniel, 7, 9 ff. Wohl sieht der Prophet, aber was er sieht, ist in unendliche Ferne gerückt. So grossartig auch die Schilderung von der «Glut des alten Gottesbegriffes» ist doch nichts zu merken. Das viele Gerede von Feuer und Feuerflammen lässt den Mangel an innerer Wärme nur um so mehr empfinden. Wie der Betagte mit schneeweissem Gewand bedeckt ist, so scheint die ganze Offenbarung wie von einer Eisdecke überzogen. Nach Daniel[1] aber bessert sich die Weltlage für das jüdische Volk keineswegs. Unglaube und Gottlosigkeit wachsen zusehends. In demselben Maasse als die gegenwärtige Welt in's Verderben sinkt, zieht sich auch Gott von ihr in seinen Himmel zurück. Ja, der blosse Name Gottes erinnert jetzt alsobald an den, welcher in Himmelshöhen thronet. Das Ueberragen des Metaphysischen über das Religiöse zeigt sich schlagend darin, dass der Name «Gott der Himmel» ein stehender Ausdruck geworden und Himmel auch geradezu für Gott gesagt wird.[2]

---

[1] Siehe Hen. 14, 20 ff.; 71, 5-13. Assump. 10, 1-10. IV Esr. 7, 33 f. [6, 1 ff. — *Altissimus, Excelsus*, gewöhnliche Gottesnamen der Apokalypsen Esra und Baruch. — Cf Dan. 2, 19 ff; 3, 28 ff.; 4, 31 ff. ... Hen. 39, 12; 63, 2 ff. ..... Sibyll. 3, 11 ff. Ap. Bar. 54. 2 Makk. 1, 24. Einige treffende Bemerkungen hierüber bei Smend, Z. f. alt. W. 1885, jüd. Apok. p. 246; und bei Schürer, II. p. 284.

[2] Dan. 2, 18 f.; 4, 23; 5, 18. 23 u. ö. Assump. 2, 3; 4, 4; 10, 3. Jub. 20. 22..... Esra 1, 2; 5, 11 u. ö. Neh. 1, 5; 2, 4....

Dazu kommt weiter die bekannte Scheu der jüdischen Schriftsteller vor Anthropomorphismen und groben Theophanien, deren systematische Beseitigung in den späteren Auslegungen der alttestamentlichen Bücher zu einer Art schriftstellerischer Praxis Anlass gab.[1] Der Gipfel der ganzen Entwickelung ist schliesslich der volksthümliche Glaube, dass der Name Gottes ein Geheimniss sei.[2]

Angesichts dieser Sachlage scheint nun erst der Umstand in seiner ursprünglichen Bedeutung recht begriffen werden zu können, dass schon in älteren Werken die Mittheilung des göttlichen Geistes und eines höheren Wissens unter dem Bilde der hypostasirten Weisheit dargestellt wird.[3] Keineswegs darf nämlich darin ein Durchbrechen des strengen Monismus gesehen werden, im Sinne einer Geneigtheit des Göttlichen sich an die Menschen mitzutheilen. Wird doch mehrfach die Klage laut, dass die Weisheit eine so seltene Pflanze sei und unter den Menschenkindern keinen Wohnort gefunden habe.[4] Aber weil Gott als

---

3 Esra 4, 58; 6, 13. 15..... Ps. 136, 26. 1 Makk. 3, 18 10. 2 Makk. 3, 15; 7, 11; 15, 4.... Hen. 15, 3. IV. Esra 8, 20. Ὁ θεὸς τοῦ οὐρανοῦ Testam. XII Pat. p. 129. 133..... bei Sinker. Dazu der besonders in den Makkabäerbüchern häufige Ausdruck «zum Himmel rufen» cf. Schnedermann, l. c. p. 94 (falsch citirt sind I, 3. 49 statt 50 und 4, 53 statt 55). Schürer (Jahrb. für pr. Theol. 1876, p. 171 ff.). Keil, Commentar, p. 20. Cf. Sibyll 3, 591. 757.

[1] Die Belegstellen in den Targumen, cf. Weber, System der altsynagogalen, palästinischen Theologie, 1880, p. 150 ff 176 ff. Nicolas, l. c. p. 155 ff

[2] Weber, l. c. p. 144. Nicolas, l. c. p. 165 ff. Dazu Hen. 69, 14 ff. «der verborgene Gottesname». Die metonymischen Bezeichnungen Gottes in der Mischna, s. Schürer (Jahrb. 1876, p. 167 ff.)

[3] Prov. 1, 20 ff.; 8, 1 ff. Hiob 28, 26 f. Sir. 1, 1 ff.; 24, 1 ff. Baruch 3, 15 ff. 29 ff. Sap. 7, 7 ff. Henoch 42, 1 ff.

[4] S. die angeführten Stellen der Proverbien und besonders der Apokalypse Henochs. Mit Henoch stimmt völlig IV. Esra 6, 9-11; cf. Ap. Bar. 48, 33. 36; 75, 3 — Die andere, abweichende Auffassung, dass die Weisheit der Thora innewohne, wird seiner Zeit zur Sprache kommen. — Die beste Illustration der besprochenen Idee auf dem Gebiete der Thatsachen ist die Bemerkung des Josephus (c. Apion. 1, 8), dass zur Zeit des Artaxerxes die Reihenfolge der

schlechthin überweltlich, als «schwerbeweglich» gedacht wird, darum bedarf es nun dieser Vermittelung durch die Weisheit, deren Geist «ein leichtbeweglicher vielgetheilter, menschenfreundlicher, alle verständigen Geister durchdringender Geist» [1] ist, folglich auch das Göttliche den Menschen näher zu bringen vermag. Es ist also diese Hypostasirung der Weisheit nur das erste Beispiel der Fülle von Zwischenwesen, [2] welche der steife, starre Gottesbegriff nach und nach hervorrief und deren ursprünglicher Zweck kein anderer war, als dem Gott des Judenthums aus der Noth zu helfen. [3]

Gerade in diesem Zusammenhang erklärt es sich auch, dass die Engellehre in unserm Zeitalter einen so ausserordentlichen Aufschwung genommen. [4] Nicht nur

---

Propheten aufgehört habe. Viel Rühmens wird davon gemacht, dass Gott mit dem Hohenpriester Hyrcan geredet habe (Ant. XIII, 10, 3. 7; auch bei den Rabbinen, cf. Derenbourg, l. c. p. 74.).

[1] Sap. 7, 2 ff.

[2] Ueber das Memra, den Metatron, die Schechina und andere, s. Weber, l. c. p. 172 ff. Edersheim I, p. 47; II, p. 660 ff. Siegfried, Philo, p. 219 ff. — Die Hypostase des Memra darf bestimmt als eine altjüdische Anschauung gelten, cf. IV. Es. 6, 43. Ap. Bar. 56, 4 (Verbum). Edersheim hat etliche hundert Stellen aus den älteren Targumen zusammengezählt, in welchen dieselbe genannt wird. Sie darf also nicht aus dem alexandrinisch-philonischen Logos hergeleitet werden, mit welchem Begriff sie auch nicht immer zusammenstimmt. — Von welchem Zeitpunkte an der Messias das Amt dieser Zwischenwesen übernehmen konnte und auch übernommen hat, darüber im folgenden Kap.

[3] Das Memra sowohl wie die Weisheit, als aus dem Unvermögen Gottes sich zu offenbaren entsprungen, sind also ursprünglich negative Bestimmungen, wie übrigens auch der philonische Logos nach seiner religiösen Seite hin. — Daran ist der Abstand des Christenthums zu messen, in welchem der trinitarische Gottesbegriff gerade das eigentliche Wesen Gottes ausdrückt, also die positive Bestimmung seiner Natur ist. Es erhellt nun aber auch, dass die Logosformel eigentlich eine unglückliche Wahl ist, um den christlichen Gedanken in's Licht zu setzen.

[4] S. Schultz, l. c. p. 813 ff. Hitzig, Biblische Theologie des A. T. p. 65 b. — Nur das Aufblühen, nicht der Ursprung der Angelologie soll aus dem religiösen Zeitgeist erklärt werden, nur was diesem entsprach, konnte solche Ausdehnung gewinnen; und insofern ist allerdings der persische Einfluss nicht zu überschätzen.

ist der Engel Zahl [1] zu einer unberechenbaren angeschwollen, auch ihre Rangordnung und Betitelung [2] sind schon Gemeingut geworden, ihre Funktionen [3] bis in's Einzelne hinein rubricirt, ja selbst mit ihrer Geschichte befasst man sich, wie aus der vielverbreiteten Sage hervorgeht, dass die Söhne des Himmels herabgestiegen sind,[4] die Erde verdorben und die Dämonen [5] in's Leben gerufen

---

[1] Dan. 7, 10. Hen. 60, 1; 71, 8. 13. IV. Es. 6, 3. Ap. Bar. 21, 6; 48, 10; 51, 11; 56, 14 u s. w.

[2] Sieben höchste Engel Tob 12, 15. Hen. 90, 21 ff. Testam. XII Pat. Lev p. 142, so im ursprünglichen Texte, s. Schnapp, Die Testamente der 12 Pat. 1884, p. 20: (der Werth der letzteren beruht nach diesem Gelehrten vorzugsweise in der Beleuchtung des vorchristlichen Judenthums). Jüdischen Ursprungs sind die 7 Engel Off. 8, 2 f; 15, 1 f; cf 4, 5. 5, 6. Abweichende Zählart: sechs, Hen. 20 Past Herm. vis. 2. Targ Ps. Jonathan zu Deut. 34, 6. Vier [Hen. 40, 9 ff., cf. 90, 31] sind besonders hervorragend: Mikael, Gabriel, Raphael [Tob 5, 4; 12, 15. Dan. 8, 16; 9, 21; 10, 13. 21; 12, 1. Hen. 9, 1; 10, 4; 71, 13. . . .] und Fanuel (Hen. 54, 6; 71, 8), für welchen auch Uriel eintritt (Hen 9, 1; 20, 2. Ap. Es 4, 1. 36; 10, 28.; cf. Ap. Bar. 55, 3) Im Past. Herm. vis. 4 wird erwähnt: θηρί qui est super bestias cf vis 5, simil. 6. 7. 9. mand. 11. Die Kerubim, Seraphim, Ophanim (Hen. 61, 10; 71, 6 und in der rabbin. Theologie, s. Weber, s. 163 und Edersheim, II, p. 749.)

[3] Schutzengel: Dan. 6, 23 Brief Jerem. 6. — Die Engel als Beschützer der Völker, Sir. 17, 11 Dan 10, 20 ff.; die 70 Hirten Henochs (89, 59 ff.) sind Engel (cf. Schürer, Zeitgesch. p. 623); 2 Makk 3, 24; 11, 6. 8 10. . . . .). — Strafengel, Hen. 53, 3; 56, 1; 62, 11. . . . auch bei den Rabbinen Edersheim, II, p. 752, Weber, p. 166. — Engel des Angesichtes, Henoch 40, 1 ff. Jub. 2, 31. IV. Es 8, 21. Ap. Bar. 21, 6; 48, 10. — Die zahlreichen Beschäftigungen der Engel in den Jubiläen, s Rönsch, l. c p. 489 ff.

[4] Hen. 6, 54. 67. 69. . . Ap. Bar. 56, 10 ff. Testam. XII patriarch. Rub. p 133 bei Sinker. Auch Josephus (Ant. I, 3) deutet Gen. 6 von den Engeln. — Vgl. die Unvollkommenheiten der Engel bei Hiob 4, 18; 15, 15.

[5] Tob 3, 7 f.; 6, 14. Bar 4, 7. 35 Jubil. 1 10. 22. Hen. 15, 8; 19, 1; 69, 12; 99, 7. LXX zu Jes. 65, 11. Ps. 96, 5; 106. 37. Τὸ πνεῦμα (τὰ πνεύματα) τῆς πλάνης Test. XII Pat. p. 130. Ueber die Dämonologie des Talmud, s Wünsche, N. Beitr. p. 155. Zu den Dämonologien des N. Testamentes vergl. Hen. 56, 1 ff: die bösen Engel erwählen, lieben ihre Unterthanen, von welcher Idee aus helles Licht auf 1. Cor. 11, 10 fallen dürfte. Vergl. Everling die paulin. Angelologie und Dämonologie, 1888, p 35 f.

haben. Solch Umsichgreifen der bösen Mächte [1] ist selbst wieder ein Anzeichen, dass das Gebiet des Göttlichen in demselben Masse sich verengt. [2]

Ist es nicht, als ob bei dem Zurückweichen Gottes hinter die hohen Wolken die himmlische Welt sich für eine Sekunde dem Blicke der sehnsüchtig ausschauenden Menschenkinder erschlossen und ihnen seine Geheimnisse kund gethan hätte? Eine Art unruhiger, geheimer Neugierde treibt die Frommen, dem Höchsten in seinen erhabenen Himmel nachzuspähen. Es zieht sich durch die apokryphische und mehr noch durch die pseudepigraphische Literatur gleichsam eine neue Offenbarungskette über die verborgene Herrlichkeit des «grossen Herrn», über seinen Thron und seinen Palast, [3] über die Himmel [4] und die ganze *hierarchia coelestis*, über das Paradies, die Hölle und die Behälter der Seelen. [5]

---

[1] Satan, ursprünglich das Amt eines Engels bezeichnend, wird allmählich zum Prinzip des Bösen: Hiob 1, 6. Jub. 1. 10. 15. 18. 48. Assump. 10, 1. Henoch 40, 7; 53, 3; 54, 6; 65, 6.

[2] Hitzig. l. c. p. 65 b (zum Schluss): «im Process der Gottesidee substituirte sich dem lebendigen Machtgotte.... der gute Gott mit andern Worten die Gottesidee verlor an Flüssigkeit. Auch im Hellenismus hat sich der Glaube an die Dämonen «zugleich mit der wachsenden Einsicht in die Erhabenheit der Götter entwickelt». (Heinrici, Das erste Sendschreiben d. Ap. Paulus an die Korinther. 1880. p. 280.

[3] Dan. 7, 9 ff. Ap. Bar. 21, 6; 46, 4; 51, 11; 59, 3. IV. Es. 8, 21.... Hen. 14, 9-23; 71, 5 ff.; cf. Ps. 2, 4; 11, 4; 18. 7; 29, 9; 103, 19; 123, 1. Dazu die ähnlichen Anschauungen der Targume (auch der Feuerstrom). s. Weber, l. c. p. 159 ff. Wünsche, l. c. p. 319.

[4] In den älteren, griechischen Quellen scheint die Lehre von den 7 Himmeln (Chagiga 12 b) noch nicht völlig ausgebildet: doch vergl. Hen. 69, 23 sieben Behälter. Ausführlich belehren darüber die Testamente der XII Patr. (Test. Lev 2 f., eine interpolirte, aber von einem vorchristlichen Juden herrührende Stelle, s. Schnapp, l. c. p. 15, 23) und die Ascensio Jesaiae 4, 14. Paulus spricht vom dritten Himmel. Ganz religiös durchdrungen finden wir die Anschauung in Jesu Ausspruch von den vielen Wohnungen in seines Vaters Hause. Joh. 14, 2.

[5] Hen. 22. 26. 27. u. ö. Ps. Salom. 14, 2. 6; 15, 11. IV. Es. 4, 35. 41; 6, 1 ff. [6, 54. 60. 68. 74. 76; 7, 53; 8, 52; Ap. Bar. 30, 2; 51, 11; 59, 8. 10. S. Gfrörer. Das Jahrhundert des Heils, 1838,

Wie eigenthümlich, aber auch wie begreiflich, ja wie unvermeidlich ist doch dieser Contrast, dass, je mehr Gott sich verschliesst, desto eifriger man nach ihm forschet und scheinbar gewichtigere Vorstellungen über ihn zu Tage fördert! Man darf sich nur nicht täuschen lassen durch das viele Gerede von himmlischen Dingen, so wenig wie durch die unzähligen Engelscharen, als sei solches der Ausdruck eines besonders lebendigen Gottesgefühles. Die Zahl macht nichts zur Sache. Es gilt hier im Gegentheil: je häufiger die Diener auftreten, desto seltener ist der Herr selbst. Mit jeder neuen Engelschöpfung erfolgt eine entsprechende Verkürzung des Einflusses Gottes, insofern jeder Verkehr durch ein Medium nur ein mittelbarer ist. Höchst lehrreich ist übrigens der Fingerzeig, dass, wie ja die Dienerschaft des Herrn Livree annehmen muss, so auch die Engelwelt, je länger je mehr, der Sinnlichkeit entrückt wird. [1]

Es hilft den erhaltenen Eindruck noch verstärken, und ist gleichfalls nur ein Symptom desselben ängstlichen Suchens nach göttlicher Gemeinschaft, ein Zeichen, dass Gott von der Erde und aus der Brust der Menchen gewichen ist, wenn kosmologische Erörterungen und atmosphärische Betrachtungen stets wiederkehren, [2] wenn

---

II, p. 42 ff. Vergl. auch 2 Makk. 12, 43 f. — Der Schulstreit Hillel's und Schammai's über die Strafen der Sünder in der Gehenna, Rosch haschana 16 b, 17a.

[1] Während Ps. 78, 25. Sap. 16. 20 noch unbefangen von dem Essen der Engel reden, wird solches bei den Rabbinen (cf. Weber, l. c. p. 162) geleugnet.

[2] Vergl. Sir. 42, 15 ff.; 43. 1 ff; dazu die Citate in den nachfolgenden Anmerkungen und überhaupt das Buch Henoch und die Testamente der 12 Patriarchen. Es ist ein Rückschluss aus der Gegenwart auf die Frommen aller Zeiten, wenn es im Buche der Jubiläen (Rönsch, fragm. ambros. 19, 24) von den Patriarchen heisst: «et ipsi erunt fundamenta ponentes caeli et confirmantes terram, ut agnoscantur universa luminaria firmamenti» Auch aus Josephus (Ant. I, 2 und 7) und Philo (cf. Gfrörer, Philo, p. 423) ist noch zu erkennen, dass die *religiöse* Bedeutung der Väter in der Einsicht in die Stern- und Himmelskunde gipfelt, obschon sie aus bekannten

über Sonne, Mond und das Sternenheer [1] so häufige Rundschau gehalten und mit so sichtlicher Vorliebe von allen Naturerscheinungen verhandelt wird, bei welchen irgendwie eine höhere himmlische Hand im Spiele zu sein scheint, als Blitz, Donner, Regen, Wind, Hagel, Eis, Schnee, [2] u. s. f. Was war doch früher, als der Bundesgott noch so recht auf Erden, mitten unter seinem Volke weilte, Gegenstand der frommen Betrachtung und der verherrlichenden Darstellung? Waren es nicht Opfer und Tempel, Bundeslade und Stiftshütte? Jetzt sind wir auf einen neuen Schauplatz versetzt: trostbedürftiges Umherschweifen in den überirdischen Sphären, wunderliches Schielen nach den geheimen Dingen der hohen Himmel, das wird Merkmal und Lieblingsbeschäftigung des späteren Judenthums.

Dieser Zug zum Himmel verstärkte sich in demselben Masse als die Heiligkeit und der religiöse Werth der bis-

---

Gründen diesem Volksglauben einen philosophischen Anstrich verleihen. — Wird Gott aus dem natürlichen Zusammenhang der Welt gebannt, so ist die nothwendige Folge eine übertriebene Wundersucht, weil dann des Menschen Geist desto angelegentlicher in allerlei aparten und auffälligen Erscheinungen nach ihm spürt. Ob aber der Gegensatz gegen den heidnischen Naturdienst nicht ein genügender Erklärungsgrund ist für die kosmologischen Excurse des Judenthums? Ja, wenn dieselben polemisch gehalten wären, wie etwa Sap. 13. So aber ist das Motiv ein tieferliegendes.

[1] Ps. 72, 5. 17; 89, 37 f. Ps. Salom. 18, 12-14; cf. 1, 5; 2, 13. 14; 4, 21; 8, 8. Jub. 4. Bel Jud. IV, 6, 3. Hen. 18. 13 ff. k. 21. 43. 72 ff. IV. Es. 6. 5. Ap. Bar. 48, 9. — Aus Henoch wird deutlich, dass die Sterne ganz dieselbe Rolle spielen wie die Engel: die zahllosen Sterne sind Sinnbilder der zahllosen Engel oder sie werden geradezu, wie Hen 86 (cf 90, 24), für Engel gesetzt. Spuren dieser Vorstellung, schon Neh. 9, 6. Ps. 103, 20 f 148, 2. Hiob 38, 7. — Daher stehen sie auch, wie die Engel im Verhältniss zu den Auserwählten; ja es müssen ihnen, wie den Engeln, Verirrungen und Strafe zukommen, so schon Jes. 24, 21 f. Unnöthig also, auf gewisse astronomische Unregelmässigkeiten zu reflectiren (cf. Dillmann, l. c p. 119.), die vielmehr erst daraus abgeleitet worden wären. Die Wurzel der ganzen Vorstellungsreihe dürfte, wie die älteren Stellen beweisen, bis in's babylonische Exil hinaufreichen, s. Stade, Geschichte des Volkes Israel II, p. 238.

[2] Hen. 17 18. 43. 44. 49. 72... Jub. 2. IV. Es. 6, 1 ff. [6, 5-14; 8, 22... Ap. Bar. 21, 5. 8; 59, 5. 8. 11... Chagiga 12b.

herigen, irdischen Heilsgüter in den Augen der neu entstandenen Geschlechter sank. Es ist eine nicht zu bestreitende Thatsache, welche sich bei neueren, auf diesem Gebiete thätigen Gelehrten einer immer allseitigeren Anerkennung zu erfreuen scheint,[1] dass der nachexilische Tempel im Laufe der Zeiten eine bedeutende Einbusse an Ansehen erlitt. Wie vieles hatte sich auch nicht zum Sturze desselben verschworen! Schon früh war es der unglückselige Vergleich mit dem salomonischen Prachtbau, wodurch der jüngere, unscheinbarere in Verachtung gerieth (Mal. 1, 7). Dazu kam die dem Heiligthume durch räuberische Hohepriester, durch syrische und römische Eingriffe zugefügte Unbill. Wohl nachhaltiger noch wirkte die Besetzung des hohen Amtes mit den nicht zaddokitischen, also illegitimen Hasmonäern, und dies in einem durchaus nach dem Gesetz orientirten Staate. Hatte man schon anfangs, in einem Augenblick hinreissender Begeisterung, diese Ungesetzlichkeit nur mit bösem Gewissen vollzogen, wie die Klausel «bis zum Auftreten eines zuverlässigen Propheten»[2] beweist, so war es vollends um die Popularität der neuen, geistlichen Würdenträger geschehen, als sie in ihrer Zwitterstellung als Priester und Fürsten den weltlichen Interessen Rechnung trugen und sich mit den pharisäischen Stimmführern überwarfen. Natürlich vermochte keine Tempelweihe und auch der grossartige Neubau des Herodes nicht genügend aufzuwiegen, was dem Heiligthume und seinen Vertretern an Würde und religiöser Bedeutung abging.

Ueberdies liegen nun auch bestimmte Anzeichen vor, dass die Gewissheit der Gottesnähe im Tempel zu wanken beginnt und die Wirksamkeit seiner Anstalten angezweifelt

---

[1] S. Smend, Stud. u. Krit. 1884, p. 716 f., 736 ff.
[2] 1 Makk. 14, 41. Ueber das «ungesetzliche» Hohepriesterthum der Hasmonäer, s. Lucius, der Essenismus 1881, p. 86 f.

wird. Seine neue Entweihung durch die Römer scheint dem Verfasser der Psalmen Salomo's (2, 2) wie eine Art göttlicher Vergeltung dafür, dass Israels Söhne selber so arger Schändung der Opfergaben sich schuldig gemacht haben (Ps. Sal. 1, 8; 2, 3: 8, 12 ff. 26.). Belleckt und unrein nennt Henoch (89, 73; cf, 56.) die Schaubrode des zweiten Tempels. Klingt nicht auch wie eine Beeinträchtigung desselben die im 2. Makkabäerbuche [1] 2, 1 ff.) aufbewahrte Legende, wonach Jeremias die Stiftshütte, die Bundeslade und den Brandopferaltar in eine Höhle verbarg und der Weg zu diesem Versteck unauffindbar geblieben? Besonders betont zu werden verdient aber die, wie es scheint, gewöhnlich nicht genug berücksichtigte Notiz des Josephus (Ant. 3, 8, 9), dass gegen Ende des zweiten Jahrhunderts vor Christo zur Strafe für die mannigfachen Uebertretungen der Gebote die Onyxsteine und der Brustschild des Hohepriesters mit einem Male zu leuchten aufhörten, während zuvor, «so oft Gott beim Opferdienste zugegen war, die Steine... einen grossen Glanz und Schein von sich gaben». (Vergl. dazu M. Sota IX, 12). Somit dürfte in der That die talmudische Lehre (jer. Taanith 65, 1.), dass dem zweiten Tempel fünf Dinge, das himmlische Feuer, die Bundeslade, Urim

---

[1] Dies Buch ist älter als Philo, s. Schürer, II. p 740; es hält den Tempel in hohen Ehren, aber in welchem Sinn, lehrt 2. Makk. 5, 19. — Allerdings gehören die 2 ersten Kapitel (bis 2, 18), welche die oben angeführte Stelle enthalten, einem andern Verfasser an. Ihre Abfassungszeit ist unbestimmt. Anmuthend ist die Hypothese von Reuss (La Bible, A. Test VII, 1879. p. 131), dass dieselben mit der Gründung des Oniastempels in Verbindung stehen. Auf jeden Fall bürgt das Citat aus Josephus für das hohe Alter der betreffenden Aussprüche. — Nach dem Falle des Tempels hat Pseudo-Baruch die Idee weiter ausgeschmückt: ein Engel steigt in's Allerheiligste herab, er trägt nicht nur die 48 Steine und das Ephod davon, sondern auch den Vorhang, die 2 Gesetzestafeln, das Weihrauchfass, u. s f., siehe Ap. Bar. 6, 7. Auch dürfte erst das Hinaufsteigen des Jeremias auf den Berg Mosis das Aehnliche des Baruch (cf Ap. Bar. 76, 3) veranlasst haben.

und Thummim, das Salböl und der heilige Geist fehlten, auf einem alten Volksglauben beruhen.¹ Man sieht also, ein gewisses Unbehagen dem Heiligthum gegenüber spricht aus diesen Anführungen: es hatte sich ein Gefühl der Unzulänglichkeit seines Cultus bei den Frommen eingeschlichen, und nach dieser Seite hin wird allerdings das essenische Schisma nur den offenen Ausbruch der Krankheit darstellen, die schon im Stillen an dem religiösen Volksleben zu nagen begonnen.²

Doch die Hauptgefahr, so zu sagen die Aufzehrung drohte dem Tempel und seinen Anstalten von dem neuen, eifersüchtigen Götzen, den das heimgekehrte Israel in seiner Mitte errichtet hatte: von dem ausschliessenden, alle Lebenskräfte aufsaugenden Gesetzesdienst.³ Dies war seit den Tagen Esra's die eigentliche rivale Macht, deren hoher Schatten sich stündlich weiter über das Gotteshaus ausbreitete, verhängnissvoller als die Ausschreitungen seiner Diener, furchtbarer als die unerhebliche Filialstiftung zu Leontopolis. Scheinbar allerdings, insofern ja der gesammte Cultus im mosaischen Codex wurzelte, mussten auch die Gesetzeslehrer den Tempel in den Kreis ihrer Verehrung einschliessen, sie thaten es aber mehr

---

¹ Wir beschränken uns auf die Zeugnisse für die Zeit vor der Eroberung Jerusalems. Cf. Assumpt. 5, 4. 6, 1. Apoc. Bar. 68, 5. 6. Dass nachher für den Opferdienst Ersatz gesucht werden musste, versteht sich, s Weber, l. c. p. 38 ff. Indessen die Vorbereitung dazu reicht höher hinauf und ist das Werk der Generationen. Geringschätzung der Opfer im 4. Buch der Sibyllen (gegen Schluss des ersten Jahrhunderts), s. Reuss, R. E. von Herzog, 2. Aufl. Art. Sibyll. p. 185. — Schon in den ältesten rabbinischen Schriften scheint die Thora werthvoller als der Tempeldienst. Vergl. die dogmatische Serenität der Rabbinen in Feststellung alles dessen, was die Opfer ersetzen kann: man wäre vielmehr gefasst auf stetige Versicherung, dass die gegenwärtige, opferlose, schreckliche Zeit nur ein kurzes Interregnum darstelle.

² S. Lucius, l. c. Cap. 5.

³ Zur Decentralisation trug auch das ausgebreitete Synagogenwesen bei. Es gab deren nach einer Ueberlieferung (Schir R. 20ᶜ) 480 in Jerusalem vor dem Tempelbrand.

so, wie man Jemanden in's Schlepptau nehmen oder unter den schützenden Flügeln ersticken würde. [1]

Die starre Gesetzlichkeit [2] ist nun ihrerseits nichts anderes als die Kehrseite, das Correlat der jüdischen Gottesauffassung. Wie das Eindringen der heidnischen Religionen zur Erhebung Gottes über alles Irdische hingetrieben hatte, so brachte nun auch der steigende Abfall zum Hellenismus es mit sich, dass das wahre Israel nur noch in der einen gesetzestreuen, pharisäischen Partei zum Ausdruck kam. Es ist nicht mehr «die uralte Bundeszusage Gottes, welche dem religiösen Bewusstsein des Volkes seinen Halt gibt, sondern der Entschluss der Gesetzeserfüllung». [3] Die Thora wird also zur Grundbedingung aller Gemeinschaft mit Gott und repräsentirt sein eigenstes Wesen. [4] Natürlich musste aber die Reflexwirkung, welche dies totale Aufgehen aller Religiosiät im gesetzlichen Thun auf die Gottesidee ausübte, dazu beitragen, dieselbe noch statutarischer und abstrakter zu gestalten.

---

[1] Vergl Schnedermann, 1 c p. 96 ff Der Tempel wird der Idee des Gesetzes untergeordnet und an den Hohepriester selbst der Massstab nicht des priesterlichen Amtes, sondern der gesetzlichen «Gerechtigkeit und Treue» (1 Makk. 14, 35) angelegt.

[2] Das Detail bei Schürer, II. p. 387 ff.

[3] «Die prophetische Idee des Bundes, den Gott mit dem auserwählten Volke geschlossen hatte, wurde im rein juristischen Sinne aufgefasst: der Bund ist ein Rechtsvertrag, durch welchen beide Contrahenten gegenseitig gebunden sind» Schürer (II, p. 388). Die Bundesidee wurde also von ihrem ursprünglichen Sinne abgewandt, Gesetz und Bund einander nahegerückt, Esr. 10, 3. Nehem. 10, 1 ff. Jub. 23. Weber, l. c. p. 4, 46 ff. 260 ff.

[4] Dies aber nicht im Sinne einer Reaction gegen den transcendentalen Gottesbegriff. Es gilt erst von späteren Zeiten, dass Gott mit der Thora so zu sagen identificirt und in die Endlichkeit herabgezogen wurde (Weber, p. 153 ff; cf. 145 ff). Dieser «judaisirte Gottesbegriff» ist eine durch Uebermass der Logik herbeigeführte Ausartung und mit den Spielereien der Scholastiker auf eine Linie zu stellen. Dass er in dem engen Gesichtskreis einer Kaste sich ansiedeln konnte, ist begreiflich; das gesammte, geistige Leben langer Jahrhunderte zu beherrschen, hätte er nimmermehr vermocht.

Man muss sich wundern, dass von hieraus keine Opposition [1] gegen die ausschliessliche Gesetzesherrschaft sich geltend machte. Wie war es möglich, dass während die älteren Psalmisten mit heissem Bemühen nach der Nähe Gottes rangen, die Frommen der Jetztzeit mit diesem bei jeder Uebertretung in's Wanken gerathenden Bunde sich zufrieden gaben, dass sie sich dazu verstanden, in dem Satzungslabyrinth umherzuirren und in steter Sündenangst zu leben?[2] Auf diese Frage gibt es nur eine Antwort: sie kannten noch eine andere Saite, welche helleren, erfreulicheren Klang von sich gab, sie lauschten dem Wehen der herannahenden, erlösenden Freiheit, welche das Unerträgliche ertragen half.

Bevor wir aber zur Charakteristik dieser frohen Zukunftsträume übergehen, müssen wir noch ein weiteres Merkmal des jüdischen Gottesbegriffes kurz in's Auge fassen. Bei der strengen Scheidung zwischen Göttlichem und Menschlichem und der formalistischen, genau geregelten Frömmigkeit, die daraus folgte, war es nicht anders möglich, als dass derselbe einen deterministischen Anstrich bekam. Während der prophetische Volksgott in Israel aus- und einging, bald gnädiges Erbarmen, bald heiligen Zorn kundgab, sind nun des Höchsten Bewegungen den Erdensöhnen so wenig sichtbar, wie der Wechsel der erhabenen, an der Himmelfeste ruhenden Gestirne, wohin er ja entrückt zu sein schien.

Das ewige Einerlei der Naturgesetze, das radikale Unvermögen des Menschen, den unabänderlichen göttlichen Willen zu modificiren, ist die tiefste Ueberzeugung des Predigers. (Qoh. 1, 4 ff.; 3, 1 ff. u. ö.) Die in

---

[1] Dass ein Anflug dazu bei Einzelnen vorhanden war, werden wir später sehen. Hier haben wir es nur mit der allgemeinen Strömung des Judenthums zu thun.

[2] Ps. Salom. 5, 8. 19. cf 3, 8.

prädestinatianischem Sinne gehaltenen Aussprüche Sirach's (11, 15 ff. ... 36, 7-15) verdienen um so mehr Beachtung, als die moralisirende Tendenz des Verfassers gerade auf die entgegengesetzte Thesis der menschlichen Freiheit sich gründet und diese letztere anderwärts (15, 11 ff.) verfochten wird. Hieher gehört nun auch, was Josephus (Ant. 13, 5, 9; 18, 1. 3. Bell. Jud. 2, 8, 14) über die Schicksalslehre der Pharisäer meldet, wobei nur das griechische Gewand auf Rechnung des Schriftstellers zu setzen ist.[1]

Das reichste Beweismaterial[2] aber für diese Grundstimmung des Judenthums liefert die Apokalyptik, namentlich ihre Geschichtsauffassung, zunächst und hauptsächlich in Hinsicht der eigenen, jüdischen Vergangenheit und Zukunft, dann aber auch mit Bezug auf die ganze bekannte Welt. Begreiflich genug wird die Weltleitung Gottes von all diesen Spätgeborenen nach Art eines unabweisbaren Geschickes gedacht: seufzten sie doch unter dem mehrhundertjährigen Bann, der seit der Perserherrschaft, gleichsam anfangs- und endlos wie diese orientalischen Satrapenreiche selber, über dem Volke der Erwählung zu lasten schien.

---

[1] Vergl. Sap. 19, 1. Ps Salom. 5. 6. — Ueber die Lehre des bösen Triebes, s. Edersheim, l. c. I, p. 317 ff. Gfrörer, Das Jahrhundert d. Heils, II. p. 111 ff, Weber, l. c. p. 225, 229. — Die Polemik gegen die Freiheitsleugner (Sir. 15, 11 ff. Ps. Salom. 9, 7 ff, Hen. 98, 4) beweist indirekt für die Geltung der Lehre von der göttlichen Vorherbestimmung, welche die Betreffenden eben in Praxis umsetzten. Nur das schwere Gegengewicht des Nomismus erklärt, dass dieselbe verhältnissmässig selten die Grenzen des rein Lehrhaften überschritt.

[2] Gottesname bei Daniel: Offenbarer der Geheimnisse Dan. 2, 22. 28. 29. 47. Assump. 12, 4. 13 nihil est ab eo (sc Deo) neglectum usque ad pusillum, sed omnia praevidit.... Hen. 39, 8. 11; 46, 3 u. s. w. In den Apokalypsen Esra und Baruch ist ein unaufhörliches Gerede von dem Vollwerden der Zeiten, von Messen und Zählen, dazu viele Vergleiche aus dem Natur- und Pflanzenreiche zum Beweis, wie alles genau bestimmt und im Voraus geregelt ist, Es. 4, 28 ff. 36. 40 ff; 5, 46 ff. ... Bar. 69, 2. Alles steht fest von Anfang bis zum Abschluss der Welt, IV. Es. 6, 1-6. [6, 48. Ap. Bar. 23, 3. 4. Cf. Sibyll. 3, 572.

Es ist ein Ansatz zur deterministischen Geschichtsbetrachtung, wenn in den Apokryphen historische Bilder entworfen werden, nicht der bunten Mannigfaltigkeit des Lebens entsprechend, sondern nach Kategorieen methodisch gegliedert.[1] Den Höhepunkt stellt in dieser Beziehung das Verfahren der Apokalyptiker dar, durch gotterleuchtete Männer der Vorzeit die ganze, zukünftige Entwickelung voraussehen und niederschreiben zu lassen.[2] So wurden insbesondere den Patriarchen Bücher[3] zuerkannt, in welchen sie die ihnen gewordenen Offenbarungen der Nachwelt überlieferten. Dies war wohl selbst nur eine Copie der parallelen Anschauung von den himmlischen Büchern und Tafeln,[4] worin die Schicksale der Einzelnen und der Geschlechter verzeichnet standen, und womit der Determinismus auf seinen konkretesten Ausdruck gebracht worden. Es blieb noch übrig, dass die Völkergeschichte auch in stereotype Zahlen und mathematische Formeln gefasst wurde, wofür die 4 Weltreiche und die 70 Wochen Daniels sowie ihre Weiterbildungen in den

---

[1] Die Vergangenheit vom Standpunkt der feststehenden Ordnung Gottes, der «das Licht und die Finsterniss durch eine eherne Mauer getrennt hat». Sir. 44-50, cf. Sir. 16, 16 in der Uebersetzung von Reuss (La Bible, VI, p. 393.) — Der Massstab der Weisheit wird mechanisch gehandhabt in Beziehung auf die Geschichte Sap. 10. Gott hat «alles nach Mass, Zahl und Gewicht geordnet» (11, 20). Cf 1 Makk 2, 49 ff.; 3 Makk. 2, 6.

[2] Dan. 11. 12; cf 7, 1; 12, 4. Assump. 2-10; cf. 1, 16 ff.; 10, 10. Hen. 85-90; cf. 82, 1. 2. u. s. w.

[3] Die Vorstellung der Bücher ist nicht auf die Apokalyptik beschränkt; s. Jub. 10, 45. Bücher Noah's, Jakob's, Mosis, ... Testam. XII Patriar. Zab. 9, cf. Schnapp, l. c. p. 60.

[4] Ps. 139, 16. Dan. 10, 21; 12, 1. Hen. 39, 2; 81, 1 ff.; 93, 1-3; 103, 2; 106, 19; 108, 7. Jub. 16 18. 30. 31. 32. . . IV. Es. 6, 20. Ap. Bar 24, 1. Test. XII Pat Lev 5. As. 27. cf. Ex. 32, 32. Ps. 69, 29. — Die Idee der Tafeln ergab sich leicht aus den himmlischen Gesetzestafeln, Ex. 24, 12; 31, 18 und hat mit der platonischen Ideenlehre nichts zu schaffen (cf. Dillmann, Ewald's Jahrb. III, p. 83, Anm. 2). — Verwandte Vorstellungen Ex. 25, 9. 40; 26, 30. Ap. Bar. 4. 5; 59, 4.

folgenden Apokalypsen Sorge trugen.[1] An dieser äusserlichen, schablonenhaften Geschichtsphilosophie mag man ermessen, wie starr der jüdische Gottesbegriff geworden war. Allerdings waren ja alle diese Berechnungen innerhalb der Apokalyptik teleologisch, im Sinne eines Trostgrundes, gemeint und hatten zunächst nur eschatologische Abzweckung; dass aber die Zahlentheologie solche Ausdehnung und solche Wichtigkeit erlangen konnte, ist doch ein Beweis, dass sie im religiösen Bewusstsein des Zeitalters einen empfänglichen Boden vorgefunden hatte.

Es war nothwendig, die jüdische Gottesidee mit ihren hervorragendsten Consequenzen zuerst zu überblicken, damit einleuchte, welche Leere, welche Lücke gerade den eigentlich religiösen Bedürfnissen gegenüber sich ergaben. War auch der alles vorherbestimmende Gott nominell überall gegenwärtig, thatsächlich blieb er unendlich entfernt, den Herzen unzugänglich. Die zahlreichen Mittelwesen vermochten nicht die Kluft zwischen ihm und der Welt zu überbrücken, erweiterten sie vielmehr. Es ist nicht zu bezweifeln, dass von hieraus und unter dem zersetzenden Einfluss der heidnischen Weltanschauung und Lebensart auf das politisch ohnmächtige Häuflein das Judenthum, wie so manche andere Völker des Alterthums, nach und nach dem religiösen Bankrott verfallen wäre,[2]

---

[1] Die 4 Weltreiche in IV. Es. 11, 39. Ap. Bar. 39, 3-5. — Zu den 70 Wochen, die 10 Weltwochen Henoch's, jede zu 7 Theilen, ferner die 70 Hirten Sieben Wochen in den XII Testam. — Zehn Menschengeschlechter. Sibyll. 2, 15. — Cf. Assump. 10, 12. — Zwölf Welttheile nach den Apokalypsen Esra's (14, 11) und Baruch's (53-76). — Ansprechend, der Uebereinstimmung mit Henoch wegen, wäre die Lesart einiger Handschriften Esra's: decem für duodecim (cf. Gfrörer, l. c p. 204 f). Doch scheint der lateinische Text durch Baruch gedeckt, cf. Ap. Bar. 69, 3 4. «Sechs Masse jeder Art, des Guten wie des Bösen».

[2] Ein Denkmal der Gefahr, in welcher das Judenthum schwebte, ist der Prediger Salomo's und seine Skepsis. — Noch bis in's 2. Jahrhundert währte die rabbinische Controverse in Bezug auf diese Schrift, Edersheim, II, p 688. Derenbourg p. 296.

wenn ihm nicht von einer anderen Seite frische Luft, Licht und Leben zugeflossen wäre.

Es hatte nämlich dieses Volk aus besseren Zeiten ein Vermächtniss ererbt, das von voller Befriedigung aller Bedürfnisse in messianischer Zukunft redete. In dem trostlosen Gestern und Heute, das ja, wie alles Andere, göttlicher Nothwendigkeit entstammte, blieb also den sehnenden Gemüthern nichts weiteres übrig als nach diesem Rettungsanker zu greifen. Wie schon den Propheten der messianische Glaube das religiöse Deficit der Gegenwart deckte,[1] so geschah es nun in erhöhtem Masse im Schosse des Judenthums. Religiöse Reaction gegen die Einseitigkeit und Starrheit des herrschenden Gottesbegriffes, das ist Sinn und Bedeutung des jetzigen Wiedererwachens der messianischen Hoffnungen.[2] Nichts wird diese Thatsache überzeugender darlegen, als der Umstand, dass gerade in dieser zukünftigen, erhofften Welt für die oben beschriebenen religiösen Mängel Ersatz geboten wurde. Folgende 6 Punkte[3] mögen dies in aller Kürze näher veranschaulichen. Die Aufzählung derselben an dieser Stelle hat also nur den Sinn, der eben geschilderten religiösen Grundstimmung gegenüber, den religiösen Zweck, die dogmatische Tragweite dieser eschatologischen Anschauungen in's Licht zu stellen. Daher sind sie hier zusammengestellt ohne Rücksicht auf ihre zeitliche Entstehung oder ihren ungleichartigen Ursprung, worüber erst im 3. Kapitel Bescheid ertheilt wird. Hier kommt es vorerst nur an auf einen Querschnitt des messianischen-apoka-

---

[1] S. Hitzig, l. c. p. 115, 3.

[2] Eine interessante religionsphilosophische Beleuchtung dieser Erscheinung gibt Wendt, Die Lehre Jesu, II, 1890, p. 36. — Wie der neu erwachte Messianismus auch allmählich eine Neutralisirung des übertriebenen Nomismus herbeiführte, s. unten, K. IV

[3] Um Wiederholungen zu vermeiden, verweisen wir im Allgemeinen für die Beweisstellen auf die Uebersicht der messianischen Dogmatik bei Schürer, II. p. 410 ff. Nur das Speciellere belegen wir.

lyptischen Baumes, um dessen Saft, d. h. sein innerstes Wesen zu erkennen.

1) Hatte die Gegenwart wie ein Gefühl der Gottverlassenheit, wurde zum mindesten der Himmlische nur durch eine trübe Wolke geschaut, so wird er dann wiederum unter seinem Volke wohnen in der Person des Messias. Offenbarung Gottes oder des Sohnes Gottes, das ist die messianische Frohbotschaft. Beachtung verdient vor allem der apokalyptische Ausdruck: Gott sehen oder das Antlitz Gottes schauen.[1] Ueberhaupt ist hier darauf zu merken, dass die messianischen Trostschriften dieses Zeitalters den bezeichnenden Titel «Apokalypsen» d. h. Enthüllungen, Näherbringung Gottes und seines Gesalbten führen.

2) War es zweifelhaft, ob die Weisheit auf Erden noch eine Stätte gefunden, war der prophetische Geist gewichen, so wird ihn ja der erschienene Messias in Fülle besitzen.[2] «In ihm wohnt der Geist der Weisheit.» Propheten wie Moses, Jeremias, insbesondere Elias, der grösste unter allen, werden dann auftreten.

---

[1] Ap. Es. [6, 7] (videre faciem Dei); cf. 7, 26. 33. [6, 14; 13, 52. Assump. 10, 7: Deus palam veniet. Ap. Bar. 51, 11; cf. 8. — Dieselbe Idee liegt den Gottesoffenbarungen in Daniel und Henoch zu Grunde.

[2] Hen. 49. cf. Ap. Esra 8, 52. Ap. Bar. 28. 1; 44, 14. Die Weisheit wird allgemeines Kennzeichen der Auserwählten, Hen. 5, 8; 48, 1; 91. 10. — Wenn so die Weisheit mit dem Messias verbunden wurde, so ist denkbar, dass auch die anderen göttlichen Hypostasen, und vornehmlich das Memra oder das Wort ihm nabegebracht worden sind. Da nun aber diese Hypostasen schon in vormessianischer Zeit wirkten so ward die völlige Verschmelzung mit dem Messias erst dann möglich, als ihm selbst vormessianische Existenz d. h. Präexistenz zugeschrieben wurde, worüber K. III. Für die Verbindung an sich selber (und das ist hier die Hauptsache) war das oben verzeichnete religiöse Interesse massgebend. Hier dürfte darum auch die Wurzel der johanneischen Logoslehre sein, die demnach der alexandrinisch-philosophischen ferner stände, als man gewöhnlich annimmt. Bedeutsam ist auf jeden Fall, dass die Vorstellung des Memra gerade in den ältesten rabbinischen Schriften zu Hause ist und im Talmud fehlt. S. die ganz parallele Erscheinung in Hinsicht der Präexistenz, K. III.

3) Desgleichen, wann all die Mittelwesen, die dazu dienten, den Abglanz der göttlichen Majestät den Menschen zu vermitteln, wie Engel, Sonne, Sterne, in messianischer Zeit zu den Frommen in ein näheres Verhältniss gesetzt werden, so deutet auch dies auf eine Einkehr Gottes unter die Seinen. Den Engeln werden die Gerechten gleichkommen, wo sie dieselben nicht übertreffen, sie werden leuchten, wie die Lichter des Himmels. [1]

4) Umgekehrt werden alle widergöttlichen Mächte gerichtet und vernichtet werden. Die gefallenen Engel werden abgeführt in den feurigen Abgrund, und der Satan wird ein Ende haben. Alle Sünde und Ungerechtigkeit soll von dem Erdboden verschwinden.

5) War der Strom der Jahrhunderte nicht schadlos an dem Tempel vorübergegangen, so wird auch diesem Verfall Abhilfe geleistet. In den letzten Zeiten soll ein neues Gotteshaus erbaut werden, [2] das nimmermehr zerstört und den salomonischen Tempel überstrahlen wird. Dazu erfolgt die Wiederherstellung der entschwundenen, schwer vermissten heiligen Geräthschaften. [3]

---

[1] Dan. 12, 3. Hen. 104, 2. IV. Es. [6, 68, 71; 7, 55. Ap. Bar. 51, 5. 10. 11. 12. In Dan. 8, 10. Hen. 43, 3. 4; 46, 7 wird die geheimnissvolle Verbindung der Gerechten mit den Sternen gerade im Hinblick auf den späteren messianischen Erfolg gleichsam proleptisch ausgesagt.

[2] Hen. 90, 28; 91, 13. Die Zerstörung des Tempels wurde aus Dan. 9, 24. Jes. 7, 25 gefolgert, s. Wünsche, N. Beiträge, p. 300. Mit den diesbezüglichen Orakelsprüchen bei Josephus, Bell J. 4, 6, 3. 6, 2, 1 sind zweifellos die messianischen Ansichten gemeint. Die Idee eines Neubau's Jerusalems (Schürer, II. p. 451. 456) erforderte das Gleiche für den Tempel. Vergl. Tob. 14, 5. Näheres hierüber Kap. IV. — Nach der Zerstörung durch Titus ist die Idee der Erneuerung selbstverständlich. Ap. Es. 10, 27. 55. Ap. Bar. 6, 9. Midr. Ps. 90. Targ. Cant. 1. 17.

[3] 2 Makk. 2. Ap. Bar. 6, 8. Drei Dinge wird Elias wiederbringen: das goldene Mannagefäss, das Salböl und das Reinigungswasser, Pseud. Jonath. Ex. 40, 10. Tanch. Ex. 23, 20. Cf. Dialog. c. Tryph. 8, 49. —. Das Kommen Jahves zum Tempel, ein zusammenfassender Ausdruck der messianischen Hoffnung, s. Smend, l. c. p. 717.

6) Gleichwie unter diesen messianischen Freudenstrahlen die Eisdecke, welche den lebendigen Gott verbarg, zusammenschmilzt, so bricht auch der heitere Ausblick in die Zukunft dem Determinismus die Spitze ab, ja er lässt ihn sogar zur willkommenen Botschaft werden.[1] Was ficht den Frommen die schicksalsschwere Gotteshand in der Gegenwart an? Verschafft sie ihm doch zugleich die Gewissheit, dass das Heil fest und sicher vor der Thüre stehe. Ja noch mehr, weil hochgediehene Bosheit die nothwendige Durchgangsstufe zu sein scheint, so ist es ihm, so zu sagen, lieb, dass die Sünde sichanh äufe. Sonst wäre es Qual, jetzt ist es fast Trost. Mit anderen Worten, der Determinismus verklärt sich in religiöse **Teleologie** und siegesgewisse **Prädestination**.

Dies war die edelste Seite der jüdischen Erwartung. Mochte auch vieles Fremdartige mitunterlaufen, mochten politische, sociale, egoistische Ansprüche erhoben werden, dieser religiöse Kern fehlte doch nicht. Ja, wenn es noch irgend einen Herd gab, an dem die innere Herzensflamme sich nähren konnte, so war es der messianische. Alle frommen Wünsche, alle begeisterten Gefühle ergingen sich in freiem Lauf auf diesem Tummelplatz der religiösen Phantasie. Mit der glühendsten Innigkeit versenkten sich die heilsbedürftigen Gemüther, die Hanna- und Simeonsseelen, in die Betrachtung der kommenden Zeiten. Sie lebten nicht mehr, sie erwarteten das Leben.[2]

---

[1] Die Epoche des Heils steht fest und unmittelbar bevor; die Namen der Heiligen eingetragen in den **Büchern**; die **Erwählung** der **Gerechten und des Messias**; seine **Präexistenz**; s. besonders die Bilderreden im folgenden Kap. — Wie der Weltlauf im Ganzen nach Zahlen berechnet wird (s. oben), so im Besonderen die Endzeit; Dan. 9, 27; 12, 7 f. Assumpt. 7. IV. Es. 11. 12. Ap. Bar. 27. 28.

[2] «Man darf sagen, dass in der späteren Zeit **das religiöse Bewusstsein sich concentrirt um die Zukunftshoffnung.**» Schürer, II. p. 419. — «In aller Trübsal, sagt Siphre 32, 7, soll Israel der guten Dinge gedenken, welche ihm Gott

Wie sehr der messianische Glaube einer religiösen Wurzel entsprosste, wird daraus ersichtlich, dass die gehoffte Erlösung unter dem Bilde des den Vätern verheissenen Gnadenbundes[1] gedacht wird, in welchem Begriffe «allezeit das Heilsbewusstsein Israels zum Ausdruck kam.»[2] Wie hohe Stücke auch ernstere Gemüther auf treue Gesetzeserfüllung hielten, sie brachten es doch nicht fertig, ihre Rettung bedenkenlos auf eigenes Verdienst zu erbauen. Die freie Zusage Gottes blieb zuletzt doch der feste Rettungsanker. Es ist dies um so merkwürdiger, als ja, wie wir wissen, nach jüdischem Dafürhalten der Bund auf der Gesetzesleistung beruhte. Diese Verdoppelung ist aber überaus lehrreich und ein deutlicher Fingerzeig, dass das messianische Dogma anfing, wenn auch ganz unbewusst, als eine Art Surrogat des nomistischen Heilsweges zu dienen.

So wird jetzt augenscheinlich, dass das Judenthum zwei Pole besass: den **Nomismus** und den **Messianismus**.[3] Und man begreift, dass unter

---

für die zukünftige Welt in Aussicht gestellt.» Gerade in die trübsten Zeiten fällt das jeweilige Hervortreten der messianischen Hoffnungen: so Daniel in die syrische Verfolgung; die Psalmen Salomo's in die römische Invasion; die Bilderreden nach den Massenhinrichtungen des Herodes; die Assumptio in die arge Zerrüttung vor 70; die Apokalypsen des Esra und Baruch nach der Katastrophe. — Die eschatologischen Fragen sind in allen religiös wichtigen Epochen wieder aufgetaucht: nicht nur in der apostolischen Kirche, auch zur Reformationszeit, in den pietistischen Kreisen, in mittelalterlichen Sekten. . . .

[1] Von der messianischen Zukunft erwarten die Jubiläen die Erfüllung der Verheissung: «Ich will mein Heiligthum unter ihnen aufbauen und bei ihnen wohnen und ihr Gott sein, und sie werden mein Volk sein.» — Im Hinblick auf die messianische Hilfe erinnert der Psalter Salomo's an den Gnadenbund mit den Vätern 9; 19:18, 4. — Auch im Rabbinenthum ist es in letzter Instanz die Zusage Gottes, welche die Erlösung verbürgt, Pesikta 52ª, s. Weber, p. 334.

[2] Schultz, l. c. p. 279.

[3] Dies findet seine Bestätigung darin, dass eine Gliederung des ganzen Systems der jüdischen Theologie nicht minder gut vom eschatologischen Gesichtspunkte als vom Standpunkte des Nomismus voll-

gewissen Umständen das Gleichgewicht zwischen beiden eine Störung erleiden konnte. Kam eine vorzüglich religiös begabte Individualität, sie musste sich dem Zweiten zuwenden und insofern die Auswüchse des Ersten ihrem Gottesbewusstsein zuwider waren, dieselben bekämpfen. Dazu aber bedurfte es eines ganz neuen Ansatzes. Innerhalb des Judenthums blieb die Nomokratie ungebrochen. Die innere Unbehaglichkeit, das im todten Satzungswesen hervortretende Gefühl der Gottentfremdung war allerdings, wie sich uns erwiesen hat, die geheime Triebfeder des aufblühenden Messianismus; von dem Judenthum als solchem wurde er aber in dieser seiner Tragweite, nämlich als Reaction gegen den Nomismus, nicht erkannt. Ganz natürlich! Die starre Gottesidee hatte die messianische Erwartung in's Leben gerufen, und die Tochter konnte die Mutter nicht verleugnen. Der eschatologische Ersatz trägt selbst wieder den Stempel der jüdischen Religiosität, und wie er gerade unter diesem Leitstern zur besonderen Form der Apokalyptik hinsteuern musste, mag das folgende Kapitel darthun.

---

zogen werden kann. In nicht weniger denn 456 Bibelstellen (75 im Pentateuch, 243 in den Propheten und 138 in den Hagiographen) fand man Hinweisungen auf den Messias und sein Reich. Diese Zahl hat Edersheim (l. c. II, p. 710) aus mehr als 558 Citaten in den Targumen, den beiden Talmuden und den ältesten Midraschim zusammengelesen. Dieser mathematische Beweis für den Schwerpunkt des Judenthums ist nicht zu verwerfen. Auch war bestimmt beides, Gesetz und Messias, nothwendiges Requisit alles dessen, was Jude heissen wollte. Die Sadduccäer leugneten die Auferstehung wie sie überhaupt alle pharisäischen Neuerungen verwarfen, welche nicht deutlich in den heiligen Schriften gelehrt wurden. Damit ist aber nicht bewiesen (cf. Wellhausen, l. c. p. 54), dass sie auch die prophetischen Hoffnungen aufgaben. Allerdings werden sie dieselben nicht sehr ernst genommen haben, aber so dann auch das Gesetz. Selbst bei dem Römerfreund Josephus sind noch etliche, obwohl sehr verblasste messianische Züge erhalten; Bell. Jud. 5, 9, 3; cf. 3, 8, 9 4, 6, 3. Ant. 4. 6, 5. 10. 10, 4. 10, 11, 7. — Auch die Alexandriner in ihrer Art: Sibyll. 3, 652-794 und Philo, s. Schürer, p. 433 f. LXX, s. Edersheim, I, p. 30. Vergl. auch Keim, Leben Jesu I, p. 246.

III.

Entwickelung der messianisch-apokalyptischen Ideen
im Zusammenhang
mit der religiösen und politischen Geschichte des Judenthums.

Die bisherige Auseinandersetzung hat es versucht, die jüdischen Zukunftsideen ohne Rücksicht auf das allmähliche Werden derselben, gleichsam auf eine Fläche zu projiciren und nach ihrer begrifflichen Einheit zu würdigen. Es handelte sich zunächst darum, aus dem System selber den Leitfaden herauszufinden, der bei Bestimmung und Beurtheilung des Einzelnen massgebend sein muss. Nun mag sich zeigen, wie aus diesem geschilderten religiösen Grundzug des Judenthums die messianische Species erwuchs, der man den Namen «der Apokalyptik» beigelegt hat. Nur so, d. h. von innen heraus, wird sich diese eigenthümliche Erscheinung genügend begreifen lassen.

Zuvörderst aber ist nicht nur die Entstehung der Apokalyptik, sondern auch das ihr vorangehende, lange Schweigen der messianischen Stimmen in dem besagten Umstande begründet. Hundert Jahre etwa nach der Rückkehr aus dem Exil war der prophetische Geist ausgestorben, und damit erlosch auch oder verdunkelte sich die Hoffnungssonne, die immer noch von fernem Horizonte dem Volke ihre Strahlen zugesandt hatte. Es rückte nun die graue Zeit heran, in welcher sich je mehr und mehr jene oben dargestellte, vom prophetischen Typus verschiedene Gottesauffassung einbürgerte. Dies hatte nun eine direkte Rückwirkung auf den Bestand und die Fortentwickelung der messianischen Ideen.

Zunächst muss darauf die etwas befremdende und oft gemachte Beobachtung zurückgeführt werden, dass in der apokryphischen Literatur der Messianismus bedeutend zurücktritt oder geradezu fehlt.[1] Man hat diesen dunklen Punkt noch nicht merklich erhellt, wenn man an das Ueberwiegen der priesterlichen Aristokratie, an das Abtreten der Nachkommen Davids vom geschichtlichen Schauplatze erinnert.[2] Denn nicht dies ist das eigentlich räthselhafte, warum der Davidide, die royalistische Messiaserwartung, wie man sie genannt, oder überhaupt der persönliche Messias verschwunden ist, sondern warum es mit aller und jeder Aussicht in die Zukunft so schlecht bestellt ist. Konnten denn die Apokryphen nicht auch das nahe Erscheinen des Tages des Herrn verheissen, wie seit der Verbannung diejenigen Propheten[3] gethan, welchen die davidische Restaurationshoffnung ebenfalls durch die Zeit-

---

[1] Trocken referirend: Sir. 44, 21 f.; 47, 11. 1. Makk. 2, 57. Der scheinbare Anflug Baruch's stützt sich auf lauter prophetische Reminiscenzen.

[2] Nothbehelfe: Die Juden schwiegen aus Angst vor den Heiden (Hengstenberg); sie fühlten damals kein Erlösungsbedürfniss (Grimm, Oehler). — Theilweise richtig: die Apokryphen haben vorwiegend geschichtlichen oder didaktischen, aber nicht prophetischen Inhalt (Schürer); doch warum gab es damals keine Werke solchen Inhaltes? «Man war im Besitze des Gesetzes als der vollkommen hinreichenden Gottesoffenbarung» (Holtzmann). Gerade die dem entsprechende Gottesauffassung musste den alten Messianismus auflösen und einen neuen anbahnen.

[3] Der zweite Jesaias, Joel, Maleachi, cf. Riehm,. Die messian, Weissagung. 1875, p. 121 f, 129 f — Die nachexilische Abfassung Joel's, s. Hilgenfeld, Zeitschr. f. wiss Theol. 1867; Duhm. Theolog. d. Propheten; A. Merx, die Prophetie des Joel, 1879.

umstände verschüttet worden war? Die Antwort kann nur diese sein: in jenen Zeiten war die Gottesidee noch flüssiger, den menschlichen Idealen gewogener und vertrauter. Jene Gottesmänner vermochten es noch, an ein Herbeikommen des Allmächtigen, an sein Herabsteigen auf Erden zu glauben. Der transcendente Gott der Epigonengeschlechter hingegen konnte nicht mehr so leicht, wenn man uns den Ausdruck gestatten will, mobil gemacht werden. Je mehr ihnen Gott mit den Gesetzesrollen geschenkt hatte, desto weniger hatten sie noch von der Zukunft zu gewarten. Der Faden, der sonst Israel so eng mit dem Himmel verbunden, schien wie abgebrochen. Was nun mangelte, war nicht so sehr ein **Davidssprössling auf dem Throne**,[1] als der **offene Weg zu Gottes Thron**. Ja man muss sagen, dass, so wie jetzt Gott angeschaut wurde, gerade das persönliche, menschliche Messiasideal am allerschwersten sich aufrecht erhalten konnte. In irgend einem Sterblichen den Repräsentanten des so erhabenen Gottes zu erblicken, dazu wäre es der ganzen inneren Kraft und gewaltigen Zuversicht der alten Propheten nicht zu viel gewesen. Man könnte zwar versucht sein, anzunehmen, dass gerade weil Gott in die oberen Himmel entrückt war, das Judenthum um so mehr darauf verfallen musste, einen Retter aus nächster Nähe zu postuliren. Das würde aber völlig gegen den Sinn der alttestamentlichen Lehre verschlagen. Denn nimmer hat der Messias weder den Propheten noch dem Judenthume nur als ein **geringer Ersatz Gottes** oder als ein **Lückenbüsser** gegolten. Trotz aller politischen Beimischung behielt der Messiasglauben immer einen religiösen Kern und besagte **Bund, engen Verband**

---

[1] Zudem hätte man ja über andere Ideale verfügt, wie z. B. das hohepriesterliche, dem schon Zacharja die Bahn gebrochen. Vergl. Sir. 50 das Lob des Onias.

zwischen Gott und den Menschen, der im Messias gipfelte. Die Entfernung Gottes zog also diejenige seines Vertreters nach sich. In dieser seiner Zurückgezogenheit aber vollzog sich an ihm ein Process **himmlischer Verklärung**, so dass, wenn er später wiederum zum Vorschein kommt, neue, dem veränderten Glauben gemässe Attribute an ihm wahrgenommen werden. Zu dieser Arbeit an sich selbst musste er für eine Zeit vom Schauplatz verschwinden.

Wir sind also soweit entfernt in dem Verstummen der Apokryphen eine Anomalie zu erkennen, dass wir dasselbe vielmehr *a priori* erwarten als eine nothwendige Folge des gesunkenen religiösen Bewusstseins (resp. des abstrakten, erhabenen Gottesbegriffes). Es ist höchst charakteristisch, dass jetzt nur noch das nüchterne, leicht fassliche Erdenbild des wiederkehrenden Elias oder eines andern zuverlässigen Propheten zum Vorschein kommt:[1] sofern sie nur Vorläufer, nur Wegbahner sind, ist auch das Heil in entsprechende Entfernung gerückt. Dies findet seine Bestätigung darin, dass gerade der letzte der Propheten, Maleachi, den Uebergang bildet zu dieser Verflachung der jüdischen Hoffnung: hat er auch eben noch ein hinlängliches Mass des Geistes, um den Glauben an den Tag des Herrn festzuhalten und auszusprechen, so ist doch seine Begeisterung schon so weit gesunken,[2] dass er zunächst nur auf das heilende und reinigende Amt des Vorgängers gefasst ist. Die Eliaskrücke ist also die untrügliche Anzeige des erlahmten religiösen Bewusstseins der Epoche. Sonst wusste man allezeit von der Nähe

---

[1] Sir. 48, 9 f. 1 Makk. 4, 46; 14, 41; cf. Mal. 3, 1; 4, 5. — Treffend bemerkt **Holtzmann**, dass es weniger Anstrengung kostete, an den Propheten als an den Messias zu glauben. Der Prophet ist der Nothnagel. An eine Verwechselung beider ist nicht zu denken.

[2] Vergl. Mal. 2, 7.

des messianischen Heiles selber zu reden, jetzt höchstens von dem Vorgänger, ja die Zuversicht sinkt noch tiefer: es gibt keinen Propheten mehr, Niemanden, der wüsste, wie lange das Elend währt (Ps. 74).

Es leuchtet ein, dass, wenn die messianischen Hoffnungen wieder in den Mittelpunkt des Glaubens treten sollten, dieselben eine neue, der veränderten Gottesidee angemessene Form annehmen müssten. Dies fand statt in der grundlegenden Danielapokalypse. Dass es damals und nicht früher geschah, erklärt sich aus der furchtbaren Gährung, die sich in Folge der syrischen Greuelthaten der Gemüther bemächtigte. Es bedurfte eines mächtigen Anstosses, um das Neue zu gebären. Tage der Verfolgung sind gewöhnlich Tage gewaltiger Begeisterung und erzeugen Männer. Es fand sich der schöpferische Geist, der es wagte, direkt an den hohen Gott zu appelliren, und es zugleich verstand, das, was die Herzen bewegte, in die zeitgemässen Vorstellungen, in die religiöse Tagessprache zu kleiden.[1] Die Geburtsstunde der Apokalyptik hatte geschlagen.

Das Eingreifen Gottes ist nunmehr genau so gehalten, wie es die Kategorieen der schlechthinigen Erhabenheit und des Determinismus erfordern. Der Entscheidungsakt ist nicht ein Erdenkampf, zu welchem der Allerhöchste sich ja nicht herablassen kann: die bunten, hellen Farben, mit welchen die Propheten malten, weichen einem ernsteren, kälteren Colorit. In himmlischer Ruhe[2]

---

[1] Die «nothwendige religiöse Metaphysik» (s. Wellhausen, Skizzen und Vorarbeiten, I, 1884, p. 95) konnte jetzt um so besser Platz greifen, als in dem langen Zwischenraum die «geschichtliche Gebundenheit» der messianischen Hoffnung nicht nur thatsächlich aufgehört hatte, sondern auch in der Erinnerung zu ermatten begann.

[2] Gerade der forensische Charakter, die unwidersprochene Ausführung des Urtheils, ist das Eigenthümliche der Scene. Gott tritt nicht aus seiner Ruhe heraus: das Thier wurde getödtet, sein

verweilend, erscheint der Betagte mit schneeweissem Kleide und Haaren wie reine Wolle. Stühle werden aufgestellt, das Gericht gehalten, den Einen die Herrschaft abgenommen, den Anderen das Reich übertragen. Wie schon dies Alles in majestätisch geordneter Weise vor sich geht, so ist auch der Zeitpunkt seiner Realisirung auf Zeit und Stunde (7, 12. 25; 12, 7. 12) präcis festgesetzt.[1] Ferner fügt sich die Zeichnung des neuen unvergänglichen Reichs nicht ohne Weiteres in den Rahmen einer irdischen, politischen oder kirchlichen Gemeinschaft. Sowohl die Gleichstellung seiner Mitglieder mit den Himmelsgestirnen[2] als auch ihre Benennung «die Heiligen des Allerhöchsten» und insbesondere ihr Herbeikommen auf den Wolken des Himmels zeigen, dass auch unser Verfasser, als ein ächtes Kind seiner Zeit, dem Religiösen einen metaphysischen Anstrich verleiht. Ueberhaupt ist die Scene so beschaffen, dass man kaum noch das Gefühl hat, auf Erden zu verweilen.

Die veränderte Höhenlage der Daniel'schen Eschatologie zeigt sich am deutlichsten in der Lehre der Auferstehung. Sie ist ebenfalls, im höheren Sinne wenigstens, ein Produkt[3] der religiösen Anschauungsweise des Juden-

---

Leichnam wurde dahingegeben.... Es kann hiegegen nicht eingewendet werden, dass 2, 44 von einem Zermalmen der feindlichen Mächte die Rede ist (cf. Schürer, p. 426). Dort ist gar nicht an das direkte Eingreifen Gottes gedacht; jenes Vernichtungswerk wird dem neuen Reiche zugeschrieben Natürlich ist auch in der Apokalyptik die prophetische Linie nicht völlig abgebrochen; es gilt aber vielmehr die Zeittendenzen in's Auge zu fassen. Es hat dann allerdings der Umstand, dass seit den Makkabäern der innere Abfall vom Glauben zunahm, das Seinige dazu beigetragen, dass die messianische Zukunft seit Daniel bis zu den Bilderreden und den Evangelien immer mehr als Gericht geschaut wurde.

[1] Das Gericht nach den Büchern (7, 10); nur diejenigen werden gerettet, welche im Buche des Lebens (12, 1) aufgeschrieben sind.

[2] Dan. 8, 10; 12, 3.

[3] Dem steht die ziemlich allgemeine Behauptung eines persischen Ursprunges (s. neuerdings E. Montet, Rev. de l'hist. des Relig. 1884, p. 307 ff.) nicht entgegen; denn wenn die Vorstel-

thums und aus der Zeitströmung zu erklären. Wie Jahve der Gott Israels hiess, so galt auch die prophetische Messiashoffnung dem Volke als solchem, und nur als Glied der Gesammtheit kam der Einzelne in Betracht. Jetzt aber war die Beziehung zu Gott durch das Gesetz bedingt, und je mehr der Abfall zunahm, um so mehr stellte sich für jeden Einzelnen die Verpflichtung heraus, dies Band mit dem Himmel für seine Person aufrecht zu erhalten. Mit anderen Worten, die Religion war Sache des Individuums geworden, und es ging nicht anders, als dass auch die messianische Hoffnung eine individuelle Abzweckung erhielt. Welch erwünschten Ausweg bot da der Auferstehungsglaube![1] Er ist also ein integrirendes, rechtmässiges Element der späteren jüdischen Religion, und es ist nicht zufällig, dass er zum ersten Male in unserer Schrift unumwunden hervortritt. Während er als eine ganz inconcinne Zugabe zur prophetischen Eschatologie erschiene,[2] steht er in bester Verbindung mit der transcendental gefärbten, apokalyptischen Erwartung: strebt er doch gleichfalls dahin, das Zukunftsbild über die Schranken des gegenwärtigen, irdischen Lebens hinauszudrängen.

Was nun die Persönlichkeit des Messias betrifft, so

---

lung solche Verbreitung fand, so geschah es, weil sie einem Bedürfniss entgegenkam. Und schliesslich ist doch das Wichtigere nicht die Thatsache der Entlehnung selber, sondern unter welchen Umständen und warum diese erfolgte.

[1] Seine Wurzel ist also religiös: das eschatologische Correlat der persönlichen Gerechtigkeit. Vergl. besonders Dan. 12, 13 «auferstehen zu seinem Loose»; auch Hen. 102, 4 ff. «die Gerechten bleiben nicht im Todtenreich»; es handelt sich hiebei noch keineswegs um eine lehrhafte, dogmatische Auseinandersetzung über das Jenseits: man merkt den Aussprüchen das dringende Postulat des frommen Bewusstseins an.

[2] Das Unverträgliche der neuen Lehre mit derjenigen des Scheol, s. Montet, l. c. Wie zu erwarten, wurde sie vom Standpunkte der alttestamentlich conservativen Partei heftig und lange bestritten, s. Wünsche, N. Beitr. p. 256.

darf es nach dem oben bei Gelegenheit der Apokryphen Bemerkten nicht befremden, dass sie keine Aufnahme gefunden hat.[1] Die einfache Herübernahme des früheren prophetischen Ideals, das in den neuen Rahmen nicht mehr passte, war unstatthaft. Zudem aber, da jetzt die Entscheidung durch das von Gott präsidirte Gericht erfolgte, wurde ja der Gesalbte seines Amtes enthoben[2] und erst recht vom Schauplatze verdrängt. Nichtsdestoweniger muss man anerkennen, dass der auf den Wolken des Himmels beikommende Menschensohn in seiner abstrakten Generalität, wo jede Anspielung auf historische Figuren schwand, wie eigens dazu geschaffen schien, den apokalyptischen Messiastypus abzugeben, sobald man ihm nur eine thätige Rolle in dem forensischen Schlussakt anweisen konnte.

Behält man Letzteres im Sinne, so darf behauptet werden, dass schon mit Daniel die religiöse Zeitstimmung auf dem Gebiete der Eschatologie ihren vollen Ausdruck gefunden hatte. Diese Apokalypse entsprach, wie es nicht besser möglich gewesen wäre, der jüdischen Gottesidee,[3] und man begreift, dass fortan die Apokalyptik in eschatologischer Hinsicht die Signatur des Judenthums geworden

---

[1] Die rein symbolische Bedeutung der Vision des Menschensohnes darf man als exegetisch gesichertes Resultat erachten, s. Hitzig, Commentar, p. 214 f Wittichen, Idee des Menschen, p 61 f. Dagegen Hilgenfeld (Apok. 46 ff.), dem an Messiaserscheinungen nichts abgeht, auch in Dan. 8, 15 f.; 10, 5 nicht Das relative, nicht exegetische, aber allgemein historische Recht seiner Auffassung: die überirdischen, engelgleichen Menschengestalten präludiren (vielleicht schon dunkel im Gefühl des Verfassers) der apokalyptischen Messiasfigur. Auch hier ist doch das wichtigere Moment für den Historiker nicht wie der Verfasser selber den Menschensohn verstand, sondern wie nachher die Schulen und somit auch die Zeitgenossen Jesu ihn interpretirten.

[2] Der Messias ist stets aktives Heilsinstrument Gottes. So verbietet denn gerade die rein passive Haltung des Menschensohnes, in ihm den Gesalbten zu erblicken

[3] Schon nachexilische Propheten enthalten apokalyptische Elemente, eine Frucht der beginnenden religiösen Umgestaltung.

ist.¹ Daniel hat die erste Oeffnung gerissen in den dichten Schleier, der Himmel und Erde trennte: es war dies eine wahre Grossthat, ein schöpferischer Akt, und hierin dürfte für die höhere Geschichtsbetrachtung das Motiv liegen, weshalb dem späten Buche die Ehre der Kanonisation zu Theil wurde. War nun so der Anstoss gegeben, so konnte es nicht ausbleiben, dass zahlreiche, wenn auch religiös, literarisch und künstlerisch weniger begabte Geister in der Fährte der Musterapokalypse sich fortbewegten. Dies um so mehr als von den Tagen Daniels und der Makkabäer an die Zeiten immer unruhiger und düsterer wurden, die Sehnsucht immer heisser sich kundgab.

Um nun aber diese nachherige Entwickelung in ihrer Eigenart richtig zu beurtheilen, darf vor Allem ein überaus wichtiger Faktor nicht ausser Acht gelassen werden. Bald nach dem Erscheinen Daniels nämlich, ungefähr seit Mitte des zweiten Jahrhunderts, scheint die Schriftgelehrsamkeit einen bedeutenden Aufschwung genommen zu haben, der sich besonders in einem ausgedehnten Schulwesen kund that.² Zwar kann in diesem Zeitalter noch lange nicht von einem fertigen Kanon Alten Testam. die Rede sein, indessen wissen wir doch von

---

[1] Hiebei ist nicht nur an die vorhandenen rein jüdischen oder von Christen bearbeiteten (Offenbarung Johannis und Testam. XII Patr.), sondern hauptsächlich an die grosse Zahl der verlorenen Apokalypsen zu denken. 70 Geheimbücher, IV. Esra 14, 46. Apokalypsen des Petrus, Cerinth und andere: Euseb. Hist. 3. 25, 28; 6, 14. Epiphan. Haer. 31, 8; 39, 5.

[2] Von circa 150 an die ununterbrochene Reihenfolge der sogenannten «Paare», Schürer, p. 293; «schon damals wurden die grossen Gesetzeslehrer thatsächlich die entscheidenden Autoritäten,» p. 264. Ueber die Thätigkeit (Ausbau des Gesetzes, Exegese der Schrift) der früheren makkabäischen «Paare», der sog. *Sekenim*, s. Hamburger, Real-Encycl. für Bibel und Talmud, Abth. II 1883, p. 345 f. Aufblühen der Schulen; «grenzenlose Verehrung der heiligen Schriften», s. bes. Zunz, Die gottesdienstlichen Vorträge der Juden, 1832, p. 37 f.

einzelnen Sammlungen, unter welchen zwei schon damals abgeschlossen vorlagen und eine dritte sich zu bilden begann.[1] Selbstverständlich haben die Schulen nicht nur das Studium der Thora und der gesammelten Propheten, sondern auch noch anderer Schriften betrieben, und gewiss werden sie auch ihren Forschungstrieb auf das Buch Daniel erstreckt haben, dessen räthselhafter Ton und Inhalt Manchem wohl zusagte.[2] Da es nun aber im Begriffe der schon einverleibten, kanonischen Bücher lag, dass, wie sie eines göttlichen Ursprung waren, sie auch ein einheitliches Ganze darstellten, so kann man sich denken, was dabei für den Kreis der messianischen Vorstellungen abfallen musste. Nicht nur wurden die mannigfaltigen Elemente der prophetischen Weissagungen neubelebt,[3] sondern auch mit den Zügen der Danielschen Apokalyptik versetzt. Es entstand auf vielen Punkten ein schrecklicher Wirrwarr, ein wahres Sammelsurium heterogener Begriffe und Bilder. Ihrer äusseren Erscheinung nach wird die Apokalyptik eschatologischer Synkretismus.[4] Die gelehrte Schriftforschung verschuldet es, dass die nunmehr entstehenden Apokalypsen vielfach von dem Musterbild Daniels abweichen, und dass man daselbst solchen aus den alten Urkunden zusammengestoppelten, aufgefrischten Ideen begegnet, welche sich aus der zeitgenössischen Anschauungswelt nimmermehr von selbst ergeben hätten.[5] Während

---

[1] Schürer, II. p. 250.

[2] Wenn das erste Makkabäerbuch, trotz seiner Bekanntschaft mit Daniel (1 Makk. 2, 59. 60) von dessen Eschatologie unberührt erscheint und noch die Prophetenkrücke nachschleppt, so ist das ein Beweis, dass dies Werk ausserhalb der Wirkungssphäre der Schriftgelehrsamkeit liegt. S. unten.

[3] S. hierüber Holtzmann, Jahrb. f. deut. Th. 1867 und Gesch. d. Volk. Isr. Bd II, p. 207 f.

[4] Der natürlich auch im Talmud seinen Abdruck zurückgelassen. Klagen darüber bei Wünsche, N. Beitr. p. 301.

[5] Diese Thatsache und selbst die starken Ausdrücke, mit welchen wir sie bezeichnet haben, müssen wir gegen die von Kübel ausge-

noch Daniel mehr von innen heraus, in naturwüchsiger Kraft, ein abgerundetes Bild zu entwerfen vermochte, bringen seine Nachfolger, denen auch kritische Unterscheidungsgabe das fehlende Genie nicht ersetzte, meist nur gelehrte Mosaikarbeit, der man das Fabricirte, Erkünstelte und Gezwungene leicht anmerkt.

Es zeugte also von geringer Einsicht in die neue Entwickelung, wenn wir den gesammten, messianischen Gehalt der späteren Schriften unterschiedslos in Betracht zögen.[1] Unsere Aufgabe geht nun vielmehr dahin, aus dieser babylonischen Verwirrung die Zeichen der Zeit herauszulesen, von den blossen Restaurationsversuchen das eigentlich lebendige, in den Zeitverhältnissen selbst begründete Streben zu unterscheiden, kurz die Schicksale des jungen von Daniel ausgestreuten Samens zu verfolgen.[2]

---

sprochenen Bedenken aufrecht erhalten. Sie muss um so mehr betont werden als dadurch allein manche Ungereimtheiten, ihre Erklärung finden, wobei man sonst gleich mit der Annahme von Einschaltungen, von verschiedener Verfasserschaft, und wer weiss noch was allem, zur Hand war. Wenn wir hiebei ganz im Vorbeigehen an die parallellaufenden Gedankenreihen von dem präexistirenden Messias neben seiner Abstammung ex semine David im N. T. erinnert haben, und K ü b e l diese Bemerkung als eine tief verletzende brandmarkt, so hätte er sich doch wohl sagen sollen, dass wir damit nur ein objectiv historisches Urtheil über den Ursprung der Präexistenz abgeben, wodurch der religiöse Gehalt derselben keineswegs angetastet wird. Und liegt es heute nicht nahe, zu fragen, ob nicht die oben dargestellte Erkenntniss das einzig wirksame Gegengift an die Hand gibt gegen die maasslosen Zerstückelungsversuche, denen neuerdings die Offenbarung Johannis und das 4. Esrabuch unterliegen?

[1] Es mag ja verlockend sein, ein System des jüdischen Messianismus zu versuchen, wie S c h ü r e r gethan, p 410 ff.; allein wer so gut eingesehen hat, wie dieser Gelehrte, dass jene Zeit auch den messianischen Glauben dogmatisirte und «die heterogensten Stellen in Beziehung zu einander brachte» (p. 423), der dürfte im Voraus dafür halten, dass ein solches System doch nicht allgemein durchführbar ist (wie Schürer's Versuch selbst lehrt), und dass auf jeden Fall das Verständniss der Sache dadurch nicht gefördert wird.

[2] Die schriftstellerische Neubelebung des Alten ist ja nur die eine Seite. Es wäre Vorurtheil zu meinen, dass das ganze Epigonengeschlecht in einer Auslegungsschule aufging. In Wirklichkeit, wie schon die Literaturgeschichte aller Völker lehrt, ist immer Weiterbildung, wenn auch unnatürliche oder ungesunde, vorhanden.

Ein wahres Muster von eschatologischem Synkretismus bietet die Grundschrift Henochs, da deren Verfasser recht geflissentlich den Zweck verfolgte, die älteren, prophetischen Ansichten in seinen Rahmen aufzunehmen.[1] Da er aber anderseits den von Daniel ausgehenden Anregungen sich nicht verschliessen konnte, so entstand, wie leicht einzusehen, eine Verdoppelung der Krisis; das eschatologische Drama ward in 2 Akte eingetheilt: 1) die eigentlich messianische Epoche mit dem Vorspiel der Vernichtungsschlacht gegen die feindlichen Mächte, 2) das Schlussgericht.[2] Der Rückschlag dieser Theilung auf die Auferstehungslehre musste sich bald geltend machen. Dieser Glaube entsprang ja dem Bedürfniss, den Gerechten den geschuldeten Ersatz zu bieten: daher postulirte man eine Auferstehung der Gerechten zur Theilnahme an der messianischen Herrlichkeit, der sich dann erst das Gericht mit der allgemeinen Auferstehung nach dem Vorgange Daniels anreihte. Dies ist die Genesis der Lehre von der doppelten Auferstehung, deren Zweige in's N. Testament hineinreichen.[3]

Dass nun aber diese ganze Auseinanderschachtelung nur auf einem schriftgelehrten, untergeordneten Motiv

---

[1] S. Dillmann, p. XX f.

[2] S. Hilgenfeld, Apok. p. 144. — Welches auch das Verhältniss der Schilderungen Hen. 90 und Hen. 91, 12 ff. zu einander sein mag, beiden ist die doppelte Prophezeiung des Schwertes und des Gerichtes zu entnehmen. Die Verbindung beider Momente wurde nicht gleich auf einen stereotypen Ausdruck gebracht, daher das Abweichende im Verlauf der Begebenheiten, wenn nicht eher mit Köstlin (p. 358) dafür zu halten ist, dass in dem Traumgesicht c. 90 die Ordnung nicht streng beobachtet worden, cf. 90, 31. — Auch die Apokalypsen Esra, Baruch, Johannis (millenium) unterscheiden die messianische Epoche von der Endzeit.

[3] Auferstehung der Gerechten Hen. 90, 33; 91, 10; 92, 3; 100, 5; 102, 5 ff. — Daneben das grosse Gericht für alle Geschlechter 103, 8; cf. 91, 15 Gericht für die Ewigkeit. — Spuren einer doppelten Auferstehung findet Schultz (Jahrb. f. deut. Th. 1867, p. 122 f.) nicht nur in der Offenbarung und bei Paulus, sondern auch in den Synoptikern.

beruht, ergibt sich schon daraus, dass für's Gewöhnliche der Verfasser die verschiedenen Momente durcheinander wirft. Offenbar spitzt sich auch für ihn Alles in der Erwartung des Gerichtes [1] und der Auferstehung zu, wie dies zur Genüge aus den langen Ermahnungsreden der Schlusskapitel (92-105) erhellt. Sie allein hatten ja praktische, unmittelbare Wichtigkeit; hiedurch behielt der Schriftsteller so recht Fühlung mit seiner Epoche, wie denn auch sein ganzes Werk mit seiner Engel- und Gestirnlehre und der auf die obere Welt verwandten Sorgfalt einen dem religiösen Zeitgeist durchaus entsprechenden Stempel trägt. Anderseits ist doch gerade auch an dem Beispiel Henoch's wahrzunehmen, wie durch die schriftgelehrte Wiedereinführung des irdischen Messianismus der Propheten die apokalyptische Metaphysik zur Erde heruntergezogen wurde.[2] Die völlige Verschmelzung solcher unreducirbaren Elemente konnte eben niemals gelingen und die dahin gemachten Anstrengungen bewirkten nur, dass im Durchschnitt das jüdische Zukunftsbild zwischen Himmel und Erde in der Schwebe hängen blieb.

Was lehrt nun zuletzt die Henochapokalypse in Betreff des Messias? Es unterliegt keinem Zweifel, dass ihn der Verfasser in dem Menschensohn Daniels, zwar nicht dem Titel nach, aber nach seiner symbolischen Einkleidung erkannt hat, und dass er, durch dies Verfahren

---

[1] Gericht ist in der Henochapokalypse die durchgehende Note und fast wie der zusammenfassende Ausdruck für alles Messianische, s. die Gerichtsbäume c. 29.

[2] Langes Erdenleben, Hen. 5. 10. 25. 90. 96. 103. Auch der Thron Gottes wird errichtet in dem lieblichen Lande 90, 20, wogegen es V. 31 heisst, dass Henoch zu den Schafen hinauf gebracht wird, cf. 87, 3 Dillmann, p. 285 f. Gerade die Vision c. 90 zeigt, wie die Baumaterialien Daniels den irdischen Rahmen sprengen. Dazu die Auferstehung und das Leuchten der Gerechten wie die Sterne, s. oben p 63. Auch die Idee des neuen Tempels und des neuen Jerusalems liegen auf der Linie der gesteigerten Erwartung.

angeregt, denselben ebenfalls unter einem mit seinem eigenen Gemälde harmonisirenden Sinnbild (90, 37) vorzuführen beschloss. Und wie in Daniel der Menschensohn erst am Schlusse nach Vollstreckung des Urtheils herbeikommt, so erscheint auch bei Henoch (90, 37), der älteren Ueberlieferung entgegen, der weisse Farre mit den Hörnern, d. h. der Messias erst nach dem Gericht.[1] Wenn aber dann in der ganzen Grundschrift der Messias nur so selten auf den Plan tritt, so bestätigt dies nur unsere obige Bemerkung. So lange es nämlich nicht gelungen war, den Gesalbten innerlich mit der neuen Ordnung der Dinge zu verbinden, d. h. ihm eine aktive Rolle am Gericht zuzuweisen, ist er auch in der Apokalyptik nicht recht zu Hause. Noch ein ganzes Säculum sollte vergehen bis zu seiner völligen Einverleibung, d. h. bis zu dem Punkte, da er mit einer besondern Function und mit dem ausgeprägten Amtstitel «Menschensohn» ausgerüstet auftrat. Als ein Produkt der Uebergangszeit gibt sich die Grundschrift Henoch's gerade darin kund, dass sie noch bei der symbolischen Fassung des Daniel'schen Messiasbildes stehen bleibt.[2] Dies er-

---

[1] Hilgenfeld's Einwand (Z. f. w. Th. 1888 p. 491), dass doch Henoch die Vorstellung Daniel's nicht völlig wiedergebe, dass «sein Messias eben nicht vom Himmel her komme, sondern aus der geläuterten Heerde des Gottesvolkes geboren werde», bestätigt ja nur was wir von der Schriftgelehrsamkeit als irdischem Gegengewicht gegen die himmlische Apokalyptik genügend betont haben. Was soll also dies Argument? Es ist doch unsere Theorie nicht auf einzelnen Punkten zu bekämpfen, ehe man sie auf ihren Zusammenhang hin geprüft. Wer sich aber auf Einzelnes steifen will, verschliesst sich das Verständniss für die Entwickelung im Grossen. Es bestreitet ja Niemand, dass auch in den Zeiten, wo alles vorwärts drängt, noch immer Spuren des Alten fortbestehen: dieselben aber für die Hauptsache, oder auch nur für gleichwerthig mit dem Neuen zu erklären, heisst Schattenbilder für Wirklichkeit ausgeben.

[2] Dies Symbol aber, wäre es auch nicht so passend gewesen, bezogen die Schriftgelehrten natürlich in der Folgezeit auf den Messias, den sie, wo es anging und um jeden Preis wiederfanden. Daher ist für den Historiker hier, wie fast durchweg, nicht der authentische Sinn der alttestamentlichen Prophetie die Hauptsache, sondern die Exegese der jüdischen Theologie.

klärt zur Genüge, warum die Person des Messias in diesem Buche ein so kümmerliches Dasein fristet; ihre Wiedererweckung verdankt sie hier meist nur einem gelehrten Interesse.[1]

Wenn es so lange währte, bis der apokalyptische, dem Zeitgeist entsprechende Messiastypus erstarkte, so kam wahrscheinlich das grösste Hinderniss daher, dass durch das Nachforschen in den heiligen Büchern das davidische Ideal, wie ganz unvermeidlich, wieder an's Licht gezogen wurde. Sowohl in dem theologischen Unterricht als auch in den sabbatlichen Schrifterklärungen konnte man nicht umhin, dem Spross Isais Beachtung zu schenken. Diese Nachtblüthe der älteren Tradition wird sich vor allem in den Volksschichten und in denjenigen Kreisen der Schriftgelehrten und Pharisäer entfaltet haben, welche dem nationalen Gedanken besonders nachhingen.[2] Zu den letzteren gehörte auch der Ver-

---

[1] Erwähnt wird sie nur 90, 37; 105, 2. Auch in der Offenbarung über die Weltwochen fehlt sie. Das Richteramt ist Gottes 1, 9; 90, 20; 100, 4. — Köstlin's Auskunft (p. 257 f.): in der Grundschrift sei des Gesalbten Amt so erforderlich und sein Erscheinen selten, weil es sich nur um Zurücksetzung der Frommen durch höhere Classen handle, während in den Bilderreden das Hervortreten des Messias im Gegensatz zu den Königen zu verstehen sei. Aber wie wäre denn der Gerechtigkeit übende Messias den verachteten Frommen nicht auch ein Trost gewesen? Und wäre der Menschensohn der Bilderreden als Gegensatz zu den Königen zu verstehen, so erwartete man auch sein Reich den heidnischen Reichen gegenüber: statt dessen auch in den Bilderreden 62, 8 die Gemeinde der Heiligen nach Daniel. — Unsere Auffassung erklärt, warum das Messiasbild so blass, zeigt aber auch, dass mit dem Symbol 90, 37 für *menschliche* Beschränktheit des Gesalbten nichts bewiesen ist. Darauf reflectirte das damalige Judenthum überhaupt nicht. Erst der Gegensatz zur christlichen Lehre brachte hier Veränderung. Uebertragen wir unsere modernen Distinctionen nicht auf das anders geschulte Alterthum.

[2] Ausser den Psalmen Salomo's die Apokalypse Esra 12, 32 in 4 (orientalischen) Versionen. Bitte um Aufrichtung des Thrones Davids in Schmone Esre. — Die Davidssohnschaft des Messias, dazu seine Königsherrschaft, im Talmud und den Targumen, s. Weber, p. 341. 364 f. — Zu betonen die fürstliche Stellung und kriegerische Thätigkeit des Gesalbten in der LXX (der ‹Volksbibel› Edersheim,

fasser der salomonischen Psalmen, welcher in seinen Erlebnissen, nämlich in dem seit dem Eingreifen der Römer unausbleiblichen Ruin des hasmonäischen Königthums, eine besondere Veranlassung fand, den Glauben an den Davididen (17, 5. 23; cf. 8) hervorzukehren.[1] Erwägt man, dass die damalige politische Lage manchen Zuständen zur Zeit der Propheten nicht ganz unähnlich war, so scheint natürlich, dass analoge Verhältnisse zu verwandten Erwartungen hindrängten. Nur um so merkwürdiger ist es, dass trotzdem und obschon der Psalter auch dem Rahmen nach der Apokalyptik fern steht, seine Eschatologie dennoch von deren Geiste durchweht ist. Wir meinen nicht nur das Erbtheil der Auferstehung[2] und des ewigen Lebens, welches den Gerechten in Aussicht gestellt wird, sondern hauptsächlich die aussergewöhnliche Ueberlegenheit des Gesalbten. Die hohen ethischen Prädikate gänzlicher Sündlosigkeit und Heiligkeit werden ihm beigelegt (17, 41-48). Ganz deutlich

---

I, p. 23) Gen. 49, 10. Num. 24. 7. 17. — Wichtiger sind die neutestamentlichen Stellen: bes. Marc. 12, 35 und Parall.; cf. Röm. 1, 3. Die Volkserwartung in der vox populi Marc. 11, 10. — Es bedarf eine Art kritischen Hellsehens, um in des Blinden Begrüssung Marc. 10, 47. Matth. 20, 30 eine Pointe der Berichterstatter zu entdecken. Sind vielleicht die Evangelisten selbst auch mit Blindheit geschlagen, da sie sich anderseits abquälen, einen davidischen Stammbaum herzustellen? Wenn Jesus, für seine Person, dies physische Merkmal hintansetzt, so hat seine Gemeinde in apologetischen Interesse nicht also geurtheilt.

[1] Dies ging um so leichter, als dies Ideal theoretisch, auf die angegebene Weise, wieder in den jüdischen Horizont getreten war. Die geschichtlichen Umstände erklären ebenfalls, dass von der Aufrichtung Israels Ps 11; 17 34. 35, von Kampf wider die Heiden 17, 24. 26. 32 (cf. 17, 30. 31. 33) die Rede ist. — Der Verfasser war so ergriffen, dass er die der Unmittelbarkeit des Gefühles angemessene Psalmform wählte, nicht gelehrte, apokalyptische Composition.

[2] Ps. Sal. 3, 13-16; 13, 9. 10; 14, 2-7; 15, 13-15 sprechen nur von einer Auferstehung der Gerechten. Dies erfordert stets die eigentlich messianische Epoche, an welcher die Sünder keinen Theil haben können. Wenn darüber hinaus nichts Weiteres gelehrt wird, bestätigt sich hier, dass für praktische Geister nur ein Schlussakt von Wichtigkeit war. Dieser hat dann, wie schon die Grundschrift Henochs gezeigt, starke, apokalyptische Färbung.

schimmert die apokalyptische Vorstellung vom Gericht hindurch darin, dass der Messias, wie nachdrücklich hervorgehoben wird (17, 27. 39. 41. 48. 49), durch das **Wort seines Mundes** seinen Auftrag ausführen soll.[1] An diesem Beispiel wird die Macht der Zeitströmung auf die Gemüther klar; schriftkundige[2] Juden wenigstens behielten damit Fühlung, auch wenn die äusseren Verhältnisse ihren schriftstellerischen Leistungen eine etwas abweichende Orientirung verliehen.[3]

In den nicht lange vor dem Auftreten Jesu verfassten Bilderreden Henochs, dieser sammt Daniel für unseren Zweck wichtigsten Schrift, hat die messianische Hoffnung des Judenthums ihre höchste Intensität erreicht. Hier liegt sie vor in der Form, zu welcher sie bei der vorhandenen, religiösen Stimmung mit logischer Nothwendig-

---

[1] Mit Hinweisung auf das Vorbild Jes. 11, 4 ist noch nichts ausgemacht; man hat *Gründe*, eher das Eine als das Andere zu entlehnen. Der synagogalen Eschatologie gemäss ist ferner 17, 37; der Gesalbte setzt nicht seine Zuversicht auf Rosse, Reiter und Bogen ... cf. Ap. Es. 13, 9 f. Es liegt hier die Uebergangsstufe vor zum eigentlichen Richteramt des Messias in den Bilderreden. Der eiserne Scepter (17, 26) hingegen ist Repristinationstheologie. Vergl. Wittichen, Die Idee des Reiches Gottes, 1872, p. 160: der Messias der Psalmen Salomo's ist «Organ Gottes in umfassender Weise». Schürer, p. 431: «Er überschreitet das Mass des Gemein Menschlichen.

[2] Ps. 11 ist nur Reproduction gewisser Stellen aus dem Buche Baruch, wie Geiger (Der Psalter Salomo's, 1871, p. 137) zuerst bemerkt hat. Wellhausen versieht die entlehnten Verse richtig mit Anführungszeichen, aber ohne Angabe der Quelle.

[3] Die nicht palästinensischen Produkte hingegen bekunden ihre Entfernung von dem eigentlichen Herd des Judenthums durch eine entsprechende Abweichung in der religiösen Auffassungsweise. Darum kann das 3. Buch der Sibyllinen nur formell zur Apokalyptik gerechnet werden; sein Messianismus ganz irdisch und nur in äusserlicher Anlehnung an die Propheten. Keine Auferstehung; der alte Tempel bleibt (771-775); der Messias, hauptsächlich ein gewaltiger Fürst (652 ff.). Keine Geistesverwandtschaft mit Daniel. — Was von der geringen, theologischen Bedeutung der Sybillinen im Allgemeinen wahr ist (cf. Reuss, Herzogs R. E., p. 191), gilt auch insbesondere von dem eschatologischen Inhalte des 3. Buches. — Aus den Beschreibungen Philo's (s. Schürer, p. 433 f.) ist kaum ein grösserer Nutzen zu ziehen; er kennt keine Todtenauferstehung, kein Gericht.

keit im Kreise der Frommen heranreifen musste. Der Messias, als der nun völlig aus der bisherigen Larve herausgewachsene Menschensohn,[1] tritt jetzt — lehrreich genug — dadurch wieder recht in den Mittelpunkt oder vielmehr in den Vordergrund der Erwartung, dass er, dem erhöhten Gotte gleichsam nachrückend, selber überirdischer Glorie theilhaftig und insbesondere mit den Befugnissen des Richters ausgestattet wird.[2] Damit hatte er den erhabenen Ort gefunden, auf dem er festen Fuss fassen konnte. Sobald nun aber die Deutung des Daniel'schen Symbols im eigentlichen, buchstäblichen Sinne feststand, zog dieselbe eine weitere, überaus wichtige Folgerung nach sich. Von jenem Menschensohn sagte ja die kanonische Apokalypse, dass er auf den Wolken des Himmels herbeikomme. Sollte er also nicht himmlischen Ursprungs sein? Sollte er nicht vor seinem Auftreten auf Erden droben bei Gott gelebt und gewohnt haben? Der Schluss lag nahe, dass seiner irdischen Existenz eine andere vorausgegangen war. Von der Stunde an wurde die **himmlische Praeexistenz des Messias** zum Dogma in den apokalyptischen Kreisen.[3]

---

[1] Die neueren schriftgelehrten Titel des Messias: der *Gesalbte* (schon Ps. Salom. 17, 36; 18, 6. 8. Hen. 48, 10; 52, 4. Ap. Es. 7, 29; 12, 32. Ap. Bar. 29, 3; 30, 1 u. s. w.) und der etwas spätere, wahrscheinlich auch weniger allgemein gebräuchliche *Menschensohn*. Beide haben die Schriftgelehrten aus Daniel hergeleitet.

[2] Wie nahe Gott und der Messias stets einander gestellt werden müssen, ergibt sich daraus, dass sie leicht in einander übergehen. Obschon in den Bilderreden gewöhnlich der Messias richtet, wird doch auch wieder (Hen. 47, 3) das Gericht dem Haupt der Tage zugeschrieben. So werden in den Psalmen Salomo's Gott und der Messias zugleich als Könige Israels bezeichnet. Chag. 14a findet in Dan. 7, 9 einen Thron für Gott und einen andern für den Messias. — Auf das Gericht des Messias ist der Täufer gefasst, Matth. 3, 12. So auch Targ. und Midr. Psalm 72, 1.

[3] Hen. 46. 48. 62; cf. Off. Joh. 12, 5 (jüdischen Ursprungs). Sie liegt auch folgenden Stellen des 4. Esra zu Grunde: 12, 32; 13, 26. 52; 14, 9; im Talmud, s. Weber, p. 15. 139 f.; über eine ideelle Präexistenz hinaus geht Mid. Prov. 8, 9. — Die Rabbinen argumen-

Dass aber diese Neuerung so bald und so grossen Anklang fand, wird einleuchten, wenn man sich vergegenwärtigt, dass sie das lösende Wort für manche Bedenken und Räthsel brachte. Zuerst hatte die Apokalyptik damit das Mittel gefunden, den deterministischen Gottesbegriff unschädlich zu machen, soweit solches innerhalb der religiösen Anschauung des Judenthums anging. Ist doch die Behauptung der Praeexistenz nur die Uebertragung der Kategorie des Determinismus auf den Messias selber. Dahin aber musste es kommen, wenn der messianische Trost dem Juden gänzliche Zuversicht einflössen sollte. Nicht nur die Heilsepoche, nicht nur der präcise Augenblick ihres Eintrittes, nein, das Heil selber, d. h. der Messias, musste längst, von Anbeginn an, von Gott geplant und bei ihm vorhanden sein. Im Zusammenhang damit ist es zu verstehen, dass der Messias der Bilderreden am häufigsten den Namen «des Auserwählten» führt.[1] Das dieser Gedankenreihe zu Grunde liegende Motiv der Heilsgewissheit wird evident, wenn es heisst, dass der Menschensohn d a r u m auserwählt und vor Gott verborgen worden, damit er den Gerechten sei ein Stab und die Hoffnung derer, welche betrübt sind in ihrem Herzen (48, 4-6). Dies ist das Glaubensprivilegium der Heiligen und Gerechten: ihnen hat die Weisheit des Herrn der Geister den Menschensohn g e o f f e n b a r t[2]

---

tirten aus Micha 5, 1. Dan. 7, 13, wobei sie an ein Herabkommen auf den Wolken des Himmels dachten, cf. IV Es. 13, 3. Danach heisst der Messias im Talmud A n a n i, Wolkenmann, Targ. 1 Chron. 3, 24.

[1] Hen. 40, 5; 45, 3. 4 . . . . Die Glieder des Reiches heissen mit Vorliebe: die A u s e r w ä h l t e n, die a u s e r w ä h l t e n G e r e c h t e n, 38, 2. 4; 39, 6; 40, 5 . . . . — Das Unausbleibliche des Heils veranschaulichen folgende Bilder: die Bücher (47, 3); das Gewogenwerden der Gerechten und ihrer Werke (38, 2; 40, 5; 41, 2); die Masse und die Schnüre der Gerechten (61, 3).

[2] Was man also darin von einer Anspielung auf den christlichen Messias und seine Erscheinung auf Erden gesehen hat, liegt weit ab. Schwerlich konnte Henoch *in der Vergangenheit* (Perfectum 62, 7)

(48, 7; 62, 7), sie wissen, dass er ihr Loos bewahret (48, 7).

Zu dieser religiösen Wichtigkeit der Präexistenzlehre kam sodann ihre Bedeutung als exegetischer Schlüssel. Wenn die schriftkundigen Frommen unter dieser Voraussetzung das A. T. durchforschten, so musste auf manche Stelle ein neues und helleres Licht fallen. Wir haben früher (s. K. II) darauf hingewiesen, wie unerträglich die Anthropomorphismen dem Judenthum geworden waren. Hatte man sich bisher mit der Hypostasirung der Weisheit, dem Memra u. Andern beholfen, so ward jetzt mit dem präexistenden Gesalbten der rechte, stets hilfsbereite Ersatzmann geschaffen. Was sollte er auch in der langen Zeit vor seinem Erscheinen auf der Erde begonnen haben, wenn er nicht in die Heilsgeschichte des Bundesvolkes eingegriffen hätte? Wo früher der Engel Jahve's, der Metatron, Henoch und andere hehre Gestalten thätig gewesen, da wurden sie nach und nach verdrängt, ihre Geschäfte durch den präexistenden Messias besorgt: er predigt den gefallenen Engeln, er redet zu Mose aus dem feurigen Busch, er war der Fels, der mit Israël durch die Wüste zog, u. s. w.[1] Von der Idee der

---

von dem Auftreten Jesu reden. Auch die Wendung: die *Weisheit* des Herrn hat den Menschensohn geoffenbart, zeugt nicht von einem christlich angehauchten Verfasser. Und warum dann weiter gar nichts vom Erdenleben Jesu, weder Leiden, Tod, noch Auferstehung, wie schon Lücke treffend hervorgehoben? — Umgekehrt begreift man nun aber vortrefflich, dass die christlichen Schriftsteller auf die Idee der Präexistenz eingingen, eben weil ihr das genannte religiöse Motiv zu Grunde lag. Es ist nicht zufällig, dass dieselbe gerade im Johannesevangelium hervortritt, da es auch sonst (so die Begriffe «Licht und Finsterniss») Verwandtschaft mit den Bilderreden aufweist. Es scheint also hier, wie oben in Hinsicht der Logoslehre, dies Evangelium auf ächt palästinensischem Boden zu ruhen.

[1] An Stelle des Gericht verkündigenden Henoch in der Grundschrift tritt in den Bilderreden der richtende Menschensohn. Anschliessend daran wird in 1 Pet. 3 dieses Geschäft des Predigens an die Geister direkt dem christlichen Messias zugeschrieben, wie Spitta unwiderleglich gezeigt hat. Auch die Art wie dieser Satz sowie die Identifizirung von Christus und dem Felsen (1 Cor. 10) eingeführt werden, zeigen an, dass wir es mit längst anerkannten Theologou-

Präexistenz aus erhielten aber noch manche andere Stellen, insbesondere diejenigen, in welchen man den Messias unter dem Titel der Erste, der Erstgeborene erkannt hatte, einen viel prägnanteren Sinn.[1]

Was endlich die besondere Form eines Verweilens oder Verborgenseins des Messias im Himmel betrifft, so ist daran zu erinnern dass, wie der Erde Gestalt immer wüster und befleckter erschien, der Himmel je mehr und mehr das eigentlich religiöse Centrum, die Zufluchtsstätte wurde für alles, was den Menschen heilig vorkam. Das Attribut himmlisch wurde gleichbedeutend mit heilskräftig, messianisch, beseligend: so redete man vom himmlischen Lohn, vom himmlischen Manna, vom himmlischen Leib u. s. w. Hierauf beruht auch eine doppelte Reihe von Anschauungen: der immer mehr sich verallgemeinernde Glaube an die Himmelfahrt der grossen Gotteshelden aus der Vergangenheit[2] und auf der entgegengesetzten Seite die Meinung, dass die Heiligthümer Israels schon vor Erschaffung der Welt im Himmel zugegen waren. Wie der Messias präexistirt, so bald auch Moses, das neue Jerusalem, der Tempel, das Paradies,[3]

---

menen zu thun haben: die Gleichsetzung der göttlichen Hypostasen mit dem Messias hat sich also schon innerhalb des vorchristlichen Judenthums vollzogen. An einen Einfluss Philos und seines Logos ist hier gar nicht zu denken. Vergl. Franke, Stud. u. Krit. 1887 p 337.

[1] Der Messias als der Erstgeborene, der Erste, Midd. Targ. Ps. 2, 7 (nach Ex. 4, 22). Schem. R. 19 (nach Ps. 89, 28). Jes. 41, 27. Ber. R. 63. Vajjik. R. 30. Pes. 5a.

[2] Nicht nur Henoch und Elias, auch Moses, Jesaias, Esra (Ap. Es. 14, 9. 49), Baruch (Ap. Bar. 43, 2; 46, 7; 48, 30; 76, 2).

[3] Nach den Rabbinen sind es gewöhnlich 6 oder 7 Gegenstände, die der Weltschöpfung vorangehen: ziemlich allgemein, der Thron der Herrlichkeit, die Thora, der Tempel, die Busse, der Name des Messias . . . Pirk. Rab. El. 3. Mid. Ps. 93, 1. Pes. 54a. Nedar 39 b. Ber. R. 1. Tanch Num. 7, 14. cf. Edersheim, I p. 171 f. Der Ausgangspunkt für diese Vorstellung liegt im A. Testament, in der früher erwähnten Idee der himmlischen Modelle, s. Cap. II die himmlischen Tafeln.

s. Ap. Bar. 4, 3; 59, 4. Assumpt. 1, 14. 17. Es ist als ob dieselben durch dies metaphysische Merkzeichen über das allgemeine Loos der Hinfälligkeit und Entkräftung hinausgehoben würden und eine geheime, göttliche Kraft erlangten, ähnlich wie das Eisen durch ein längeres Zusammenliegen mit dem Magneten dessen Anziehungsvermögen zum Theil ererbt. Die Kategorie der himmlischen Präexistenz ist, wenn man uns den Ausdruck gestattet, eine Art Assekuranzschein gegen die Verluste, welche die religiösen Besitzthümer in dem herben Kampfe gegen die feindlichen Elemente erleiden mochten, eine Garantie für ihre Vollgültigkeit und Unverwüstlichkeit.[1]

---

[1] Die interessante Konstruktion der Entstehung und Ausbildung des Präexistenzgedankens bei Harnack (Dogmengesch. 2 Aufl. I Beigabe) constatirt zum Beginn der Entwickelung eine doppelte Vorstellung: die eine, dass Alles werthvolle, das auf Erden erscheint, in Gott existirt und die andere, die sich der griechischen Anschauung nähert, dass die auf Erden erscheinenden Dinge das Abbild der Natur tragen, die sie im Himmel besitzen. Aber die beiden Vorstellungen sind nicht auseinander zu halten; die letztere, welche in die älteste Zeit hinaufreicht (Ex. Num.), bezeichnet ja nur die Form, in welcher der Gedanke zum Ausdruck kommt. Wenn zuletzt die Auffassung, dass das Irdische nur Abbild und zwar unvollkommenes Abbild der himmlischen Urbilder sei, immer stärker hervortritt, so muss dies hauptsächlich aus der Verschlimmerung der Zeiten erklärt werden. Harnack spricht es zwar aus, dass keine specifisch hellenischen Gedanken in der jüdischen Präexistenzlehre wahrzunehmen seien, recurrirt aber dennoch in der Erklärung des Einzelnen mit Unrecht, wie uns scheint, auf griechischen Einfluss. Er betont allerdings den religiösen Ursprung der jüdischen Idee, im Gegensatz zur cosmologischen Speculation der Griechen: aber die blosse Verherrlichung Gottes kann doch nicht als das eigentlich treibende Motiv betrachtet werden. Das tiefe Bedürfniss der Heilsgewissheit hat dem Präexistenzgedanken solchen Vorschub geleistet. Was 1 Pet. 1, 20 den Lesern als Aufmunterung vorgehalten wird, dessen haben sich auch schon die frommen Juden getröstet. Und wenn sie von ihrer eigenen Person Präexistenz aussagten (Ps. 139, 15. 16), so lag dem der Glaube zu Grunde, ganz und gar in Gottes Hand zu stehen. War dies der Hauptzweck der Lehre, dann erklärt sich von selbst, dass sie alsobald und in erster Linie auf Personen bezogen wurde. Die griechische Unterscheidung von Geist und Sinnlichem hat damit gar nichts zu schaffen. Die jüdische Präexistenzidee hat rein praktische Abzweckung: es handelt sich dabei um Sicherung der Zukunft und des Wohlergehens des Einzelnen, wie des Volkes. Es ist der verzweifelte Versuch, den Glauben an die göttliche Weltleitung zu Nutzen des jüdischen Volkes trotz und auch gerade

Erst wenn man so eingesehen hat, wie dieser ganze Ideencomplex organisch und sachgemäss aus dem Judenthum herauswachsen musste, so gewinnt man die Ueberzeugung, dass der damit zusammenhängende Ausdruck «der Menschensohn», an welchen Jesus anknüpfte, in der That eine vorchristliche, jüdischapokalyptische Bezeichnung des Messias ist. War es auch kein für die Volksmassen geläufiger Titel, die in der Schrift bewanderten Männer vermochten bestimmt darüber Aufschluss zu geben.[1] Selbst wenn die Bilderreden ihrem Ursprung nach dem Christenthum zeitlich nachständen, so liegt doch ihr ächt jüdischer Stempel offen zu Tage. Wie sollten sie eine so wichtige Bestimmung einfach entlehnt haben, wenn diese der jüdischen Dogmatik von Haus aus fremd war? Und was soll man dazu sagen, dass der Menschensohn noch in anderen rabbinischen Schriften sich vorfindet?[2] Wie hätte er auch da eindringen können, wenn er doch nur ein Fündlein der Christen gewesen wäre? Dass aber der Name in nachchristlichen Zeiten ver-

---

wegen der widersprechenden Thatsachen auf einer neuen, überirdischen Grundlage aufzubauen. Der Wahrheit am nächsten kommt der Satz Harnacks, dass die Vorstellung wurzle in den religiösen Gedanken der Allwissenheit und Allmacht Gottes, «welche die Geschichte hervorbringt, und nicht davon überrascht» werde. Gerade wegen ihres praktischen Charakters ist die Ausmalung und Darstellung der jüdischen Präexistenzidee im Gegensatz zur platonischen Theorie ganz populär gehalten. Eine Verbindung mit hellenistischen Gedanken hat sie erst spät innerhalb des Christenthums eingegangen. Den Umschwung bezeichnet der Moment, wo die beiden Daseinsformen des Messias nicht mehr bloss local (im Himmel und auf Erden, oder verborgen und offenbar) unterschieden, sondern psychologisch in die Person selbst hineingetragen wurden, indem dieselbe in zwei Naturen halbirt wurde.

[1] «Kein schriftkundiger Zuhörer konnte verkennen, welch hohen Sinn dieser Name hatte», E w a l d, Gesch. V, p. 304.

[2] So Targ. Ps. 80, 18. Mid. Ps. 2, 7. Dazu die Stellen, wo von dem Kommen des Messias auf den Wolken des Himmels die Rede ist (Anani); vergl. Wünsche, N. Beiträge, p. 311 und die nächstfolgende Anmerkung.

hältnissmässig selten aus jüdischer Feder floss, ist unschwer zu begreifen, wenn man überlegt, dass ihn die Christen an sich gerissen und gleichsam monopolisirt hatten.[1] Schliesslich bewährt sich unsere Ansicht auch gerade in der Art, wie die Bezeichnung in den christlichen Urkunden sich fortgeerbt. Es lassen sich nämlich, wie im zweiten Theile nachgewiesen wird, in der Auffassung Jesu zwei Seiten unterscheiden, von welchen die eine, die mehr originelle, gar bald zurücktrat, die andere hingegen, die direkt jüdische Idee des Menschensohnes, sich überall breit macht und an dem apostolischen Christenthum wie ein Muttermal seines Ursprungs haften blieb.[2]

Unser Resultat geht also dahin, dass noch bevor an dem Stamme der christlichen Religion der Messianismus neu aufblühte, und zwar ausserhalb jedes nicht jüdischen Einflusses, eine vorangeschrittene Christologie[3] sich aus-

---

[1] Daher die polemisch angehauchten Stellen: jer. Taan. 65 b, «Sagt dir Einer ich bin Gott, so lügt er; sagt er dir, ich bin der Menschensohn, so wird er es zuletzt bereuen u s. w., nach Num. 23, 19. S auch W ü n s c h e, p. 318. — Es ist wahrscheinlich aus dem Gegensatz gegen die christlichen Bestrebungen zu verstehen, wenn schon die Apokalypse Esra den Titel Menschensohn vermeidet und aus der betreffenden Danielstelle ein wieder mehr der alten, prophetischen Lehre zuneigendes Messiasbild (ille homo 13, 2. 12. 25) zu gewinnen sucht.

[2] Wie ist es zu verstehen, dass in den apostolischen Kreisen (synoptische Aussprüche über die Parusie, Evang. Johannis, Apostelgesch. und Offenbarung) die eine daniel'sche Seite des Gedankens Jesu die andere so sehr überwucherte? Doch nur, wenn die übergetretenen Judenchristen gerade jene als Erbgut mitbrachten.

[3] Indirekt beweist dafür der gleichzeitige Aufruhr des Judas Galilæus und seiner Schaar, deren Losung «kein Sterblicher herrsche über das Gottesvolk» (Bell Jud. 2, 8, 1. Ant. 18, 1, 6) zeigt, wie man vom Messias dachte. Denn die pharisäische Maxime «der Herr ist König» (Ps. Salom. 17, 1. 38. 51) bedeutet niemals Verzicht auf den Messias, sondern findet in demselben ihre Erfüllung. Der Stärkere (Marc. 1, 7) im Munde des Täufers ist unserer Ansicht nach nicht Gott, sondern der Messias. — Einen Einfluss der mit Daniel anhebenden Bewegung selbst auf die philonische Messiasidee (doppeltes göttliches und menschliches Moment) constatirt G. M ö l l e r, l. c. p. 12. — Die übermenschliche Stellung des Messias im Zeitalter Jesu s. S c h ü r e r, II. p. 444.

gebildet hatte. Sie lag der synagogalen, nach Massstab der zeitgemässen Religiosität und Schriftforschung gehaltenen Hoffnung zu Grunde. Anliegen und Interessen der Synagogen wiederspiegeln sich darin. Wie für diese Kleinkirchen der Schwerpunkt auf einen frommen, gesetzlichen Wandel fiel, so wurde auch das Ideal mit ethischen Auszeichnungen überhäuft.[1] Und wie jedes Conventikelwesen, das der Wirklichkeit, dem politischen und bürgerlichen Treiben ferner steht, streng idealistisch verfährt, so erhob sich das synagogale Messiasbild auf den freien Flügeln der religiösen Phantasie und blieb in schwebendem Zustande zwischen Himmel und Erde, ohne Analogie mit irdischen Existenzen.[2]

So lässt sich also eine stätige Progression in der Loslösung der messianischen Erwartung von der Erde durch die Apokalyptik hin verfolgen. Das Erdenleben und die Geschichte der Menschheit verlieren immer mehr ihre Bedeutung. Alles Irdische sinkt herab zu einem Schattenbild der ewigen Urbilder. Von der Auferstehung anhebend, welche gleichsam das Thor aus dem Diesseits hinaus öffnete, durch eine neue Menschheit und einen himmlischen Menschensohn, ein neues Jerusalem und einen neuen Tempel, einen

---

[1] In den Bilderreden 46, 3; 49, 1-4. — Charakteristisch in dieser Hinsicht der synagogale Messiastitel «Gottessohn» Hen. 105, 6. Ap. Es. 7, 28, 29; 13, 32. 37. 52; 14, 9; Matth. 14, 33; 16, 16; 22 63. Marc. 8, 29; 14, 61

[2] Es darf nicht irre machen, dass manche incongruente, durch das Bibelstudium geforderte Elemente mitunterlaufen; so wenn von Schwert und schlachtenähnlicher Entscheidung die Rede ist, Hen. 46, 4; 56, 5 f; 62, 12; 63, 11; von Zusammenwohnen und Essen mit dem Menschensohn, 62, 14 u. s. f. So ist auch der Titel Weibessohn für den Messias (62, 5) in Anlehnung an Jes. 7, 14 gewählt, wie denn gerade in diesem Kap. 62 auf Jes. 11, 4 unzweifelhaft angespielt wird. Sollte der Verfasser nicht durch das Bild in 62, 4 zu dem Ausdruck Weibessohn veranlasst worden sein? Hieraus mag man auch entnehmen wie secundär für ihn die Frage nach dem Ursprung des Messias; ein gleiches gilt von dem Mannessohn (69, 29; 71, 14), identisch mit Menschensohn.

neuen Himmel und eine neue Erde[1] hindurch ging der Weg zu der Lehre der **Palingenesie** oder völligen **Wiedergeburt** (Matth. 19, 28) in der zukünftigen Welt. Je radikaler das Böse ringsum, je radikaler auch die messianische Metamorphose und das messianische Programm.

Diese Strömung hat nun auch, wie uns ganz unwiderleglich scheint, für das messianische Reich den bei Matthäus gebräuchlichen Ausdruck Himmelreich[2] in Umlauf gebracht, dessen Entstehung durch die vermeintliche Identität mit Reich Gottes noch nicht merklich aufgehellt wird.[3] Es ist nämlich dieser Terminus in der vorhin beschriebenen Ausbildung der apokalyptischen Idee begründet und mit Rücksicht auf ihren metaphysischen Anstrich gewählt. Obschon er in den vorhandenen griechischen Quellen sonst nicht zu treffen ist, so liegen doch gerade in den Bilderreden höchst significante Ansätze dazu vor,

---

[1] Die letzte Woche mit dem neuen Himmel in Hen. 91, 15. 16; Hen. 45, 4. 5; Ap. Es. 7, 31; Off. Joh. 21, 1; Jub. 5. 1 Cor. 7. 31; παράγει τὸ σχῆμα τοῦ κόσμου τούτου. — Man begreift, wie bei der Unmöglichkeit alle messianischen Merkmale der Propheten nach dieser Tonhöhe zu stimmen, die Schule immer mehr zu einer Zerlegung in messianisches Zeitalter und zukünftige Welt hingedrängt wurde. Die Einheit der Schlussscene konnte nur, wie auch die Bilderreden beweisen, durch grosse Verwirrung der Begriffe festgehalten werden. — Ueber das neue Gesetz im zukünftigen Weltalter, s. unten.

[2] Richtig bemerkt in Bezug auf denselben, Wünsche. N. Beiträge, p. 17 Anmerk. «Der Druck der Syrerherrschaft, die Tyrannei des Herodes und später der modernen Herrschaft brachten einen Umschwung in den Ideen hervor. Man betrachtete die Erde als eine Stätte der Gewalt und des Frevels und sehnte sich von ihr hinweg . . . . .» — S. auch ibid. p. 301 f.

[3] Gegen Schürer (Jahrb. prot. Th. 1876, p. 178 f.) ist zu bemerken: allerdings sind die Himmel eine metonymische Bezeichnung Gottes, aber sie bezeichnen ihn nach Seite der Transcendenz und diese Schattirung ist auch auf das Reich zu übertragen, wenngleich nicht eigentlich ein Reich *im* Himmel gemeint ist. Die βασιλεία ist auf jeden Fall bei Matthäus (z. B. 5, 10) c o n c r e t gefasst; natürlich vermieden die antichristlichen Rabbinen diesen Sinn. Sollten nicht vor allem die Bilderreden über diese Frage in's Verhör genommen werden?

indem den Sündern verheissen wird, dass sie in den Himmel nicht hinaufsteigen werden (45, 2), und den Gerechten, dass die himmlische Welt ihre Wohnung sein wird [1] (71, 16; cf. 61, 12; 70, 4). Der entfernte Ursprung der Vorstellung reicht aber zweifellos bis zu dem auf des Himmels Wolken herbeikommenden Menschensohn Daniels hinauf.

Mit der bisherigen Darstellung der jüdischen Messiaserwartungen sind wir bis an die Schwelle des Christenthums herangetreten. Der Boden, auf welchem dasselbe Wurzel fasste, ist uns bekannt. Wenn wir noch ein Wort über diejenigen Urkunden hinzufügen, welche dem ersten Jahrhundert unserer Zeitrechnung angehören, so geschieht es nur insofern und weil sie auf die gewonnenen Resultate weiteres Licht verbreiten können.

Zur richtigen Beurtheilung der Sachlage gilt es vor allem genau zu ermitteln, auf welcherlei Weise die neue Religionsgenossenschaft und der Aufschwung des messianischen Gedankens in ihrem Schosse die jüdische Lehre beeinflussten. Es war zuerst unvermeidlich, dass die christliche Verherrlichung und Vergötterung des Messias einen **Rückschritt** und einen engeren Anschluss an den früheren prophetischen Typus hervorriefen. Schon die Apokalyptik hatte, in dem Masse als sie den Schwerpunkt vom jüdischen Lande nach dem Himmel verrückte, ihre Anhänger über das Judenthum hinausgetrieben. Der Menschensohn und das Himmelreich enthielten im Grunde ein universelles Moment. Hatten zu Anfang vielleicht nur

---

[1] Auch Hen. 39, 1 scheint auf eine Annäherung des Himmels und der Erde hinzudeuten, s. Weizsäcker, Untersuchungen über die ev. Geschichte, 1864, p. 337. — Consequenz muss natürlich hier so wenig wie anderwärts verlangt werden, da man ja durch die Tradition an die Erde gebunden ward. Dies Verhältniss prägt in wahrhaft typischer Weise aus Hen. 45. 2. Vergl. auch Assumpt. 10, 9. 10 (conspicies *a summo* et videbis inimicos tuos *in terra*).

wenige scharfsinnige Lehrer dies eingesehen, so fiel es gewiss Manchem wie Schuppen von den Augen, als das Christenthum anfing, die ernsten, missliebigen Consequenzen zu ziehen. Den Markstein der beginnenden jüdischen Reaction bezeichnet der Umstand, dass die Befugnisse des Weltrichters ausdrücklich wieder Gott selber anheimgestellt werden.[1] Man merkte die Gefahr, welche der Einheit und Erhabenheit Gottes von Seiten seines Beisitzers drohte; und so ergab sich die seltsame Erscheinung, dass dieselbe Gottesidee, welche dem Messias auf den Thron des Richters geholfen hatte, nun wieder dahin wirkte, denselben von diesem Throne herunterzustossen. Eine weitere, durch das Gesagte bedingte Folge war das Verschwinden der Bezeichnung Menschensohn, an welche gerade die hoch gediehenen Hoffnungen sich knüpften. Ueberlegt man, dass sie wahrscheinlich erst aus dem letzten Jahrhundert vor Christus datirte, so scheint sie innerhalb des Judenthums überhaupt nur eine Art Stillleben gefristet zu haben.[2] Im Einzelnen hat sich die Abwehr verschieden dargestellt: entweder so, dass der Messias ganz ausfällt[3] oder so, dass er mehr nur als Vorkämpfer gegen das Heidenthum in Betracht kommt und die Dauer seiner

---

[1] IV Es. 7 33; [6, 2. cf. 6, 6]; 12, 34. Ap. Bar. 13, 8; 48, 17; 50, 4. Jub. 1. 5. 23. — Die Assumptio greift zurück auf das Strafgericht Gottes nach dem älteren Schema mit entschieden nationaler Färbung, 10, 8. — Die Betonung des Monotheismus im Gegensatz gegen die Minim s. Weber, 147 f.

[2] So kam es, dass auch das Buch Henoch bei den Juden im Verruf stand: Tertullian, De cultu femin. 1, 3. Origenes, Hom. 28 zu Num. 34.

[3] So in der Assumptio. Auch trat Moses um so mehr in den Mittelpunkt als kein anderes Wesen die Aufmerksamkeit ablenkte. Der Nuntius 10, 2 nach Daniel 12, 1. Ueber den Taxo s. Kap. I. — Der Messias fehlt ebenfalls in dem 2. Makkabäerbuch; nur die Hoffnung auf einen guten Engel 11, 6; 15, 23. — Die Erwartung einer oder mehrerer Propheten (IV Es. 2, 18; cf 7, 28. 2 Makk. 2, 1-7 in den Evangelien passim und Off. 11) ist stets von der des Messias unterschieden.

Herrschaft beschränkt wird.¹ Die Bedeutung des eigentlich messianischen Zeitalters sinkt in dem Masse als mit der grössten Spannung der jenseitigen, unverweslichen Welt entgegengesehen wird.

Es ist nämlich kein Zweifel (und dies ist nun die andere Seite der Sache, da noch aus den hohen Ruinen zu ersehen ist, wie hoch gebaut die Warte des vorchristlichen Messianismus war), dass Endgericht und Auferstehung ² das wichtigste Moment der Hoffnung geblieben ist, das heiss ersehnte Ziel, neben welchem alles Andere nur mehr als Beiwerk und die Epoche des Messias insbesondere nur als Uebergang zur seligen Endzeit dient. Nach dieser Seite hin liegt der Gipfelpunkt der jüdischen Eschatologie vornehmlich im 4. Buche Esra, dem man das Dringen auf die neue Welt, welche mit der alten nichts mehr gemein habe, so recht abfühlt.³ Hat es bei der

---

¹ Ueber den Davididen in IV Esra, s. oben. Ap. Bar. 40. k. 70, 9. k. 72. Die sinnliche Natur der Hoffnungen in dieser Schrift betont mit Recht Rosenthal. Das messianische Zeitalter ist *begrenzt*, Ap. Bar. 40. 3. cf. 32, 4; aus 73, 1 hat Rosenthal (p. 79) einen falschen Schluss gezogen, richtig Schürer, p. 458. der Messias stirbt nach 400 Jahren, IV Es. 7, 28. cf. 12, 34; — Zu erinnern ist hier an Justin, Dialogus cum Tryphone, 49: τὸν χριστὸν ἄνθρωπον ἐξ ἀνθρώπων.

² Zwei Saecula kennt die Prophetie Esra's und der eigentliche Gegenstand der Erwartung ist das 2te, unvergängliche, welches mit dem Gericht anhebt, s. bes. 5, 40; 6. 9; (6, 4. 25. 41. 44. ff.; 7, 42 f.; 12, 34; 14, 10. 35. cf. Ap. Bar. 48, 32. 39; 44, 12. 15; 20, 4. — Mit welcher Vorliebe und wie ausführlich werden Auferstehung und Zustand nach dem Tode verhandelt, Ap. Bar. 50. 51. IV Es. 7, 32; [6, 1 f; 51 f., so dass die messianische Epoche bisweilen zwecklos erscheint, cf. 14. 35.

³ Die dunkle Kehrseite in den Schilderungen der messianischen Wehen IV Es. 5, 1 ff; 6, 20 ff.; 9, 1 ff.; 16, 39. Ap. Bar. 27; 48 31-38; k. 70 cf. Assumpt. 8. 9. — Mit Recht hat auch Kabisch (s. z., B. p. 62. f) diese völlige Abkehr vom diesseitigen Messianismus im 4. Esrabuch hervorgehoben. Während wie aber in den oben berührten abweichenden Anschauungen dieser Apokalypse nur schulmässig überliefertes und nachgeschlepptes Material erkennen, hat Kabisch von hieraus die Zusammengehörigkeit der von ihm unterschiedenen Quellenstücke z. B. E und S angefochten. Er erachtet es gewiss als

Apokalypse Baruch umgekehrt den Anschein als ob nur die nächste, messianische Zukunft den Gesichtskreis des Verfassers erfülle, so ist hingegen zu bedenken, dass dieselbe als Eröffnungsakt mit der jenseitigen Vollendung zu einem Ganzen zusammenschmilzt, wie sie auch öfters bei den Rabbinen zu der zukünftigen Welt als deren Eintritt gerechnet wird.[1] Darum hat auch in der letztgenannten Apokalypse und deutlicher noch in der Esra's die Alles dominirende Anschauung vom Gericht sozusagen abgefärbt auf das Geschäft des Messias, indem auch seine Thätigkeit sich in forensische Formen kleidet;[2] noch sprechender aber für den Aufschwung, welchen die Christologie des Judenthums früher genommen hatte, ist vielleicht die andere Thatsache, dass, olschon man dem Messias das eigentliche Richteramt wieder entzogen, man doch nicht umhin konnte, ihn wenigstens dem allgemeinen Gerichte beiwohnen zu lassen.[3] Man muss gestehen, solche Sätze, wozu auch die im 4. Buche Esra und im Talmud beibehaltene Thesis der Präexistenz zu zählen ist, wären schwer begreiflich, wofern man sie nicht als

---

die höchste Bestätigung seiner Theorie, dass die eine Quelle E, wie er es selbst ausspricht, ‹ganz in das Gebiet der traditionellen apokalyptischen Literatur› gehört (s. p. 143 f). — Doch gerade dieser Umstand ist es, der bei uns die grössten Bedenken erregt. Wir wissen nicht von reinen Apokalypsen, sondern gerade die Mischung von Ueberlieferung und Neuerungen ist Kennzeichen der Apokalyptik. Es dürfte sonst wohl auch die Frage erwogen werden, warum nur die letzten Redactoren allenthalben (auch bei der Apok. Joh., der kl. Apok. Mt 24....) so blöde gewesen, alles, auch Widersprechendes zusammenzulesen. Und da sie dann überall mehr oder weniger passende Uebergänge gesucht haben, so wird noch unbegreiflicher, dass sie doch solche Widersprüche stehen liessen, an denen man heute Anstoss nimmt.

[1] S. Ap. Bar. 74, 2. 3; cf. 40, 3. Die Zerlegung in einen doppelten Schluss (36, 10) ist also rein theoretisch. Darum gerade findet in dieser Apokalypse, (zum Unterschiede vom 4. Esra, s. Rosenthal, p. 79) die Auferstehung gleich anfangs beim Erscheinen des Messias statt, weil eben die Messiaszeit schon das Neue und Letzte einleitet. — Die rabbinische Auffassung s. Weber, p. 354 f.

[2] Ap. Es. 12, 33; 13, 9. 10. Ap. Bar. 40, 1. 2; 72, 2; cf. 48, 39.

[3] Beginn (incipiet) des messianischen Zeitalters Ap. Bar. 29, 2; die Vollendung (implebitur) mit dem Gericht 30, 1. Hiebei der Messias wieder zugegen (redibit).

Ueberbleibsel der in der älteren, pseudepigraphischen Literatur eroberten Positionen anerkennen wollte.[1] Sie zeugen also dafür, wie ächt jüdisch jene oben geschilderte, vom Christenthum durchkreuzte Bewegung gewesen war. Es ist ja selbstverständlich, dass mit dem Erkalten und Niederreissen des nationalen Herdes auch die lebendigen Kräfte geistiger Entwickelung allmählich schwanden, und es dürfen insonderheit die talmudischen Bestimmungen, die den ganzen, prophetischen und apokalyptischen Ueberlieferungsschatz unterschiedslos bergen, nur als Kollektaneen der Schule gelten. Angesichts der neuen christlichen Theologie und der völligen Auflösung des alten Staatslebens im 2. Jahrhundert ist man von vornherein auf ein Bergabgehen der jüdischen Hoffnungen gefasst. Und in der That, trotz all der künstlichen Wiederauffrischung derselben, die Herabstimmung der Gemüther war nicht mehr zu beschwören. Spricht schon ein gewisses Unbehagen, eine peinliche Unsicherheit aus solch unaufhörlichem Disput über den etwaigen Eintrittspunkt des messianischen Zeitalters, wie er im Tractat Sanhedrin (96 f.) aufbewahrt worden,[2] so kommt es Einem so ziemlich vor, wie der Anfang des Endes, wenn ein Rabbi des 4. Jahrhunderts den allerdings allgemein missbilligten Ausspruch wagt, dass Israel seinen Messias in König Hiskia schon gehabt, oder wenn jenes andere, um nichts zuversichtlichere Wort ertönt, dass, wenn der Messias unter den Todten sei, er ist wie David, der Liebling Gottes.

---

[1] Auch bei den Rabbinen sind noch Spuren vorhanden, dass das Messiasreich das höchste und letzte Ende darstellt, in der Weise der Bilderreden und Daniels. cf. Weber, l. c. 370. — Wünsche, N. Beitr. p. 301, über die talmud. Hoffnungen: «Bald hat es den Anschein, als wenn das Reich des Messias auf einer neuen Erde zur Verwirklichung kommen sollte, bald u. s. w.» — Wir erinnern an Assumpt. 10, 9. 10, auch 10, 1 (Untergang Satans).

[2] Nach Verzicht auf alle Zahlenbestimmungen, ganz allgemeine Aussagen, wie: es hängt von Gottes Belieben ab. Aufschub und Unsicherheit zeigt jetzt auch die Behauptung an, dass der Messias zwar geboren, aber noch verborgen.

IV.

Begriff der Apokalyptik.

Ihre Stellung zu den jüdischen Parteiungen.

Gegenüber einer nur zu häufigen, atomistischen Betrachtungsweise, welche sämmtliche eschatologischen Elemente des späteren Judenthums dienstbeflissen auf die Goldwaage legt, das Verständniss des Ganzen aber erschwert, haben wir es versucht, eine durchgehende, lebendigere Strömung nachzuweisen, um welche sich die traditionellen Elemente gruppirten, ähnlich wie todte Wasserpflanzen zur Rechten und Linken des in der Mitte forttreibenden Flusses sich ansetzen. So viel wenigstens scheint erwiesen, dass in der Wiederauferstehung des prophetischen Messianismus ein mehr von aussen her wirkendes, dem Schriftstudium entnommenes, nicht direkt apokalyptisches Interesse massgebend war. Darum ist die Definition der Apokalyptik als «eine durch die Sehnsucht der prophetenlosen Zeit hervorgerufene **Nachbildung der Prophetie**»[1] nicht erschöpfend, sogar irreführend. Desgleichen trifft man auch mit Betonung des räthselhaften und pseudonymen Charakters oder ähnlicher for-

---

[1] S. Hilgenfeld, j Apok. p. 10.

mellen Bestimmungen nur mehr die Oberfläche der Sache, nicht den Kern, aus welchem diese secundären Merkmale erst wieder abzuleiten sind.[1]

Die Apokalyptik hat im Prinzip ihren eigenen Boden, ihre eigenen Organe und lebt nicht von Entlehnungen, insofern wenigstens dieser Ausdruck auf freie, von innen heraus zu begreifende Fortbildung nicht passt. Sie kann bezeichnet werden als **eine der späteren, jüdischen Gottesidee entsprechende Loslösung der messianischen Erwartungen von dem irdisch politischen Ideale und als eine Steigerung derselben in's Uebernatürliche**. Im Unterschiede vom alten Prophetismus spielt in der Apokalyptik die **reine Idee** eine viel bedeutendere Rolle als die äusseren Ereignisse. Wird das Zukunftsbild in die Wolken hineingezeichnet, so bleibt es unberührt von der Menschen Leben und Treiben. Die Geschichte wird irrelevant für die neue Eschatologie. Zugleich aber wird dies Zukunftsbild auch dem Wechsel und dem **Fluss** der Geschichte entnommen, d. h. es erhält eine mehr **dogmatische**, feste Fixirung. Dies bewirkt zuletzt, dass Alles, was den Menschen noch heilig und hehr, in die oberen Sphären nachgezogen wird und je länger, je weniger eine Berührung mit Irdischem duldet. So wird die **Transcendenz** der zeitgemässe Ausdruck für das **Religiöse** überhaupt.

Schon im Buche Daniel,[2] dieser **Magna Charta** der apokalyptischen Schule, liegt keimartig die ganze neue Lehre verborgen: das ewige, durch das allgemeine Gericht eröffnete, mit den Gestirnen verbündete Reich der

---

[1] Auch der sonst lehrreiche Vortrag von Smend über die Apokalyptik (Ihr Wesen: die Gewissheit von der unmittelbaren Nähe der messianischen Zukunft. Z. f. alt. W. 1885, p. 246) dringt nicht genügend in den Kern der Frage ein.

[2] Vergl. Hilgenfeld, j. Apok. 35 f. Schultz, Theologie des A Test. p 820.

Heiligen, beherrscht von dem Menschensohne,[1] dem erhabenen Haupte der neuen Ordnung. Das eigentlich treibende Motiv aber ist die unvermittelt hereintretende Krisis des **Gerichtes** und der **Auferstehung**.[2] Damit wird die messianische Idee gleichsam aus den Angeln gehoben: sie bedeutet nicht mehr Fortsetzung, sondern Abbruch, nicht mehr Conclusion, sondern Antithese, nicht mehr potenzirtes Erdenleben, sondern Gericht über ein Abgeschlossenes,[3] sie ist nicht mehr ein **Finale**, welches an ein früheres Motiv anklingt, sondern ein **neues Lied in höherem Chor**. Im letzten Grunde ist das Ziel, dem die Apokalyptik mehr oder weniger bewusst zustrebt, Unterscheidung einer diesseitigen und jenseitigen Welt. Sie bedeutet also für das Judenthum nichts geringeres als Erneuerung seiner Weltanschauung. Nun ist jede Weltanschauung für die Geschlechter wie für den Einzelnen Resultat der Erlebnisse und des Nachdenkens. Die lange Leidensschule des jüdischen Volkes verbunden mit der Einsicht in die Unzulänglichkeit aller eigenen Hilfsmittel zur Wiederherstellung der nationalen Grösse hat diese Evolution herbeigeführt.

Da nun das neue, messianische Gemälde in seiner übernatürlichen Herrlichkeit dem Menschen ferner lag, so ward es auch nicht mehr mit jener inneren Gewissheit der Propheten erfasst, sondern musste durch künstliche Mittel, Berechnungen und Folgerungen dem Glauben nahe gebracht werden. Ist es doch für die Apokalyptik im

---

[1] Der allerdings in Daniel selber (s. das vorige Kap.) zuerst nur den Werth eines Symbols für das Gottesvolk besitzt.

[2] Das Ueberwiegende dieser Anschauungen besonders daraus ersichtlich, dass sie, wie oben gezeigt, auch da wo das messianische Zeitalter dem Gericht vorangestellt wird, bis zu einem gewissen Grade auf das Erstere übergehen.

[3] Während das Gericht nach prophetischem Muster vielmehr einem direkten Eingreifen *in das diesseitige* Leben gleichkommt; auch in den Psalmen 1; 5, 7, 7; 37, 37. 38.

Unterschiede von dem älteren Prophetismus charakteristisch, dass nicht das gesprochene Wort, sondern **das geschriebene** die Herrschaft führt.[1] Aber noch fester als durch schriftliche Fixirung wird die Zukunft dadurch verdichtet, dass **die Ereignisse in Traum und Vision geschaut**, zuletzt die Heilsgüter sogar als im **Himmel schon real vorhanden** gedacht werden. Starr, unwandelbar, wie die Naturgesetze, ist auch die moralische Welt.

Thatsächlich ist das **rein apokalyptische** Zukunftsbild kaum oder vielmehr nirgends ganz lauter zur Ausprägung gekommen.[2] Man weiss, welche Umstände bewirkten, dass beinahe die ganze, geistige Arbeit des Judenthums der letzten Jahrhunderte zu einer blossen Repristinationstheologie zusammenschrumpfte und dessen Eschatologie insbesondere eine Zwittergestalt annahm. So entstand der **gemischt apokalyptische Typus**.[3] Er ist die eigentliche Signatur der Zeit und hat auch in den Ideenkreis der Christenthums tief eingegriffen. Die Schriftgelehrsamkeit nämlich hatte den jungen reissenden Strom des transcendenten Messianismus hingeleitet nach den mehrhundertjährigen Granitfelsen der prophetischen Eschatologie; die apokalyptische Hochfluth prallte aber mit solcher Wucht an, dass sie die harten Blöcke von ihrer

---

[1] Es ist keineswegs ein Argument gegen unsere Aufstellung, dass manche spätere Prophetenbücher rein schriftstellerische Erzeugnisse sind. Insofern dies eben mit einer Abnahme der Inspiration, d. h. mit einem Zurückweichen des lebendigen Gottes zusammenhängt, müssen wir hierin eine entfernte Anbahnung der Apokalyptik erblicken

[2] Verhältnissmässig am reinsten in Daniel und den Bilderreden.

[3] Insofern allerdings nähert sich die Apokalyptik einer blossen **Methode** (Nachbildung). Das ist das relative Recht der Auffassung Hilgenfeld's, welche er wiederum (Z. w. Th. 1888, p. 490) gegen uns in Schutz nimmt. Aber sie ist nur die eine (und nicht die wichtigste) Seite der Sache. Die Apokalyptik ist eine **complexe** Erscheinung.

alten Grundlage loslöste und mit sich forttrug. So ist z. B. die prophetische Idee, dass der Messias als Vorkämpfer seines Volkes die Feinde auf's Haupt schlagen sollte, in den apokalyptischen Weltrahmen hineingepflanzt, zu einem Kampf mit den überirdischen gottfeindlichen Mächten, mit den Dämonen und ihrem Reiche herangewachsen. Aus dem Kampfe mit irdischen Gegnern ist eine kosmische Vernichtungsschlacht geworden.[1] In dem Masse als die alttestamentlichen Gestalten in die überirdische Sphäre hinaufgeschraubt wurden, bestätigt sich auch an ihnen das oben Bemerkte: sie wurden immer blasser, abstrakter und statutarischer. Von dieser Seite aus betrachtet sind die Apokalyptiker Theoretiker und kleben an einem eschatologischen Schematismus, der sich bald durch ein unsicheres Schwanken zwischen Daniel und dem älteren Prophetismus, bald durch Verdoppelung der Endkrisis kennzeichnet.

Die bisher versuchte Construction tritt, wie uns wohl bewusst, in Gegensatz zu der weit verbreiteten Vorstellung, als sei die höhere Christologie dem Judenthum von Haus aus fremd und erst auf Anregung des Christenthums emporgewachsen.[2] Aber ausserdem, dass wir sie durch den dargelegten Entwickelungsgang gefordert und wohl begründet achten, hätte sie nicht auch den Vortheil, den immerhin auffälligen metaphysischen Trieb der aposto-

---

[1] Assumpt. 10, 1 der Fall Satans; Henoch an vielen Stellen; Off. Joh. 9. 13; 2 Thess. 2. 1 Cor. 15, 24 f. cf. Col. 1, 13 f. Auch Jesus sieht den Satanas vom Himmel fallen.

[2] Doch scheint auch hier eine neue Erkenntniss sich Bahn zu brechen. Wir verweisen insbesondere auf die 2. Auflage des Lehrbuchs von Schürer, welche einen wesentlichen Fortschritt über die 1. auch darin bekundet, dass ein sehr bemerkenswerthes Kapitel über das Verhältniss der jüdischen Erwartung zur ältern messianischen Hoffnung eingeführt worden ist: hier bemerkt dieser Gelehrte unter Anderem, dass die spätere Zukunftserwartung «immer mehr transcendent, immer mehr in's Uebernatürliche, Ueberweltliche umgesetzt wird» (p. 422).

lischen und nachapostolischen Christologie auf eine bestimmte, historische Basis zurückzuführen? Aehnlich wie die Reformation bei der entschiedensten Abweichung in der Heilsauffassung doch die katholische Gotteslehre beibehielt, so haben die christlichen Schriftsteller die Transcendenz aus dem Judenthum einfach herübergenommen[1] und fortgebildet, und sie mussten diesen Weg um so eher einschlagen, als ja die transcendentale Kategorie, wie uns klar geworden, gerade das **religiöse** Verhältniss auszudrücken diente.

Eine andere Frage ist nun aber, in wie fern das Christenthum durch diesen Anschluss an die apokalyptische Gedankenwelt auf dem authentischen Judenthum fusste. Gibt die Apokalyptik wirklich die Erwartungen der Synagoge und des frommen Schriftgelehrtenthums wieder? Was zunächst das Buch Daniel betrifft, so unterliegt es keinem Zweifel, dass es vor vielen anderen Werken volksthümlich gewesen und sich eines grossen Ansehens erfreut hat, wie nicht nur seine baldige Aufnahme in den Kanon[2] und die Bekanntschaft Jesu und der Apostel mit ihm darthun, sondern auch die gelegentlichen Aeusserungen des Josephus[3] und besonders seine

---

[1] Auch der Angriff Jesu, wie wir sehen werden, galt mehr der jüdischen Gesetzes- als der Messiaslehre. Hat es mit der obigen Behauptung seine Richtigkeit, so dürfte die jetzt so verbreitete Ansicht von der völligen Umgestaltung des apostolischen Christenthums in der katholisch werdenden Kirche durch die platonische Metaphysik der Kirchenväter doch in so weit ermässigt werden, dass auch der Antheil der mehr populären jüdisch-apokalyptischen Metaphysik hieran festgestellt werde. Die richtige Formel, dass das katholische Christenthum eine Verschmelzung der **oberen** Welt der Griechen mit der **zukünftigen** Welt der Juden darstelle, findet einen genügenden Erklärungsgrund erst darin, dass die letztere selbst schon eine **obere** Welt geworden war.

[2] Zuerst unter den Hagiographen, schon in LXX unter den Propheten. Es blieb unbeanstandet, s. Derenbourg, p. 297.

[3] Ant. X, 11 und 12. In Bell. Jud. VI, 5, 4 ist wahrscheinlich auf Zach. 1, 18. 19 angespielt.

Benützung und Werthhaltung von Seiten der Rabbinen.¹ Ja, Manche haben den Jüngling am Hofe zu Babel fast so hoch erhoben wie Moses: von ihm hiess es, dass er allen Weisen der Heiden die Wagschale halten würde, wenn sie gegen einander abgewogen würden.²

Hingegen ist von einigen, nachfolgenden Apokalypsen, obwohl mit geringem Anschein, behauptet worden, dass sie aus essenischen Kreisen hervorgegangen seien.³ Was der Ansicht eines apokalyptischen Geheimbundes, der seine esoterischen Lehren in mysteriöse Schriften niedergelegt hätte, Vorschub leisten könnte, wird schon hinlänglich durch die Beobachtung widerlegt, dass das pseudonyme Wesen und das Geheimthum überhaupt nothwendige, im Begriff der Apokalyptik begründete, schriftstellerische Einkleidung ist.⁴ Mit relativ grösserem Rechte hat man sich auf die Anschauungswelt der betreffenden Schriften berufen, um ihre Zugehörigkeit zu der mit dem officiellen Judenthum zerfallenen Sekte des Essenismus zu erweisen. Indessen, abgesehen davon, dass manche ihrer Lehren den essenischen stracks zu-

---

¹ Aus Daniel folgerten sie die Auferstehung. Sanh. 90 b, 92 a; die Stellung Moab's, Edom's und Ammon's in den messianischen Zeiten jer. Kidd. fol. 61, 4 nach Dan. XI, 41. cf. Lightfoot, Horne I. p. 283, Edersheim, l. c. II, 683. Auch die Erlaubniss, Brod, Wein und Oel der Heiden zu geniessen, aus Dan. 1. Vergl. Pirke d. R. El 19, 28, 30, 48.

² Edersheim, II, 684, 688.

³ So das Buch Henoch, Jellineck, Beth ha Midrasch, 1853, III, p. XX. cf. Zeller, Geschichte der gr. Phil. III, 2 p. 252. Geiger, Jüd. Zeitsch. Jahrg. III, p. 199. — Ernst würde diese Hypothese dann, wenn der essenische Ursprung der Jubiläen (Jellineck, l. c. II p. VII; III p. XXX) feststünde, s. dagegen Rönsch, p. 513 f. — Essenismus der Bilderreden, Sieffert; der Assumptio, Schmidt und Merx.

⁴ Höchstens von einer literarischen Schule kann also geredet werden. — Welche Stücke auf den geheimen Ursprung zu halten, zeigt zum Ueberfluss Ap. Es. 14, 6. 26.

widerlaufen,¹ dürfte man aus unserem zweiten Kapitel die Ueberzeugung geschöpft haben, wie sehr gerade die meist in Anspruch genommenen Punkte, so die Engel- und Dämonenwelt, die physikalisch astronomischen Theorien, die sinkende Autorität des Tempels u. s. w. in der religiösen Auffassungsweise der Epoche wurzeln. Wir legen Gewicht darauf, dass selbst ganz absonderliche Ansichten, in welchen man noch am ehesten die unterscheidenden Merkmale der Sekte erkennen möchte, doch auch anderwärts im Judenthum und namentlich im Talmud bezeugt sind,² also nicht

---

¹ S. Köstlin, l. c. p. 384 ff. Hilgenfeld, Apokal. p. 100 f. — Wie hätten auch die (essenischen) Jubiläen so ausführlich über die Opfer berichtet (21. 16...), die Leviten so herausgestrichen (30. 31) s — Das Unsymmetrische der apokalyptischen Idee des Weltgerichte? und der essenischen Unsterblichkeitslehre s. Holtzmann, Geschichte d. Judenth. u. Christ. p. 206. Doch in wie fern ist der Bericht des Josephus hierüber sowie über den allegorischen Schriftgebrauch der Essener zuverlässig? s. Ritschl, Theol. Jahr. 1855, p. 339 f., Hilgenfeld, Zeit f. wiss. Theol. 1882, gegen Zeller, III, 2 p. 248.

² Ueber die Verbindung von Engeln und Sternen s. oben Kap. II, und Stade (Gesch. II, p. 238). — Zu Jub. 2, Hen. 60. 16-21 (Engel des Feuers, Windes, Dunkels, Hagels, Reifes, u. s. f.): Ber. R. 10, jedes Naturphänomen hat seinen Engel. — Zu Hen. 14. 8. 17, 1: Jalkut. Chad. 115a, die Engel seien Winde, wenn sie eine Sendung auf Erden haben: danach ist Dillmann's Meinung (p. 114) zu berichtigen. — Zu Hen. 69, 14 der verborgene Namen und die Beschwörungsformeln gegen die Dämonen: s. Edersheim, l. c. II p. 759 f. 772. — Zur ganz verworrenen Stelle über die Zahl des Kesbeel, Hen. 69, 13: s. Edersheim, II p. 762, die Macht der Dämonen erstreckt sich über alle geraden Zahlen. — Zu Hen. 6 und 69. 6 f.: s. Tobit. 6. Ap. Baruch 56; 10 Test. XII Pat. Ruben 5; auch die rabbinische Lehre, dass die neidischen Engel sich zum Falle der Menschen verschworen, dass der Engelfürst Sammael herunterkommt mit seiner Schaar und Eva verführt, Edersheim, II p. 754, 756. Die gleiche Anschauung liegt vor in 1 Cor. 11, 10: διὰ τοὺς ἀγγέλους. Wir halten die Auffassung von Everling l. c. p. 34 f. (mit Ausnahme seiner Deutung von ἐξουσία) für ganz unzweifelhaft. Auch der Judasbrief nimmt Bezug auf Gen. 6, s. Spitta, Der zweite Brief des Petrus ... p. 325 f. — Sollten die Essener (Bel. Jud. II, 8, 6) die Kräuterheilmittel, wie Henoch 7, 1; 8, 3. cf. 69, 8 (bitteres und süsses), auch Bell. Jud. VII, 6, 3 auf böse Engel zurückgeführt haben?! Und ist es nicht höchst zweifelhaft, dass sie sich mit physikalischen Lehren abgegeben? τὸ δὲ φυσικόν, sagt Philo (Q. O. P. L, 877), ὡς μεῖζον ἢ κατὰ ἀνθρωπίνην φύσιν, μετεωρολέσχαις ἀπολιπόντες. — Was die Jubiläen angeht, hat besonders Beer (das Buch der Jub und sein Verh. zu den

specifisch essenisch sein können. Zudem hüte man sich, aus allerlei Eigenthümlichkeiten oder kleineren Abweichnungen der apokalyptischen Schriftsteller sofort auf Essenismus zu schliessen; ist doch allezeit in diesen eschatologischen Fragen, wo so Vieles der freiwaltenden Phantasie überlassen bleibt, eine gewisse Willkühr unvermeidlich.[1] Und umgekehrt sollte noch vielmehr in den Fällen, wo man überraschender Aehnlichkeit wegen flugs wieder mit der Hypothese der Sekte zur Hand ist, zuvörderst jener andere kritische Kanon Anwendung finden, das Dunkle aus dem minder Dunklen zu erklären, d. h. zunächst müsste man erörtern, ob nicht in den vermeintlichen Anzeichen einer separatistischen Richtung Symptome der allgemeinen Geistesströmung vorliegen, die selbst erst die Entstehung der Sekte ermöglichten.[2] Beherzigenswerth

---

Midraschim 1856, p. 25 f.) gezeigt, dass viele ihrer Ideen (so bes. das Zählen nach Jubiläen) in der rabbinischen Tradition wiederkehren. Doch die Behauptung dieses Forschers, dass das Buch mit den samaritanischen und dosithäischen Bestrebungen zusammenhänge, stösst sich zumeist daran, dass der Berg Garizim unter den 4 heiligen Oertern nicht genannt wird, s. Ewald, Jahrb. d. bibl. Wiss. 1856 p. 184 f., Rönsch, l. c. p. 504 f. Jellineck hält die Jubiläen für eine essenische Tendenzschrift gegen den pharisäischen Kalender (Jub. 6). Ist nicht eher an Polemik gegen das Heidenthum zu denken? s. Dillmann, das Buch Henoch, p. 230 f. Und ist nicht auch die Betonung des Gesetzes (Jub. 6), das Blut nicht im Fleische zu essen, in demselben Sinne zu verstehen? — Mit vollem Rechte meint auch Langen (das Judenthum... p. 84 f.), dass, wenn die Jubiläen ein sektirerisches Werk wären, sie die besondere Lehre der Sekte viel offenkundiger vortragen müssten. Ob nicht auch der Unsterblichkeitsglaube (Jub. 23) allgemeinere Verbreitung gefunden? s. Ap. Es. [6, 51. 70. 75. Bel. Jud. 8, 3 Er scheint doch nicht so unvereinbar mit der Auferstehung, insofern diese nur messianische Abzweckung hatte und Wiederaufleben des Körpers bedeutet. Wie aber das Judenthum abgesehen von hellenistischem Einfluss dazu gekommen ist, in der Seele ein besonderes Princip zu erkennen, dürfte gerade sein supranaturalistischer Gottesbegriff erklären, insofern immer mehr zwischen Göttlichem und Weltlichem, zwischen Seele und Körper getrennt wurde.

[1] Z. B. die 4 Plätze im Scheol, Hen. 22. Wir erinnern an den Schulstreit der Hilleliten und Schammaiten über das Loos der Verstorbenen.

[2] So ist die abnehmende Tempelverehrung in Henoch (auch in den Psalmen Salomo's und der Assumptio) überleitend zum essenischen

scheint uns letztere Bemerkung vornehmlich bei Gelegenheit des apokalyptischen Ascetismus,¹ welche Erscheinung bekanntlich auch ein Hauptmerkmal des Essenismus bildet. Die Sache steht nämlich nicht so, dass dieser Zug *a priori* einer dualistischen Metaphysik entsprungen wäre, welcher die Sekte gehuldiget hätte, vielmehr ist er nur ein Ausfluss aus dem nomistischen Streben des Judenthums selbst. Zu den Greueln des Heidenthums, welche seit den Tagen der Syrerherrschaft sich in Palästina vor den Augen des Volkes immer breiter machten, zählten auch wüstes Wohlleben, Unmässigkeit und insbesondere die mit den heidnischen Opfern verbundenen Festgelage. Schon das war für den frommen Juden eine hinlängliche Veranlassung gerade dem gegenüber, was den Heiden anzog, nämlich Getränke, Fleischspeise und Fleischeslust, eine immer grössere Zurückhaltung zu beobachten.² Da man nun aber überhaupt auf dem Wege war, durch gesetzliche Leistungen Gottes Wohlgefallen zu verdienen, so konnte es nicht ausbleiben, dass man bald diese vom Gesetz nicht geforderten Bestimmungen als Heilsbedingungen höherer Ordnung hinzunahm. Erfahrung und Religionsgeschichte lehren, dass, wo das Heil ausschliesslich auf gesetzlichem Wege zu erringen steht, die ernsteren Gemüther ihre Anstrengung über das

---

Schisma, bedeutet aber selbst noch keine Trennung. Ueber die Hochachtung der Sonne s. Hiob 31, 26 f. Vgl. oben das 2. Kap. und L u c i u s, Der Essenismus, p. 69 f.

[1] Enthaltung von Fleisch und Wein, Dan. 10, 3; cf. 9, 3. Ap. Es. 9, 24; 12, 51; cf. 5, 20; 6, 31. 35. Ap. Bar. 21, 1 cf. 12, 5; 43, 3; 47, 2. Testam. XII, Rub. 1. Doch ist gerade dieser Punkt bei den Essenern nicht ausgemacht, s. L u c i u s, l. c. und H i l g e n f e l d, Zeit f. w. Th. 1882. Die Ungewissheit hierüber sowie überhaupt über die Aechtheit des auf die Essener bezüglichen Quellenmaterials scheint immer grösser zu werden, s. O h l e, Beitr. zur Kirchengesch. I, 1888.

[2] Aus Dan. 1, 8 f. 2 Makk. 5, 27 wird ersichtlich, dass die Scheu vor heidnischer Opferspeise den ersten Anlass zur ascetischen Lebensweise gab.

Gesetz hinaus erweitern, ja selbst gegen das Gesetz,[1] so paradox dies auch klingen mag. Es entstand das Streben, dem Gesetze schlechthin gerecht zu werden.[2] Bedenkt man anderseits, dass es sich für die Apokalyptiker um speciellen Umgang des Menschen mit Gott handelt, so begreift man um so besser, dass gerade sie ein dem supranaturalen Gottesbegriff gemässes Sichfernhalten von der Welt und den weltlichen Dingen befürworten und erstreben. Darum ist auch der ascetische Zug vornehmlich in den Apokalypsen, d. h. in den jüdisch messianischen Kreisen und später in den apostolischen Gemeinden, welche ihre Erbschaft antreten, wahrzunehmen.[3]

Doch wozu all dies? Sind die angefochtenen Bücher wirklich essenische Produkte, warum erfahren wir denn gar nichts aus ihnen über den Orden als solchen, über seine Organisation, über die gemeinsamen Mahlzeiten, u. s. w.? Warum können wir nicht einmal Licht empfangen, was

---

[1] So in Hinsicht der geschlechtlichen Enthaltsamkeit. Ganz charakteristisch für diese Epigonenzeit ist auch hier die doppelte Strömung: die genuin jüdische Ansicht von Segen und Glück des ehelichen Lebens und die neuere Schätzung des Verzichtes: so Hen. 98, 5 neben 83, 2; 85, 3 vielleicht auch 60, 1 wenn Noah für Henoch zu lesen ist, cf. Dillmann, p. 181 (erst nach 500 Jahren pflegt Noah ehelichen Umgang. Gen. 5, 32); auch die Essener kannten eine doppelte Praxis; Verdienst der Keuschheit, 4 Es. 6, 32. Ist nicht schon derselbe Geist zu verspüren im Buche Tobia (von Reuss l. c. p. 556 in der vormakkabäischen Zeit angesetzt) mit der von den Dämonen geliebten Sara? Nach dem lateinischen Texte verlangt der Engel eine dreitägige Enthaltsamkeit von Tobit (6, 17). Bekundet nicht auch das so sehr beliebte Thema des Falles der Engel (zu den früher angeführten Stellen, s. noch Sir. 16, 7. Sap. 14, 6. Bar. 3, 26. 3 Makk. 2, 4) die beginnende Abneigung gegen die Geschlechtsverbindung. Mitwirkend zu solchem Resultat war die im Gefolge der griechischen Bildung eingedrungene Wollust und Sittenlosigkeit, cf. 2 Makk. 6, 4. Was dieselbe schon im Schosse des Judenthums abgesetzt, lassen die Psalmen Salomo's am besten erkennen.

[2] Weber, p. 3 f.

[3] Vergl. Röm 14. 1 Cor. 8-10, wo der Recurs Heinrici's auf pythagoräische und orphische Gebräuche überflüssig wird. — Dass die ascetischen Uebungen des Judenthums mit dem Gedanken der Ueberweltlichkeit Gottes zusammenhängen, hat auch Wendt (Inhalt d. Lehre Jesu, 1890 p. 27 f.) anerkannt.

gerade bei der herrschenden Unklarheit hierüber so erwünscht wäre, über das eigentliche Princip,¹ das der ganzen Erscheinung zu Grunde liegt? Aber wie? Statt kleinlichen Sekteninteresses hören wir, z. B. in den Schlusskapiteln Henoch's, die Sprache eines Mannes, dem Wohl und Wehe der Zeitgenossen zu Herzen gehen, der das Treiben und Dulden von Hoch und Niedrig in Augenschein genommen. «O, dass meine Augen eine Wasserwolke wären, heisst es 95, 1, um über euch zu weinen und meine Thränen auszuschütten wie eine Wasserwolke, dass ich Ruhe bekäme von dem Kummer meines Herzens.» Von derartiger Liebe zu ihren gottentfremdeten Volksgenossen pflegen Sektirer nicht gerade beseelt zu sein.² Schwerlich doch werden die Essener, die sich durch ihre passive Haltung und durch den Grundsatz der Treue gegen die Obrigkeit³ auszeichneten, Hauptträger der apokalyptischen Bewegung gewesen sein. Hat dieselbe auch Waffengewalt verpönt, so konnte sie doch leidenschaftliche Zornesaufwallung gegen die Zwingherren (wie z. B. in den Bilderreden) nicht unterdrücken und dürfte, auch wider Willen, ihr Theil beigetragen haben zu dem gewaltigen Aufstand gegen Rom.

---

¹ S. unsere Auffassung der essenischen Bestrebungen in dem Aufsatze: *Les origines de l'essénisme*, Revue de théol. et de phil., Lausanne, 1886.

² Wir wissen (s. Kap. III) woher es rührt, dass Henoch bei Späteren unbeliebt wurde. — Die grosse Verherrlichung des Patriarchen ist keine Sonderlehre, sie ist begreiflich aus dem Genesistexte und der Zeitströmung, Henoch Metraton in Targ. Jerus. s. Weber, p. 173. Vergl. Spitta, Christi Predigt an die Geister. — Hätte ein Essener die Rolle Henoch's nicht eher auf den hochverehrten (Bell. Jud. II, 8. 9) Gesetzgeber übertragen? Jellineck (Beth. h. Mid. II, 1) citirt eine spätere, rabbinische Chronik, in der Moses Himmel, Paradies, Hölle besucht, mit Engeln verkehrt.... — Auch die Jubiläen erheben Mose nicht über Andere.

³ Bel. Jud. II, 8, 7. Damit soll nicht geleugnet werden, dass nicht auch im Schosse des Essenismus die messianischen Ideen lebendig gewesen seien. Ihrem Einflusse konnte keine fromme jüdische Partei entgehen.

Es ist also ein ganz vergebliches Bemühen, die apokalyptische Schriftstellerei aus dem Volksverbande zu lösen. «Der Standpunkt aller dieser Schriften ist im wesentlichen der correct jüdische.»[1] Nichtsdestoweniger bleibt noch immer d i e Möglichkeit offen, dass in ihr eine eigenthümliche Schattirung des jüdischen Bewusstseins, besondere Tendenzen desselben vorliegen. Aus den Urkunden selber erfahren wir zunächst soviel, dass Leser sowohl wie Schreiber den Sündern gegenüber, welche vom väterlichen Glauben abgefallen, als die *Heiligen* und *Gerechten*, als das gottgefällige Publikum der Synagogenversammlungen gelten wollen.[2] Aber noch einen Schritt weiter können wir vorrücken. Unter Hinweisung auf das, was wir früher über die tiefere Bedeutung der messianischen Ideen innerhalb des Judenthums festgestellt haben, beurtheilen wir die Apokalyptiker, da sie gerade die Eschatologie zum Gegenstand ihrer Betrachtungen wählten, als die mehr religiös angelegte Partei der Schriftgelehrten. Und diesen Standpunkt vertraten sie je länger, je deutlicher, in mehr oder weniger bewusstem Gegensatz zu der wachsenden, bald auf die Spitze getriebenen Gesetzlichkeit. Ihr Messianismus hatte den, wenn auch unbeabsichtigten Erfolg, die nomistische Einseitigkeit zu neutralisiren.[3] Diese Thatsache lässt also einiges Licht fallen

---

[1] Schürer, II p. 612.

[2] Die Heiligen und Gerechten in Henoch sind keine anderen als in Daniel und in den Psalmen Salomo's ὅσιοι 4, 9; 8, 40; 10, 7; 12, 8; 13, 9; 14, 2. 7 .... δίκαιοι 2, 38 f.; 3, 3 f.; 13, 6 f.; 15, 8; auch πτωχοί 5, 2. 13; 10, 7; 15, 2; 18, 8 — sogar zu den Schafen Hen. 89-90 eine Parallele in Ps. Sal. 8, 28 Schafe in Unschuld; cf. Joh. 10. — Nur diese grosse, durch das Heidenthum verursachte Spaltung ist gemeint Hen. 10, 16; 62, 8; 65, 12; 93, 2. 5. 10. cf. Jub. 16. — Die Synagogen sind erwähnt in den Bilderreden und Psalmen Salomos.

[3] Ein interessantes Seitenstück zu dieser Neutralisirung des Nomismus durch den Messianismus finden wir in jener anderen Thatsache, dass im Schosse des hellenischen Judenthums das gesetzliche Wesen

auf die latenten Gegensätze, welche im Schosse des officiellen Judenthums schlummerten. Man darf annehmen, dass innigere, nach Gottesgemeinschaft dürstende Gemüther, ohne noch daran zu denken, das drückende Gesetzesjoch abzuschütteln, doch lieber wegsahen von dem starren Codex auf das trostvollere Zukunftsbild. Hier, an dem messianischen Markstein, schieden sich die Geister, die mehr religiös und die mehr juridisch gesetzlich gerichteten.[1] Die beiden Tendenzen schlugen aber darum nicht in öffentliche Feindschaft um, weil diese Selection sich mehr oder weniger unbewusst, nach innerer Wahlverwandtschaft, nach Temperament und persönlichen Bedürfnissen vollzog. Uebrigens konnte ja keine von beiden die prophetischen Hoffnungen an und für sich abweisen; nur fassten sie die einen mehr gesetzlich, als ein einzelnes Glied im nomistischen System und betrieben sie lässig, so zu sagen, handwerksmässig, den anderen hingegen waren sie mehr Herzenssache. Darum aber waren die Apokalyptiker nicht etwa eine mit den Schriftgelehrten rivalisirende Volkspartei, sie sind im Gegentheil in den Reihen der Gesetzeslehrer selber zu suchen, vertraten aber daselbst eine *freiere* Richtung. Allerdings werden sie ihre Anhänger vornehmlich aus den unteren Classen recrutirt haben. In den Synagogenversammlungen bei Besprechung der Schrift-

---

durch den *philosophischen* Trieb aufgewogen wurde, s. Harnack, Dogmengeschichte I (1886) p. 73 ff.

[1] Eine doppelte Strömung in der Schriftgelehrsamkeit constatirt auch Hamburger: in der Institution der «Paare» sieht er eine Vertretung der zwei Richtungen, des frommen Mysticismus und der streng gesetzlichen Verstandesrichtung. (Real-Encycl. II, p. 346.) Die Letztere betonte das politische Messiasideal, die Andere das moralisch-mystische, cf. Wünsche, p. 143. — Zur Bestätigung diene Folgendes: Die Schammaiten, die altkonservative Partei der strengen Gesetzlichkeit (s. Hamburger, l. c. p. 1061), begünstigten z. B. die Zeloten (der Schammaite Saddok war ein Gefährte des Judas', die Hilleliten hingegen (Hillel war der Repräsentant der Fortbildung und Entwickelung; «auch seine Exegese zeigt überall, dass er mehr dem Geiste als dem Wortlaut der Schrift gefolgt war». Hamburger, l. c. p. 408 ff.) verwarfen die Rebellion (Gamaliel über Judas, Act. 5).

stellen haben sie ihre apokalyptischen Anschauungen vorgetragen. Unbefangene, kindliche Seelen erfreuten sich daran und fanden darin Nahrung für Herz und Gemüth.

Folgende Punkte mögen den religiösen Charakter der Apokalyptik noch näher kennzeichnen. Es ist doch nicht reiner Zufall, dass, wie die Apokalypsen so häufig von Gott und den Engeln, vom Himmel, den himmlischen Erscheinungen, von all Dem reden, was in den Zeitgenossen das Gefühl des Göttlichen erweckte, und schon hiedurch ihrer Sehnsucht nach **direkter** Gemeinschaft mit Gott einen Ausdruck verleihen, sie zugleich eine **freiere** Stellung dem Satzungswesen gegenüber an den Tag legen. Ja, man muss sich wundern, wie sehr das Gesetz, dies Schosskind des Judenthums, bei dem mächtigen, eschatologischen Drange jener Schriften leer ausgeht. Wohl klagen die Apokalyptiker «über ungesetzliches Wesen, das sich da und dort zeigt», aber es ist doch nicht das officielle Judenthum der pharisäischen Schriftgelehrten, das hier zum Ausdruck kommt.[1] Von Daniel bis zur Apokalypse Esra nichts von solch unfruchtbaren Schuldissertationen, welche an den Talmud erinnerten. Wohl wird auf Gerechtigkeit und Wahrheit, auf die sittlichen Vorschriften Gewicht gelegt, nirgends trifft man jene unerquickliche Casuistik.[2] Während die Apokryphen, z. B. das erste und zweite Makkabäerbuch, oft auf den Sabbat zu reden kommen, tritt er in den Apokalypsen so ganz zurück. Den besten Massstab für die Stellung der Apokalyptik zum Gesetz gibt die Anschauung von der Weis-

---

[1] Schürer, II, 612.

[2] Erst der Gegensatz gegen das Christenthum bewirkt, dass in der Assumptio, in den Apokalypsen Esra ([6, 46 f.; 7, 17. 20; 8, 29; 9, 31-37] und Baruch [3, 6; 48, 22; 51, 7; 59, 2; 84, 2. 8 (auch der Sabbat); 85, 14] die Geltung des Gesetzes eingeschärft wird; nach der Zerstörung Jerusalems war es ja der alleinige Hort, Ap. Bar. 77, 15. Aber auch in diesen Schriften ist vor allem der sittliche Theil des Gesetzes gemeint, cf. Assumpt. 7. Ap. Bar. 44, 14.

heit: während dieselbe nach Sir. 24, 31; Bar 4, 1 und den Rabbinen im Gesetz zum Ausdruck kommt (ähnlich manifestirt sich der Logos im Gesetze bei Philo), findet sie nach Hen. 42 keinen Platz auf Erden und wird in den Himmel versetzt, geoffenbart erst in den messianischen Zeiten.[1] Es verdient noch besondere Beachtung und ist gerade der rabbinischen Jurisprudenz gegenüber significant, dass der fromme, sittliche Lebenswandel im apokalyptischen Sprachgebrauch manchmal mit dem Ausdruck Glauben[2] bezeichnet wird.

Consequenter Weise ist nun auch in den messianisch orientirten Werken des Judenthums eine tiefere Sündenerkenntniss[3] zu treffen, welcher die gewöhnliche Lehre des Rabbinismus nicht gleich kommt.[4] Dies ist besonders

---

[1] Hen. 49, 4 Esra 8, 52; cf. 14, 25; 26, 40. Vermittelnd die Apokalypse Baruch 28, 1; 44, 14 neben 48, 24; 51, 3. 4; cf. Hen. 99, 10.

[2] Hen. 39, 6; 43, 4; 58, 5; 61, 4 11; dazu die Redensart den Namen des Herrn der Geister verläugnen. Ap. Bar. 42, 2; 54, 16; 4. Esra [6, 67; 7, 60; 9, 7; 13, 23. Zwar nicht an die paulinische Idee vom Glauben, aber an die πίστις (treues Beharren) in den Sendschreiben der Off. Joh. 2, 10. 13; 3, 14 wird man erinnert. Doch bleibt der jüdische Heilsweg unangefochten, s bes. 4. Es. [6, 50. 57; 8, 33; 9, 37; cf. Hilgenfeld, Apok. 228

[3] S. das Sündenbekenntniss, Dan. 9. Anerkennung der Züchtigung und Demuth, Ps. Salom. 3, 4 f.; 10, 1 f; 16, 11 f.; 18, 4 f.; cf. 2, 16 f.; 5, 9; 7, 8; 9, 12 f.; 13, 6-9; 14, 1; 17, 22. Assumpt 3, 13. Der sittliche Ernst in den Ermahnungen Henoch's, die Scheidung in Geister des Lichtes und Geister der Finsterniss in den Bilderreden, nicht im Sinne Philo's (himmlische und irdische Menschen, nach Art einer Substanz), sondern mehr ethisch, anklingend an das Johannesevangelium.

[4] Gott wirkt mit zur Sünde; die Rolle des Jezer; auch der Neid der Engel, cf. Edersheim, I, p. 165. — «Für den Begriff der Sündhaftigkeit ist von Belang, dass das Vorkommen einzelner Uebertretungen den Stand wesentlicher Gerechtigkeit nicht nothwendig beeinträchtigt.» Weber. p. 231. — Als Folge von Adam's Fall, nur der Verlust äusserer Güter. — Spuren der religiösen Richtung in einer tieferen Deutung des Sündenfalls, s Edersheim, I, 165, Anm. 3. Später haben die seit 70 hereinbrechenden Gerichte vermocht, den Gedanken an einen leidenden und selbst sterbenden Messias zu erwecken (s. Kap. VI); doch die Verstandesrichtung verwahrte sich dagegen.

der Fall in den Apokalypsen Esra's und Baruch's, wo das Thema der menschlichen Schwäche, der sittlichen Verderbniss, die seit Adam's Uebertretung allen anklebt, in zahlreichen Variationen wiederkehrt.[1] Natürlich hat man auch in diesem Punkte wieder christlichen Einfluss gewittert, als ob das Judenthum in allen seinen Repräsentanten keiner Verinnerlichung fähig gewesen wäre. Wie kam es dann nur, dass ein Johannes, ein Paulus und Andere, um von Jesus nicht zu sprechen, aus der Mitte dieses Volkes hervorgingen? Und liegt es nicht viel näher, dass der Heidenapostel seine Auffassung vom Sündenfall aus seiner jüdischen Erziehung mitgebracht und nach seiner späteren Erfahrung vertieft hat?

Wenn nun früher das sündenbeladene Volk im gottverordneten Tempelkult und seinen Opfern Erleichterung fand, so war es jetzt gerade diese von schärferem Sündenbewusstsein erfüllte Richtung, welche, wie oben ausgeführt wurde, an dem Tempel und der Heilskraft seiner Veranstaltungen zu zweifeln anfing. Zum verstärkten Gefühle des Krankheitszustandes gesellte sich die Einsicht in die Unzulänglichkeit der bisherigen Remedur. Doch hatte dies nicht sofort eine bewusste Abkehr vom Tempel und seinen Einrichtungen zur Folge. Solch entschiedene Zeugnisse über den Unwerth und die Abrogation derselben, wie wir sie im Munde Jesu oder des Stephanus und anderer Christen treffen, bezeichnen das letzte Stadium

---

[1] 4 Es. 3, 7. 21 f.; 4, 30; 7. 11 f.; 6, 21 f.; 7, 48; 8, 35. 60. — Ap. Bar. 17, 23; 48, 42; 54, 15 f.; 56, 5. — Wenige werden gerettet, 4 Es. 8; 9, 14. — Pseudo Esra zählt sich einmal (6, 49 f.) selbst zu den Ungerechten und Strafwürdigen, worauf er freilich sogleich entgegengesetzten Bescheid erhält — wieder ein Zeichen des ächt jüdischen Charakters der Schrift. Auch gibt es nach demselben Verfasser etliche, die nicht gesündigt haben. — Und selbst in einer eventuellen Annäherung an das Christenthum spräche sich doch wieder religiöse Wahlverwandtschaft aus. Aber gerade an der sinnlichen Fassung des Sündenprinzips (Erbsünde) ist das Judenthum erkenntlich.

der Entwickelung. Der innerste Zug des Herzens trieb die Frommen zu Neuerungen: aber die Pietät hiess sie am Alten festhalten. So durchkreuzten sich oder liefen selbst lange Zeit parallel zwei Strömungen: die eine hoffend auf Erhaltung und Reinigung des Tempels, die andere auf gänzliche Erneuerung, wozu sie sich durch die Lehre vom **himmlischen** Tempel berechtigt glauben konnte.[1] Wie sich aber auch die Ansichten im Einzelnen gestaltet haben mögen, das Bedeutungsvolle liegt darin, dass unter diesen jüdischen Messianisten die Zuversicht zum alten Tempeldienst dahin geschwunden war. Die wahre Orientation ihrer Gemüther möchte sich etwa in dem Bekenntniss jenes Pharisäers abspiegeln, dass Barmherzigkeit mehr werth sei als Opfer. Sobald aber der ethische Gesichtspunkt der massgebende war, so blieb, wenn das Gefühl der Sünde erwachte, auf alttestamentlichem Standpunkt kein anderer Ausweg als zur prophetischen **Busspredigt** zurück zu kehren.

Zuletzt ist für diese Zunahme der Sündenerkenntniss sowie für die damit zusammenhängende Forderung der Busse, noch ein vielsagendes, geschichtliches Motiv vorhanden in dem äusseren Druck, unter welchem das Zeitalter seufzte, und in dessen geistiger und moralischer Zerrüttung. Seit den Makkabäerkämpfen war der eigentliche Feind nicht derjenige, der an den Grenzen stand, sondern der im Innern, der Geist des Unglaubens und das Paktiren mit heidnischem Wesen. Je länger nun die heiss ersehnte Erlösung verzog, um so mehr brach sich die Ueberzeugung Bahn, der Messias könne nicht erscheinen, es werde zuvor mit Herzen und Gesinnung der Leute

---

[1] In der Offenb. Joh. sind beide Anschauungen vertreten. Es ist leicht einzusehen, wie die Lehre von den himmlischen Modellen als Brücke diente: als Modell des Irdischen, ist der himmlische Gegenstand diesem **gleich**, aber als himmlischer ist er auch ohne Befleckung und insofern ein **neuer**.

anders. Auf die dringende und bange Frage: «warum kommt das jüdische Weltalter nicht?» antworteten jetzt die tieferen Gemüther mit der Busspredigt. Durch Adam's Uebertretung, sagt Pseudo Esra, sind die Eingänge zum messianischen Weltalter rauh und eng geworden (7, 1-12). Also liegt das Hinderniss für die Entfaltung des Gottesreiches nicht mehr ausschliesslich oder vorwiegend in dem eisernen Scepter irgend einer Fremdherrschaft: ein anderer vorgeschobener Riegel ist die Sünde. Der entsprechende religiöse Gewinn war, dass die Berechnungen des messianischen Zeitalters mehr in den Hintergrund traten: der Eintritt desselben hängt von der Busse ab.[1] So wird also der Bussruf des Täufers vom messianischen Standpunkte des religiösen Judenthums wohl erklärlich und der Weg aus dem politischen Messiasthum zu einer mehr ethischen Fassung ist vorgezeichnet.

Durch diese ihre freiere, religiöse Stellung nähert sich die Apokalyptik der sogenannten Haggada oder der mehr erbaulichen, in den Synagogen gepflegten Schrifterklärung. Ja, sie ist im Grunde selbst nichts anderes als speciell messianische Haggada.[2] Die paränetischen

---

[1] Hoffnung auf Vernichtung der gottwidrigen Geistesmächte, besonders in Henoch, in den Jubiläen, in Assumpt. 10, 1; cf. Luc. 10, 18. Satan und die Heiden werden in die Gehenna geworfen Jalkut 2. 56 c (Jes. 25, 8). — Die ethische Auffassung scheint hauptsächlich durch die Midraschim vertreten: Entfernung der bösen Lust in den messianischen Zeiten, Bamidbar Rab. 15 (nach Jes. 57, 4), Debarim R. (nach Hez. 11, 19); das Thor der Busse (vergl. Off 3, 20), Schem. Rab. 25, Mid. Cant. 5, 2; cf Hen. 50, 2. 4. Luk. 3, 15 zu Folge (cf. Joh. 1, 20) hätte das Volk schon im Bussprediger den Messias gesucht. — Die trockenen Juristen haben die Busse auf das Niveau des Gesetzes herabgedrückt, s. Weber, 191, 252, 303. Edersheim, I, 509; mussten sie aber doch in ihren messianischen Codex eintragen, s. die keineswegs widersprechenden Sätze, dass der Messias kommen würde, wenn Israel nur einen Tag Busse thäte, und dass er nicht erscheinen werde, bis Elias komme. Auch die Präexistenz der Busse zeugt für die Wichtigkeit, welche die Idee erlangt hatte.

[2] Ein Lieblingsthema der Haggada war die messianische Welt, s. Schürer II, p. 284; auch die Geschichtsbearbeitung der Apoka-

Anhängsel, das Vorherrschen der ausmalenden Phantasie, die eingestreuten Trostworte, überhaupt die praktische Abzweckung des Ganzen dienen dazu, die Verwandtschaft zu vervollständigen. Der freieren Haggada gegenüber verhielten sich die peinlichen Halachisten und talmudischen Gelehrten ablehnend[1] und ihre Abneigung haben sie auch auf die Apokalyptik, auf diesen ebenfalls haggadischen Zweig der jüdischen Literatur übertragen. Wie hätte es auch anders sein können angesichts der Thatsache dass, wie die haggadische Lehrweise überhaupt in das Christenthum einmündete, so die Apokalyptik insbesondere vielfache Annäherung an die gefährliche Neuerung bekundete? Gerade diese der Apokalyptik erwiesene Feindschaft ist einer der besten Beweise, dass sie der Ketzerei Vorschub geleistet hat. Zu diesem Argument gesellt sich nun noch jenes andere, in neuerer Zeit wieder mehr beachtete, nämlich die Leichtigkeit, mit welcher jüdische Apokalypsen von christlicher Hand interpolirt oder gar in christliche Bücher verwandelt wurden. Die apokalyptische Literaturgattung war in der apostolischen Kirche überaus verbreitet; ihre Produkte eine Lieblingslektüre der ersten Christen.[2] Dass ihre Vorstellungswelt

---

lyptik ist haggadisch, s. denselben, p. 280. — Zunz, l. c p 59, unterscheidet eine dreifache Richtung der Haggada, wovon die eine, Sod, die Geheimnisse der Zukunft und der übernatürlichen Welten zu erforschen strebt. Rosenthal, l. c p. 77 hat besonders das haggadische Element in der Ap. Baruch betont. — Das Charakteristische der Haggada war eine grosse Freiheit in der Behandlung des Stoffes. Während der Nomismus Gleichförmigkeit des religiösen Lebens anbahnte, wurde so der Ausblick in die messianische Zukunft der mächtigste Hebel zur *Individualisirung* der Religion.

[1] cf. Derenbourg, p. 202.
[2] S Iselin, Z. aus d. Schw., p. 273 f.; Vischer, Die Offenb. Joh. 1886), p. 8 ff — Die Offenb Joh. hat auf jeden Fall jüdische Quellenstücke einverleibt Von Christen sind interpolirt: die Testamente der XII Patr. nach Schnapp (1884), die Ascensio Jesaiae nach Dillmann (1877). Auch 4 Es hat christliche Zusätze in Kap. 1 2. 15. 16. erhalten. — Es scheinen anfänglich in Palästina die Beziehungen zwischen Juden und Christen engere gewesen zu sein (s. Renan, les Apôtres)

(und zwar nicht nur die direkt eschatologischen Aussagen, sondern auch secundäre Dinge, wie z. B. die Angelologie), in unseren neutestamentlichen Schriften, in den Evangelien, bei Paulus und in den katholischen Briefen nachklingt, ist des Oefteren erwiesen worden.

Die nach dem vollzogenen Schisma verfassten jüdischen Apokalypsen bemühten sich allerdings, einen Damm zu errichten gegen die christlichen Neuerungen,[1] allein eine gewisse discreditirende Solidarität mit den letzteren blieb ihren Bestrebungen anhaften. Das ganze Wesen der Apokalyptik erinnerte zu sehr an die verhasste Nazarenersekte und ihr alles verschlingendes Zukunftsinteresse drohte immerfort den Schwerpunkt vom Nomismus wegzurücken. Das messianische und prophetische Element überhaupt wurde in strengern Gewahrsam genommen.[2] Natürlich

---

als man gewöhnlich annimmt. Hätten die messianischen Haggadisten eine Weile Wiedervereinigung Aller gehofft? S. die Rückkehr der 10 Stämme in der Assumptio, in den Apokalypsen Esra und Baruch und in den Targumen (cf. Offenb. 7); nach Späteren unter der Leitung des zweiten Messias, des Sohnes Joseph's. In der Mischna, doppelte Strömung: die Rückkehr bald bejaht, bald verneint. Ueber freundschaftlichen Verkehr und Gesinnungsgleichheit gewisser Rabbinen mit den Judenchristen, s. Grätz, IV, p. 47. Beziehungen zum Christenthum in der Ap. Bar., s. Rosenthal, l. c. p. 87. In der Assumptio ist der antichristliche Taxo doch auf christlichen Einfluss zurückzuführen, s. Kap. I.

[1] Wir erinnern an die polemische Tendenz der Assumptio. Gegen die christliche Gnadenlehre sind 4 Es. [6, 77. Ap. Bar. 85, 12 gerichtet (vergl. ähnliche Vorwürfe gegen die Minim, Derenbourg, p 355). — Gegen eine vorläufige (vor der Parusie) Erscheinung des Messias, 4 Es. 13, 52; s. auch 6, 6. Aber auch diese polemischen Ausfälle der Apokalypsen beweisen in gewissem Sinne ihre Verwandtschaft mit dem Christenthum.

[2] Die Propheten wurden Mose nachgestellt: hätte Israel nicht gesündigt, es hätte nur den Pentateuch und Josua empfangen. Wie die ältere (apokalyptische) Geheimlehre der Censur der Gesetzeslehrer unterlag, so dass alles Antijudäische und Minäische ausgeschieden wurde, s. Hamburger, l. c. p. 270 f. — Der Talmud spricht von Sepharim Chitsonim (worunter häretische Schriften und wahrscheinlich auch die Apokalypsen), die zu lesen verboten, s. Edersheim, I, 33 f. Klingt es nicht wie eine versteckte Kritik, wenn es von Daniel heisst, dass er das Ende sah und dass es ihm dennoch verborgen blieb? Ber. R. 98. — Es war doch mehr als eine blosse

gewann man die tiefere Einsicht in seine Gefährlichkeit erst, nachdem die neue Religion unverhohlen hervortrat. Für die Jahrhunderte vor unserer Zeitrechnung folgt daraus nur so viel, dass die messianisch-apokalyptische Strömung, als eine mehr religiöse, aber im Judenthum wohl heimische Strömung, auf das Christenthum präludirte.

Indessen der geschilderte Fortschritt in der Heilserfassung bei den Messianisten war doch nur ein relativer. Mochten auch die mit den Propheten vertrauten Geister nicht mit dem gleichen Behagen wie Andere, in dem Gesetz das alleinige und höchste Gut erkennen, nichts zeigt an, dass sie in der That mit dem Heilsprinzip des Judenthums gebrochen hätten.[1] Darum blieb nun auch der Trost, den die messianischen Hoffnungen den Frommen zu gewähren vermochten, ohne reale Wirkung, in den Schranken des Judenthums befangen. Das Heilmittel trug selbst wieder zum Theil das Gift der Krankheit in sich. Was hatte doch die gesetzlich starre, deterministische Gottesidee auf dem eschatologischen Gebiete abgesetzt? Ein äusserliches Classifiziren, ein endloses Entziffern des Welträthsels,

---

Grille, wenn jener Rabbi Hillel den Messias für antiquirt erklärte: der höchste Triumph der rabbinischen, juridischen Moral, freilich auch das Verlöschen der religiösen Flamme im Judenthum! Wie lehrreich, dass dieser Pessimismus so ganz das klassische Alterthum streift, das ebenfalls nur von einem goldenen Zeitalter in der Vergangenheit wusste!

[1] Die weitgehendsten Aeusserungen der freieren, in den Midraschim zu Tage tretenden Richtung [s. Edersheim, II, 764 f. Jalkut II, 296, Mid. Cant. II, 13. Targ. Jonathan Jes. 12, 3 (auch letztere Stelle ganz haggadisch, s. Zunz, p. 63): «Erwartung eines *neuen Gesetzes im zukünftigen Weltalter*; vergl. Mid Koh. 11, 8: «All Studiren ist umsonst, bevor der Messias lehrt»], auch wenn sie in die Zeit vor Christus hinaufreichen, bedeuten nicht Verwerfung des nomistischen Prinzips. Dasselbe gilt von Sibyll. 3, 756-758, verglichen, mit 3, 573 f.; 715 f. Die Ausbildung des **mosaischen Messiastypus** ist nachchristlich, s. unten. — Die Ansicht der gesetzlichen Rigoristen: es werden keinerlei Veränderungen des Gesetzes Statt haben; den Heiden wird der Messias (30) Gebote bringen; cf. **Edersheim**, II, 487 f.; **Wünsche**, 41 f

Aber nur zu fest haben alle mathematischen Formeln das zitternde Spiegelbild der messianischen Herrlichkeit gepresst; sie schlugen fehl und brachten keine Befriedigung. Die auffallende Genauigkeit der apokalyptischen Vorhersagungen im Vergleich zu den prophetischen bedeutet ja keine Steigerung der Weissagungskraft: denn so weit sie genau, sind sie nichts Anderes, als die Projection vergangener Facta in die Zukunft.

Man kann auch nicht behaupten, dass der religiöse Supranaturalismus der Apokalyptik thatsächlich dem christlichen Universalismus die Thüre geöffnet hat. Wohl sieht es danach aus, wenn in der Apokalyptik auch das Heidenthum in den Rahmen der religionsgeschichtlichen Betrachtung gezogen wird, und wenn die Bestimmung des wahren Israel viel mehr nach Seite der treuen Gesetzeserfüllung [1] als nach dem Vorrecht der Geburt stattfindet. Doch damit ist der Particularismus nur logisch überschritten, nicht innerlich überwunden.[2] Die Erwählung des Volkes, nicht mehr so leicht durchführbar auf rein physischem Grunde, hielt sich aufrecht nach dem ebenfalls sinnlichen Kanon, dass das Judenthum im Besitze des Gesetzes war. Und gerade in der apokalyptischen Strömung verstärkte sich der Gedanke durch den Glauben an die Vorherbestimmung. Nicht so sehr auf ein moralisches Motiv, auf die Erlösungsfähigkeit wird reflectirt: das Heil hat einen metaphysischen Hintergrund, es steht fest wie die Gestirne. Nur auf einen Farbenwechsel läuft also die Sache hinaus. An Stelle des Particularismus der Abstammung setzt der

---

[1] Dazu das ausgedehnte Proselytenwesen, s. Schürer II., p. 548 p.

[2] Er tritt besonders wieder hervor im Gegensatz zur christlichen Tendenz und bei der unbegreiflichen Zertrümmerung Jerusalems durch die Heiden, so in der Assumptio, in den Ap. Es. und Bar. S. Weber, p. 56 ff.

Zeitgeist den Particularismus der himmlischen Tafeln und Bücher. Die transcendente Gottesidee endlich liess es nimmer zu, dass das Reich Gottes entschieden als ein geistiges und inneres Gut gefasst wurde. Bei aller Werthlegung auf die ethischen Merkmale, bei allem Widerstreben gegen einen kriegerischen Davidsspross bestand doch auch für die frommen Synagogenmitglieder die messianische Hoffnung **wesentlich** in der Erwartung einer äusseren Glanzepoche.[1]

Es leuchtet ein, zu einem wahren Durchbruch konnte es nur dann kommen, wenn die Gottesanschauung selber sich verinnerlichte und vertiefte. Solch neue, weitgreifende Prämisse allein vermochte die jüdische Hoffnung aus dem Circulus vitiosus herauszuwinden, in welchem sie sich herumdrehte.

---

[1] Sinnliche Färbung der Hoffnungen in allen Apokalypsen. Auch dem scholastischen Zeitgeiste haben sie ihren Tribut bezahlt durch ihre seltsame Wundersucht; s. besonders die Leviathan- und Behemothfabeln bei Henoch, Pseudo-Esra und -Baruch.

ZWEITER THEIL.

DAS SELBSTBEWUSSTSEIN JESU.

VORBEMERKUNG.

Der erste Theil unserer Abhandlung hat die Bedeutung und die Beschaffenheit der messianischen Hoffnungen im Zeitalter Christi darzuthun gesucht. In wie fern Jesus sich zu denselben bekannte, soll das Folgende zeigen. Denn die Thatsache, dass die apostolische Kirche ihm den Messiastitel beilegte oder dass er ihn selbst beanspruchte, ist noch keineswegs ein sicherer Massstab seines Selbsbewusstseins für uns, nicht nur weil das jüdische Volk nach seiner grösseren Hälfte Jesus als den verheissenen Messias nicht anerkannte, sondern weil er selber den Erwartungen seines Volkes einen anderen, höheren Sinn unterlegen konnte. Es ist also das Problem, das wir zu erörtern versuchen, kein dogmatisches; es handelt sich nicht darum, wie hat die erste Gemeinde über Jesus geurtheilt oder in welches Licht hat die Kirche unseres Jahrhunderts die von ihm ausgehenden Heilswirkungen zu stellen. Unsere Frage bewegt sich auf rein historischem Gebiete: welches Bewusstsein hatte Jesus von sich selbst? Wie kam er dazu, sich den Seinen als den erwarteten Messias zu enthüllen?

Demnach dürfen wir zur Lösung derselben nur die relativ ursprünglichsten Urkunden, d. h. die synoptischen Evangelien zu Rathe ziehen. Nicht dass wir die Geschichtlichkeit der johanneischen Relation im Allgemeinen bestreiten: aber gerade in dem Theil, auf den es hier ankommt, in den Reden und der darin enthaltenen Auffassung der Person Jesu, spielt, wie die gemässigte, vorurtheilsfreie Kritik längst anerkannt hat, die theologische Reflexion eine bedeutende Rolle.[1] Was das Verhältniss der Synoptiker zu einander betrifft, schliessen wir uns der bekannten Ansicht an, dass denselben eine doppelte Quelle zu Grunde liegt, eine mehr erzählende, die wir am Besten in unserm zweiten Evangelium wiederfinden, und eine zumeist aus Redestücken zusammengesetzte, die in den beiden anderen deutliche Spuren zurückgelassen hat.

Sämmtliche uns erhaltene Berichte über Jesus sind nun aber so beschaffen, dass sie uns *von vornherein* keinen Einblick in das allmähliche Werden seiner Persönlichkeit gewähren. Daher unsere Darstellung, wofern ihr nicht blosse Muthmassungen zur Grundlage dienen sollen, um keinen Preis mit Untersuchung der *Genesis* und *ersten Entfaltung* seines messianischen Bewusstseins anheben darf. Sie muss vielmehr rückschliessend verfahren, zuvor das leitende Motiv im bekannten Lebensabschnitt des Stifters des Christenthums feststellen, um sodann dasselbe als Schlüssel zum Verständnisse der ganzen Persönlichkeit und ihrer Entwickelung zu verwerthen. Diesen nächsten Zweck gedenken wir am Füg-

---

[1] Die freiere Haltung der Reden auch bei solchen, die an der apostolischen Verfasserschaft festhalten, s. B. Weiss, Das Leben Jesu, 1884, p. 112 ff. und Theol. d. N. Test. 1873, p. 596 f.; Beyschlag in Stud. u. Krit. 1874, 1875 und Leben Jesu I, 1885, p. 110 f. — Selbst auf streng conservativem Standpunkt hat man das Bewusstsein von dem johannäischen Particularismus, wie z. B. aus der Abhandlung von H. Schmidt (Bildung und Gehalt des messianischen Bewusstseins Jesu, in Stud. u. Krit. 1889 p. 423 f.) hervorgeht. Nach einer besonderen Darlegung der Sachlage nach Johannes heisst es gewöhnlich: auch wenn wir das 4. Evangelium preisgeben wollten . . . . . worauf dann die Synoptiker als Bestätigung des joh. Evangeliums eingeführt werden. Vergl auch p. 505. — Die besonders von Weizsäcker mit grossem Scharfsinn versuchte Scheidung zwischen ächten und unächten Elementen im 4. Evangelium ist zuletzt von ihm selbst aufgegeben, s. Theol. Liter. Ztg. 1882, p. 531 ff.; vergl. Haupt, Stud. u. Krit. 1884, p. 30 f. 37 f.

lichsten durch Erörterung folgender Punkte zu erreichen: was lehren über das Bewusstsein Jesu seine historisch beglaubigte Reichspredigt, sein messianisches Leiden und sein Opfertod, seine messianische Selbstbetitelung und endlich die Verheissung seiner Parusie? Aus welcher gemeinsamen Voraussetzung sind diese Stücke alle begreiflich? Erst nach Erläuterung dieser Vorfragen kann dann die eigentliche Hauptsache, der wesentlichste und schwierigste Punkt unserer Abhandlung, nämlich die Untersuchung über den Entwickelungsgang des Bewusstseins Jesu, in Angriff genommen werden.

V.

Die Predigt des Reiches Gottes.

A. Das Lebenswerk Jesu kann nach den synoptischen Quellen kurz bezeichnet werden als das Gründungswerk des Reiches Gottes. Wie aber hat sich Jesus dieses Reich vorgestellt? Rein geistig, als die Herrschaft Gottes in den Herzen der Menschen, oder mit äusseren, in die Sinne fallenden Merkmalen ausgestattet? In diesem exclusiven Sinne dürfte das Dilemma heute nur von Wenigen noch gestellt werden. Schon die geradezu entgegengesetzten Resultaten gelangten Untersuchungen so vieler Forscher[1] lassen die Ueberzeugung zurück, dass beide Elemente vorhanden und mit einander verknüpft sind. Auch erweist sich Das, was zur Ausmerzung des einen oder des anderen Faktors geschehen ist, als willkürliche, vorurtheilsvolle Textbehandlung.

Was zunächst die Projection des Reichsgedankens Jesu in die Zukunft betrifft, so ist die Ausrede, dass die Jünger seine Worte missverstanden oder seine figürliche Redeweise stets in materiellem Sinne gedeutet haben, doch nicht stichhaltig genug, um sämmtlichen unbequemen Evangelienstellen die Spitze abzubrechen. Hat nun vielleicht Jesus das Reich Gottes darum noch in die Zukunft ver-

---

[1] Eine Zusammenfassung der verschiedenen Ansichten bei Keim, Leben Jesu, II, p. 46 f.

legt, weil, wie neuerdings wieder betont wird,[1] die Reichsgüter, insbesondere die Sündenvergebung, erst mit dem Abschluss seiner Lebensaufgabe, d. h. durch seinen Versöhnungstod, recht wirksam werden sollten? Dann müsste aber Jesus von vornherein von der Nothwendigkeit seines Messiastodes durchdrungen gewesen sein, was, wie das Folgende lehren wird, der Wirklichkeit nicht entspricht.

Doch auch die im Grunde richtige Betrachtung, dass die neuen, durch die Reichspredigt geschaffenen, religiös sittlichen Zustände in einer entsprechenden Verwandlung der äusseren, socialen Verhältnisse ihre Vollendung finden mussten, ist irreführend, wenn sie nur als eine persönliche Reflexion Jesu gefasst wird. Das Motiv ist vielmehr ein specielles, geschichtlich gegebenes. Kein zeitgenössisches Zukunftsgemälde, wir wissen es, aber auch kein prophetisches, es mochte noch so geistig angehaucht sein, ist indifferent geblieben gegen die natürlichen, äussern Bedingungen des Lebens. So blieben auch Jesu die seinem Volke gegebenen irdischen Verheissungen heilig: er hat es seinem Vater zugetraut, dass er dieselben zur rechten Zeit und auf die rechte Art in Erfüllung gehen liesse. Nicht nur hat er beim Beginn seiner Wirksamkeit von der blossen Nähe[2] des Reiches gesprochen, weil diesem die entsprechende äussere Gestaltung noch fehlte, nicht nur tönt es durch die Bergpredigt hindurch von einer zukünftigen herrlichen Vollendung (Matth. 5, 4 ff. vergl. 5, 20; 6, 10. Luc. 12, 32), nicht nur hat er seinen Jüngern und Anderen Ausblicke

---

[1] H. Schmidt, l. c. p. 478 f

[2] Marc. 1, 15. Matth. 4, 17. Es sind Ausflüchte, wenn man diesen Spruch von der allmählichen Entfaltung des Reiches in den Herzen versteht oder ihn, wie jetzt Wendt, dahin interpretirt, dass der Messias noch allein war. Diese Auswege sollten um so weniger betreten werden, wenn man doch zugibt, dass Jesus überhaupt einmal von einem zukünftigen Reich gesprochen.

in eine Zukunft ganz neuer Art eröffnet (Mc. 10, 30 und
Parall. Matt. 8, 11. Luc. 13, 29); selbst die spiritualistisch
angehauchten Gleichnisse vom Senfkorn, Sauerteig und
Andere, welche von fortschreitender **innerer** Entwickelung des Reiches Gottes handeln, schliessen doch die
Idee der endlichen **äusseren** Erscheinung nicht aus.
Namentlich wo das Bild der Saat gebraucht wird, lassen
sich deutlich 2 Perioden des Reiches vor und nach der
Ernte unterscheiden. Jesu Reichspredigt hat also unleugbar eine **messianisch eschatologische** Färbung, d. h. sie trägt den Stempel ihres Ursprungs.[1]

Das Gesagte wird erhärtet durch die weitere Wahrnehmung, dass Jesus auch dem in der rein spiritualistischen
Reichsidee enthaltenen Universalismus nicht frei gehuldigt
hat.[2] Das Reflectiren auf eine pädagogische Methode,
wonach er seinen Jüngern zunächst aus praktischen
Rücksichten der Heiden und Samariter Gebiet untersagt
hätte, obwohl für die betreffende Stelle nicht ganz zu
verwerfen,[3] reicht nicht aus für alle Fälle. Hinlängliche
Erklärung verschafft auch hier nur der alttestamentliche
Anknüpfungspunkt, der Glaube, dem jedes fromme Herz
zur Zeit Jesu zugethan war, dass die Heilssonne vorerst
nur dem Volke der Erwählung aufgehen werde. Jesu
Selbstbeschränkung war also eine **messianische**; als
der Juden Messias that er den Ausspruch, dass er nur
zu den verlorenen Schafen Israels gesandt sei.

---

[1] Es kann nicht bewiesen werden, dass die Reichsidee im
messianischen Sinne zu irgend welcher Zeit aus dem Bewusstsein Jesu geschwunden, wodurch die richtige Beobachtung
(Weizsäcker, Jahrb. f. d Th. 1859), dass bald die eine, bald die
andere Seite mehr hervortritt, nicht aufgehoben wird; doch hierüber später.

[2] Matth. 10, 5; 15, 24. cf. 6, 7. 32; 18, 17. Luc. 12, 30.

[3] Ob in der That die Behandlung solcher Gebiete viel schwieriger
war? so Ewald. Gesch. V, 426. Angesichts der Opposition, die
Jesus in Israel, und der Bereitwilligkeit, die er bei Heiden fand, ist
es doch fraglich.

Diese particularistische wie jene eschatologische Deutung des Heils ist also ernst gemeint und ein nicht zu unterschätzendes Moment in dem Gedankenkreis Jesu. Von vornherein berechtigt Nichts zu der Annahme, dass er theoretisch einen freien Universalismus gehegt und nur in der Praxis dahinten zurückgeblieben wäre, wie das bisweilen bei religiösen Reformen der Fall ist, dass Idee und Ausführung nicht gleichen Schritt zu halten vermögen, und der schöpferische Geist selber, wie erschöpft durch die Erzeugung des neuen Gedankens, vor der objectiven Realisirung desselben zurückschreckt. Im Gegentheil, gerade aus inneren (seinem messianischen Glauben entspringenden) Gründen sucht Jesus sich in den Schranken des Judenthums zu halten. Auch sein nationales Wirken fällt unter religiösen Gesichtspunkt.[1]

Diese alttestamentlichen Elemente in Jesu Anschauung vom Reiche Gottes bürgen dafür, dass seine Verkündigung an die laufenden, messianischen Vorstellungen anknüpfte. Was folgt nun hieraus für seine Person? Gerade die religiöse Fülle des Judenthums, so haben wir gesehen, war in den messianisch eschatologischen Kreis gebannt. Hätten wir also keine andere Kunde von dem Leben Jesu, als dass er der Herold des nahenden Gottesreiches gewesen, wir fänden darin das Anzeichen einer tief religiös angelegten Natur. Nicht nur das bekümmerte Herz des Israeliten kam in der Aussicht auf die Endzeit zur Ruhe, noch während eines ganzen Menschenalters hat die junge Christenheit ihre Glaubensinnigkeit in diese Erwartung ausgeschüttet. Es war also eine religionsgeschichtliche Nothwendigkeit, dass ein vorzugsweise reli-

---

[1] Es ist also ein Anderes, und darum zum Vergleich nicht heranzuziehen, wenn z. B. Luther seinen freien Grundsatz des allgemeinen Priesterthums aus praktisch-kirchlichen Rücksichten einschränkt.

giöser Geist wie Jesus seinen Ausgangspunkt auf dem messianischen Gebiete nahm: für das, was er fühlte, wollte, ersehnte, war das Reich Gottes der geeignete, der gemein verständliche Ausdruck. Er hat ihn nicht gewählt und nicht geschaffen, er nahm ihn hin so natürlich und so nothgedrungen, als er die Sprache seiner Zeit sprach. Es ist überaus wichtig diese religiöse Grundlage der Reichspredigt, auch der eschatologisch und particularistisch gefassten Reichspredigt sich zu vergegenwärtigen, weil daraus sofort erhellt, wie dieselbe bei einem erhöhten religiösen Bewusstsein in die spiritualische umschlagen oder vielmehr mit einer solchen sich verschmelzen musste.

Wenn nämlich Jesus die Realisation seiner frommen Wünsche und Gedanken im Reiche Gottes fand, so bezeichnete ja dieser Terminus auch Das, was er für seine Person schon besass, in seiner Seele fühlte. Sein Gottesbewusstsein war lebendig genug, die Ueberzeugung wachzurufen und zu bestärken, dass er in diesem Reiche lebe oder es in sich trage. Dadurch kam es, dass dieser Begriff im Munde Jesu sich modificirte und nicht mehr so sehr — eine bisher vielleicht nicht genügend beleuchtete Erscheinung — dem ursprünglichen, concreten Sinne gemäss ein eigentliches Reich, als vielmehr ein Gut, und zwar ein unsichtbares, geistiges, bedeutete. Der Uebergang aus einer Gedankenreihe in die andere wird deutlich an den Seligpreisungen: das Futurum wechselt mit dem Präsens Matth. 5, 3. 10. Beide Vorstellungen sind verbunden Marc. 10, 14. 15: «in das Reich eintreten» und «das Reich annehmen, besitzen». Die Formel «ihrer ist das Himmelreich» ist im Grunde gleichbedeutend mit μακάριοι. Das Reich wird ein Gut, wie der Schatz, die Perle Matth. 13, 44—46. In diesen inneren Merkmalen besteht das Geheimniss (μυστήριον), die tiefere Erkenntniss des Reiches Matth. 4, 11. In dem Sinne des höchsten religiösen Gutes ist die Formel «um des Reiches Gottes willen» zu verstehen, so Matth. 19, 12. Luc. 18, 29, wobei nicht etwa an die bevorstehende Katastrophe zu denken ist.[1]

Das Reich Gottes, weil der Sammelpunkt aller religiösen Güter, wurde für Jesus auch die zusammenfassende Bezeichnung aller dieser Güter.[2] Diese Verschiebung des Begriffes aus der Kategorie des *Ortes* in diejenige der *Qualität* erfolgte um so leichter, als, wie wir uns erinnern, die messianische Erwartung des späteren Judenthums einen metaphysischen Anstrich gewonnen hatte. Lag nicht schon in dem gewiss auch von Jesus gebrauchten Ausdrucke H i m m e l r e i c h wie eine Verflüchtigung der materiellen Reichshoffnung? Sofern man sich doch nur eine ganz vage Anschauung vom Himmel und den himmlischen Dingen bilden konnte, die e t h i s c h e n Güter des Himmelreichs hingegen, als das allein Erfahrungsmässige, auch den soliden Kern desselben darstellten, war ja der Weg zu einem abstracten inneren Prinzip vorgezeichnet.[3]

Man wird sich um so weniger abmühen, den Doppelcharakter der Reichsidee Jesu zu übersehen, je klarer man sich über den gemeinsamen Ausgangspunkt beider Vorstellungsreihen geworden ist. Fehlt diese Einsicht,

---

[1] Die Stelle Matth. 19, 12 ist also nicht nach Matth. 22, 30 zu deuten, sondern nach Marc. 10, 29 (des Evangeliums halber). Auf dieselbe Art sind alle ascetisch klingenden Forderungen Jesu zu erklären, auch die Stelle Matth. 6, 25 ff. nicht als ob eine neue Ordnung diese Bedürfnisse aufheben sollte (Renan, Vie de Jésus, p. 170); wie hiesse es dann, «euer Vater weiss, dass ihr alles dessen *bedürfet*» 6, 32?

[2] Insofern gerade hierin die persönliche Errungenschaft Jesu vorliegt, erscheint allerdings jene andere sinnliche und eigentlich primäre Auffassung Jesu secundär, und wie ein blosses Festhalten an der Ueberlieferung.

[3] Dies scheint Weizsäcker (Untersuchungen über die evang. Geschichte, 1864, p 337) richtig eingesehen zu haben.

so ist allerdings die Elimination der einen oder der anderen
die nothwendige Folge, weil Jesu Persönlichkeit, wie
kaum eine zweite, den Eindruck einer tiefen Einheit
zurücklässt. Dieser Einheitspunkt nun lag in seinem
religiösen Bewusstsein: dies bewirkte zunächst
seinen Anschluss an den messianischen Glauben der
Synagoge und zugleich, seiner innern Erfahrung gemäss,
die Vergeistigung desselben. Nichts in dem bisher Betrachteten nöthigt über diese Linie hinauszugehen, und
nach dieser Seite wenigstens müsste das Messiasbewusstsein Jesu aus seiner religiösen Erfahrung hergeleitet
werden.

B. Dies vorläufige Resultat gewinnt an Evidenz,
wenn wir die Reichspredigt Jesu nach ihrem materiellen
Inhalt in's Auge fassen. Worauf lautet sie? Auf
Busse, Versöhnlichkeit, Gottvertrauen, kurz auf eine den
Buchstaben des Gesetzes übersteigende Gerechtigkeit.
Seine Heilwunder abgerechnet, bilden gerade diese Lehren
den Grundstock der evangelischen Erzählung, also das
eigentliche Berufswerk Jesu. Nun wird man doch mit
allem Recht fragen müssen, wie denn diese mit den Anschauungen des Judenthums contrastirende Thätigkeit des
Messias von messianischem Gesichtspunkte aus zu
verstehen sei.[1] Sollte der Messias nicht abschliessend und
erfüllend verfahren? Hat nicht Jesus selbst aus seinem
messianischen Bewusstsein heraus die Worte gesprochen:
«Ich bin nicht gekommen aufzulösen, sondern zu erfüllen.»[2]

---

[1] Das Resultat entbehrt auf jeden Fall der Allseitigkeit, wenn die Erkenntniss Jesu rein nur von den eigentlich messianischen Factoren aus angestrebt wird, als könnten dieselben, von seinem Gesammtwirken losgelöst, hinreichend gewürdigt werden.

[2] Matth. 5, 17 ist der richtige Ausdruck für das, was die Juden vom Messias in Beziehung auf das Gesetz erwarteten; diesen Satz scheint auch eine Talmudstelle (Schabb. 116 b) einem Christen in den Mund zu legen. cf. Wünsche, l. c. p. 41 f. — Auch Luc. 16, 16

Woher also der durchgreifende, principielle Gegensatz seiner Lehre zur jüdischen Orthodoxie?

Allerdings haben wir früher constatirt (und an der

(cf. Matth. 11, 13) ist das Reich nicht im Gegensatz zum Gesetz sondern als Abschluss der alten Ordnung zu verstehen.

Die, wie auch Wendt (l. c. p. 334 f.) zugiebt, «einfachste und nächstliegende» Deutung von πληρῶσαι auf die messianische Vollendungszeit, muss keineswegs, wie dieser Gelehrte meint, des Zusammenhangs halber aufgegeben werden. Denn zunächst ist gerade der Zusammenhang dieses Abschnittes höchst fraglicher Natur. Das Verfahren, wodurch Wendt das Einschiebsel Matth. 5, 18. 19 (s. P. Feine i. Jahrb. f. pr Theol. 1885, p. 25 f.) im Text zu rechtfertigen und nach vorn und hinten zu sichern sucht, besteht darin, dass für die feierliche Erklärung der Unvergänglichkeit und Unverbrüchlichkeit der alttest.Gebote Matth 5, 18 f zuvor ein neuer, vollendeter Nomos aus V. 17 zurecht gemacht wird. Warum sollte dann Jesus nicht von diesem «Gesetz Gottes» sagen können, dass es «bis in seine kleinsten Theilchen einen unaufhörlichen Bestand habe»? Gewiss. Wäre nur die Charakterisirung dieses vollendeten, noch ungeschriebenen Gesetzes durch ἰῶτα und κεραία nicht so ganz unzutreffend. Wie wenig es aber gerade bei dem vollendeten Gesetz auf die einzelnen Gebote ankommt, hat Jesus selbst energisch genug ausgedrückt: Matth. 7, 12, «Gesetz und Propheten» sind hier für die neue Ordnung der Dinge in einem Satze zusammengefasst

Ist es überhaupt noch möglich, einen Zusammenhang in die besagte Stelle zu bringen, so geschieht es am besten von der messianischen Dogmatik aus, d. h. von der Annahme aus, dass Jesus V. 17—19 zunächst in seiner Eigenschaft als Messias Erfüllung des Gesetzes und der Propheten verheisst und verlangt; dass er dann (V. 20 f.) aber eine höhere Gerechtigkeit fordert und des Gesetzes Artikel überbietet, empfindet er selbst darum nicht als Widerspruch, weil diese Forderungen Postulate derselben religiösen Grundstimmung sind, auf welcher auch seine Messianität beruht. Wir haben hier dieselbe doppelte traditionelle und rein religiöse Strömung wie bei der Reichspredigt Jesu: sie lassen sich nur in so fern verstehen, als man beide auf ihre gemeinsame religiöse Wurzel zurückführt.

Zuletzt aber muss noch bemerkt werden, dass man von dem Auftreten des Messias überhaupt, also auch von der messianischen Erfüllung nicht blosse Bestätigung des Bestehenden erwartet, sondern Verbesserung, ein Abschliessen im Sinne der Vervollkommnung. Als Messias erfüllt Jesus die Propheten, so aber auch das Gesetz. Es vereinigen sich also in diesem Ausdruck die beiden Gedanken der Aufrechterhaltung und der völligen Ausbildung. Zu dieser umfassenderen Bedeutung des Wortes stimmt es, dass in der Fortsetzung der Rede V. 20 ff. die höhere Gerechtigkeit des neuen Reiches geschildert wird. Zu dem οὐ καταλῦσαι ἀλλὰ πληρῶσαι gibt es keinen besseren Commentar als das fortgesetzte ἐρρέθη (21. 27. ... wodurch nie verneint oder «aufgelöst» wird) einerseits, und das ἐγὼ δὲ λέγω andererseits.

Schwelle des Christenthums bestätigt es die so strenge Figur des Täufers), dass die frommen, messianisch gestimmten Gemüther ein tieferes Sündengefühl, einen höheren, sittlichen Ernst an den Tag legten und überhaupt in den lebendigen, messianischen Hoffnungen ein gewisses Gegengewicht zu dem gesetzlichen Wesen besassen. Allein davon völlig zu befreien, vermochten sie nicht. Das Höchste, wozu die fortschrittliche messianische Partei sich aufgeschwungen hatte, war die Erwartung eines neuen Gesetzes. Ueber die Sache selbst kam man nicht hinaus. Auch wenn man das Ungenügende der geltenden gesetzlichen Ordnung fühlte, so hätte das Bedürfniss einer neuen Norm die Erkenntniss und den Besitz einer solchen noch nicht verbürgt.

Die nomistische Heilsordnung blieb also aufrecht. Der messianische Gedanke trat nur mehr an ihre Seite als eine Sache, deren Erfüllung doch wesentlich der Zukunft angehöre und von einer sinnlichen, auffälligen Umgestaltung der Dinge unzertrennbar schien. Dies galt so sehr als Hauptbefugniss des Gesalbten, dass die sittliche Erneuerung, z. B. die Busspredigt, die Bekehrung, nur mehr als ein Vorspiel, als die Sache des Vorgängers angesehen wurde.

Auf keinem anderen Punkte, wenn man von seinem Heilstod absieht, ist Jesus mit der hergebrachten messianischen Dogmatik in einen so argen Conflict gerathen, als auf diesem. Ohne dem Glauben an eine äussere Kundgebung des Reiches zu entsagen, hat er doch dadurch, dass er es in seinem innern Kern als ein geistiges und zwar als das höchste Gut erfasste, dem bisherigen geistigen Gute, nämlich dem Gesetze, einen gefährlichen Nebenbuhler erzeugt und schliesslich dieses ganz aus den Angeln gehoben. Seine messianische Verkündigung, wie sie vorliegt in der Bergpredigt, in seinen Aussprüchen über den

Sabbat, die Waschungen und so fort, ist nichts anderes als das direkte Widerspiel der pharisäischen Tugendübung,¹ und eigentlich ein «hors-d'œuvre» in dem Berufswirken des jüdischen Messias. Wenigstens führt kein direkt messianisches Motiv zu derselben und weder die Volksmenge noch selbst der Täufer haben daraus den Eindruck **messianischer** Dignität Jesu erhalten. Das war ein Messianismus neuer Art, Jesu eigenstes Werk.² Seine Reichspredigt tritt also nach ihrem positiven Inhalt nicht *neben* die gesetzliche Ordnung, dieselbe zu erfüllen und zu vervollkommnen, sondern genau genommen *an Stelle* derselben; sie bedeutet nicht Abschluss des Vorhandenen, sondern Erkenntniss eines neuen Heilsweges.³ Das **Messiaswerk** wird **Heilswerk**; es entwindet sich der **Eschatologie** und mündet ein in die **Soteriologie**.

Dies ist nun aber das kräftigste Zeugniss dafür, dass das Bewusstsein Jesu von inneren, religiösen Motiven getragen ward. Nicht nur wird aus seiner vollendeten Gotteserkenntniss begreiflich, dass er das Princip des

---

¹ Die ursprüngliche Bergpredigt, als eine Rede über den Gegensatz des alten und neuen Gesetzes, s. P. Feine, l. c p. 44 ff.; Wittichen, Jahrb. f. prot. Theol. 1873, 171 f. Als Correlat zu den Weherufen über die Pharisäer (Matth. 23) sind die Seligpreisungen erst recht zu begreifen. Zur vollen Evidenz gelangt die gegensätzliche Stellung Jesu allerdings erst durch eine eingehende Vergleichung der rabbinischen Satzungen, so z. B. über Sabbat, Ehescheidung, Schwören .... Edersheim, II, 56 f., 334 f.; Append. XVII; Wünsche, 55, 57 f., 148 f.

² An seiner **principiellen**, gefühlten, inneren Freiheit vom Gesetz ist die **Originalität** Jesu und also auch des Christenthums zu ermessen. Nicht seine **einzelnen** Gedanken sind als einzigartig nachzuweisen, wofür Parallelen sowohl in den Classikern als auch im Judenthum zu finden sind.

³ Paulus schreitet also auf der von Jesus eingeschlagenen Bahn consequent weiter, wenn für ihn der neue Glaube nicht sowohl ein Gegenstück zur jüdischen Eschatologie und Messiaslehre, als vielmehr zum pharisäischen Gesetzeswesen bedeutet Liegt seine Theologie in der Linie der von Jesu ausgegangenen Bewegung und will er selbst bei diesem in die Schule gegangen sein, so darf auch seine Originalität nicht auf Kosten des Stifters der christlichen Religion übertrieben werden.

Judenthums überwinden konnte, sondern wenn er gerade in seiner Eigenschaft als Messias dagegen reagirte, so zeigt dies mit Bestimmtheit, dass sein Messiasbewusstsein nicht nach einer äussern, geschichtlichen Norm sich richtete, sondern aus den Tiefen seines Gottesgefühls entsprang.

Excurs.

In dem zum Heilswerk sich umgestaltenden Messiaswerk Jesu lag der wirksame Entstehungsgrund des mosaischen Messiastypus (der Messias als ein anderer Gesetzgeber), von welchem die neutestamentlichen und spätere jüdische Schriften Spuren enthalten. Durch das eigenthümliche Auftreten des neuen Religionsstifters ist er veranlasst worden und kann als *vorchristlich* nicht nachgewiesen werden. In dem Streben der christlichen Schriftsteller, Jesus und Moses einander nahezurücken, sehen wir also keine Anbequemung an ein **stehendes jüdisches Messiasschema**: es ist eine messianische Legitimationsurkunde **neuer Art**, besonders von der forschenden Gemeinde ausgefertigt, der sie passte wie kaum eine zweite.

Wir halten nämlich dafür, dass in dem so verdienstvollen und anregenden Werke Gfroerer's (das Jahrhundert des Heils) die *Genesis* des mosaischen Messiasvorbildes (s. l. c. II, 1838, p. 318 ff.) nicht richtig erfasst ist. Schon aus Joh. 1, 20. 21 erhellt, das man zwischen ὁ χριστός und ὁ προφήτης unterschied: die Fragenden sind ja beide Mal dieselben; cf. Joh. 7, 40. 41. Wir verweisen aber besonders auf unsere Entwickelungsgeschichte: nach ihrem *innern* Sinn und nach dem *Höhengrade* war die Erwartung des Propheten (nach Maleachi, womit manche Deut. 18, 15 combiniren möchten) von dem aufsteigenden Messiasideal scharf gesondert. Weder die Henochschriften noch die Jubiläen lassen etwas von einer Annäherung des Messiasbildes an Moses merken. Unserer Auffassung gemäss hätte besonders die Assumptio ein Interesse gehabt, in dem Gesalbten *einen Propheten wie Moses* darzustellen: davon ist aber auch nicht die geringste Spur zu entdecken und die Deuteronomiumstelle scheint einfach auf Josua bezogen, Assumpt. 1, 5-7. Ist Joh. 6, 15 nicht bloss eine Folgerung des Evangelisten, so ist wohl denkbar, dass bei der prophetischen Erscheinung Jesu einerseits und seinem messianischen Anspruch anderseits, die Menge *momentan* den Gedanken hegen konnte.

Sind nun aber nicht in den Berichten des Josephus über Theudas (Ant. 20, 5, 1; cf. Act. 5, 36) und den Aegypter (Ant. 20, 8, 6; cf. B. J. 2, 13, 5; Act. 21, 38) Anspielungen auf die Geschichte Mosis zu erblicken? Gewiss. Aber erstens beweisen diese Notizen nichts für das *vorchristliche* Judenthum, und merkwürdigerweise wird gerade von dem älteren Galiläer Judas, der schwerer in's Gewicht fiele, nichts erzählt, das an Mose erinnerte; sodann ist wahrscheinlich, dass jene Beiden, Theudas und der Aegypter, in der Weise des erwarteten Propheten die messianische Bewegung nur einleiten wollten, worauf Gott und der Messias plötzlich eingreifen sollten; auch bestehen die Berührungspunkte durchweg nur in Aeusserlichkeiten (Wunderthaten), von einer *gesetzgebenden* Thätigkeit verlautet nichts. Es hat natürlich noch weniger zu besagen, wenn Spätere (Simon Magus, der Samaritaner Dositheus) sich für den Propheten ausgeben, oder wenn die Kirchenväter aus dem N. Test. Schlüsse ziehen auf die Erwartungen der Juden. Genau besehen beweisen alle von Gfrörer citirten Stellen nur dies, «dass in den ersten Zeiten der christlichen Kirche», wie Gfrörer selbst schreibt, p. 329, die Deuteronomiumworte auf Christum gedeutet wurden. Thatsächlich lässt auch ein Zeugniss des Origenes (bei Gfrörer, p. 327) erkennen, dass derselbe des wahren Sachverhaltes sich wohl bewusst gewesen ist, indem er bemerkt, dass Priester und Leviten den Namen nicht auf Christum bezogen, sondern wähnten, der Prophet des Moses sei ein anderes Wesen neben Christus — folglich ist die Zusammenstellung nur um so gewisser von den Christen ausgegangen.

Doch wie? Haben denn die Rabbinen den Messias nicht in einen ausführlichen Vergleich mit Moses gestellt? Es ist doch nicht denkbar, dass sie gerade dem Christenthum zu Liebe diese Saite angeschlagen haben. Nein, nicht den Christen *zu Liebe*, aber den Christen *entgegen*. Der Sinn der beiderseitigen Parallele ist ein entgegengesetzter. Während die Christen meinten, der Messias ist ein Prophet wie Moses, d. h. ein solcher, der vollen und gültigen Ersatz bringt für die alttestamentliche Ordnung, antwortete das gesetzliche Judenthum (polemisch), der Messias wird sein, wie Moses, d. h. genau derselbe, also kein neues verschiedenes Gesetz aufstellen. Die messianische Zeichnung der Rabbinen ist also vor allem eine genaue Copie der mosaischen (nicht christlichen) Geschichte: daher sie wohl oft mit dem Christenthum übereinstimmt, aber auch Züge enthält, die dem letzteren *fremd* sind. So: a) der Messias wird im *königlichen Palaste* zu Bethlehem geboren und *verborgen* (Erziehung Mosis), jer. Ber. II, 4; — b) er erscheint, verschwindet und erscheint wieder: dies Motiv erinnert an die Flucht Mosis [die Zeit des Verschwindens wird durch Combination mit Dan. 12, 11. 12 auf *45 Tage* angesetzt, Mid. Ruth 2, 4; ist also keine Copie der christlichen, vierzigtägigen Versuchung oder der 40 Tage zwischen Auferstehung und Himmelfahrt]; der talmudische Spruch ist also auch von der Flucht Jesu nach Aegypten unabhängig, welche vielmehr von den Christen gebildet worden ist, s. unten; — c) er ist der andere Retter, Erlöser (Goel), Jalk. 2, 54 c nach Ps. 72, 8; die Hauptstelle ist Mid. Koh. 1, 9: der letzte Erlöser wird dem ersten an Thaten ähnlich sein. Sowie dieser sein Weib und seine Kinder auf einen Esel setzte, so wird jener auf einem Esel reiten (mit Hinblick auf Zach. 9, 9). Wie dieser das Manna vom Himmel brachte, ebenso jener (so auch Keth. 111 b nach Ps. 72. 16). Wie dieser, wird auch jener einen wunderbaren Born hervorsprudeln lassen (nach Joel 3, 18).

Wie diese Combination der Stellen (auch bisweilen freie Auslegung, Targ. Ex. 12, 42 der Messias aus Rom, wie Moses aus der Wüste) zeigt, liegt hier eine innerjüdische Arbeit vor. Es entstand also ein jüdisches mosaisches Messiasvorbild mit polemischer Abzweckung. Was folgt nun hieraus? Dass dieser rabbinische Typus, weil nachchristlich, nicht *direkt* als *Motiv* der Entstehung solcher evangelischen Erzählungen gelten kann, welche mosaisches Gepräge tragen; immerhin hilft er begreifen, wie die mit rabbinischer Exegese vertrauten Christen schon zuvor, wenn die Verhältnisse ihnen die Zusammenstellung Jesu mit Moses nahebrachten, ähnliche Auslegung treiben mussten. Und gerade diese Verhältnisse lagen überaus günstig: denn das Auftreten Jesu und die Antithese seiner Reichspredigt gegen das mosaische Gesetz konnten nur insofern legitimirt werden, als in Jesus der Antitypus Mosis, der zweite Gesetzgeber, der Stifter der höheren Religion nachgewiesen wurde. Vergl. Eusebius, Demonst. evangel. lib. 1, 7.

Und darum haben nun die Christen sich redlich bemüht. a) Schon Stephanus (Act. 7) argumentirt aus der Geschichte

Mosis, cf. 7, 37. S. Joh. 1, 46; 3, 14; 5, 46; 6, 32 . . .
darum darf und kann der Täufer nicht mehr der Prophet sein,
1, 21. b) Vierzig (s. bes. Act. 7, 23. 30) ist eine charakteristische Zahl in der Geschichte Mosis und Jesu. c) Die 70
Jünger (Luc. 10) und die 70 Aeltesten (vielleicht auch eine
Anspielung auf die Welteroberung des Christenthums, da nach
jüdischem Dafürhalten der Völker auf Erden 70 sind: Jalk. 1,
p. 215 c Salomon schuf 70 Leuchter, weil er über 70 Völker
herrschte, s. Edersheim, II, p. 136). d) Die Verklärungsscene erweist Jesum als Nachfolger Mosis, cf. Wünsche, 201;
der Schluss der Anrede Marc. 9, 7 weicht ab von der Psalmstelle und erinnert an Deut. 18, 15; die 2 messianischen
Zeugen, Offenb. 11; der Sonnenglanz des Antlitzes, Mid. 2
Sam. 23, 4 und Ber. R. 12 nach Jud. 5, 31; auch bei Philo,
De vita Mosis III, 2. Siegfried, p. 316; Gott schafft 7 Zelte
für den Messias, Jalk. 2, p. 56 d (darauf ist die Rede von den
Schmerzen, welche der Messias ertragen müsse: ähnlich
in den Evangelien Marc. 9, 12). e) Bei diesem letzten Wunder
der Verklärung, sowie bei den Speisungsberichten glauben
wir nun allerdings, dass nicht die christliche Theologie die
Initiative ergriffen, den eigentlichen Beweggrund fand sie in
dem gewiss schon vorchristlichen Satz (s. Mich. 7, 15), dass
in den letzten Tagen die Wunder der Vorzeit und besonders
des Auszuges sich wiederholen werden, so Mechilta Jer. 16,
14, Tanch (Deut.) 99a; Mid. Ps. 108, 23. Jalk. 2, 112 b, Mid.
Koh. 1. 9. Aber gerade diese Wundererwartung bürgt ganz
und gar nicht für den Bestand eines vorchristlichen mosaischen
oder prophetischen Messiastypus, sondern passte vortrefflich
zu der gesteigerten Hoffnung (so auch die Plagen, Offenb.
16). Dass so gemischte Züge auf den einen Messias übertragen
wurden, ist bei dem bekannten synkretistischen Verfahren nicht
auffällig, vergl. Gfrörer, l. c. 438.

f) Am Meisten wurde zuletzt die Geburtsgeschichte
Jesu im Spiegel der mosaischen geschaut. Auch Keim (p. 382)
kann nicht umhin, die Hauptzüge danach zu erklären. Trotz
einiger eingestreuten, prophetischen Elemente [Bethlehem
nach Micha; Flucht nach und Rückkehr aus Aegypten nach
Hosea, vergl. hierüber Gfrörer, l. c. p. 362 f.] ist das Motiv
durchweg, dieselben den über Moses schon umlaufenden Sagen
anzupassen, s. Wünsche, p. 11 f. Josephus (Ant. 2, 9, 2 f)
weiss von einer *Prophezeiung* an Pharao über die Geburt des
Erlösers der Israeliten, von einer *Traumerscheinung* an Amram:

auch die Jubiläen sprechen wiederholt von Vätern und Müttern, welche die Zukunft ihrer Kinder voraussehen und verkündigen. Zur übernatürlichen Geburt: die Jungfräulichkeit der Mutter Mosis und die Unsündigkeit des Vaters, Sota 12 a; Jalk. 1. 51 c, s. Edersheim, I, p. 186; die leichte Entbindung der Jochabed bei Josephus, l. c.: Seligpreisung derselben, Schem. Rab. 45 [überhaupt werden die Mütter frommer Männer verherrlicht, Ap. Bar. 54, 10 (beata mater mea . . .), Luc. 11, 27. Chag. 14; die Mutter des Messias Pesikta 149 a; vergl. Offenb. 12, 1 f. 4. Esra 10, 25 f.]; mitwirkend die oben berührte, in frommen Kreisen hervortretende Scheu vor Geschlechtsverbindung. Auch hier war also der Zweck der Christen, *das von Moses Geltende zu überbieten* [nicht einen schon bestehenden, mosaischen Messiastypus zu *reproduciren*. Die jüdische Theorie, dass der Gesalbte «aus einem anderen Orte» hervorsprosse, bezieht sich auf seinen moabitischen Ursprung, nicht auf übernatürliche Geburt; cf. Weber, p. 342]. Selbst bei den anderen, eigentlich messianischen (die Stelle von Stern wird in den Targumen auf den Messias bezogen, der Messias erhält Geschenke von ägyptischen Fürsten Pes. 118 b) Elementen in der Geburtsgeschichte Jesu ist wenigstens eine entferntere Zugehörigkeit zur mosaischen Geschichte erkennbar: so der Stern, weil aus Numeri (24, 17); vielleicht auch Bethlehem, nach Genesis 35, 21 Migdal-Eder (Wachtthurm für die Herden, dazu die Hirtengeschichte Luc. 2), Targ. Mich. 4, 8; die Geschenke, weil aus Ps. 68, 32 (Aegypten).

Wir halten also unser früheres Ergebniss fest: der synagogale Messias ward reichlich mit ethischen Prädikaten ausgestattet, aber es ist unerwiesen, dass eine vorchristliche, jüdische Partei den Erwarteten als einen zweiten Moses und Gesetzgeber sich gedacht habe (die Hoffnung auf ein neues Gesetz, wenn sie vorchristlich, entspringt, wie wir oben gesehen, einer anderen Quelle; sie wird nirgends durch Deut. 18, 15 begründet). Nicht ein bestehendes jüdisches Dogma, das christliche Bewusstsein hat zur Bildung des neuen Typus hingetrieben. Verdankt er also seinen Ursprung wesentlich dem *fait accompli*, d. h. dem Auftreten Jesu, so liegt darin auch der Beweis, dass die ganze Wucht der Frohbotschaft Jesu auf das Ungenügende der jüdischen Heilsordnung zurückgefallen, dass also seine religiöse Grundauffassung differirte.

VI.

Der Leidens- und Todesgedanke Jesu.

Seine Predigt vom Reiche Gottes hat Jesus durch seinen Leidensgang und seinen Kreuzestod abgeschlossen. Wie hat er dies Leiden und diesen Tod aufgefasst? Hat er sie mit seinem messianischen Beruf in Verbindung gebracht? Was kann aus seinen diesbezüglichen Aeusserungen für seine Persönlichkeit gefolgert werden? Wenig allerdings oder gar nichts, wenn nämlich Leiden und Sterben ein blosses Accidenz im Dasein Jesu gewesen, wenn ihn die Katastrophe unversehens übereilet hat. Indessen zu solcher Auffassung bedarf es eines so radicalen Sichhinwegsetzens über die Quellenberichte, dass die Geschichte dem Subjectivismus völlig erliegen würde.[1] Und was dann? Entweder haben die Gemeinden, das heisst

---

[1] Die Todesanspielungen beim letzten Jüngermahl anerkannt bei Volkmar, Jesus Nazarenus, 1882, p. 117 f.; Holsten, Evangel. des Paulus und des Petrus, 1868, p. 176 f. Mit der Auffassung Holsten's haben wir uns am Schlusse des Kapitels im Excurs des Genauern auseinander gesetzt. — Daraus, dass etwa die Vorhersagungen über den Verrath des Judas oder die Verläugnung Petri ungeschichtliche Züge enthalten, ist nicht zu argumentiren, denn unmöglich können sie vollständig erfunden sein; als Werk der andächtigen Betrachtung könnten sie nur dann gelten, wenn ein hinreichendes (etwa messianisches) Motiv zur Erdichtung vorläge. Hingegen begreift man Zusätze und Ausschmückungen zu einem geschichtlichen Kern. Die Gestalt des Verräthers zum blossen Typus des jüdischen Wesens umzusetzen, findet auch Volkmar nicht zulässig.

doch schon die Jünger, ihren Gedanken auf den Meister zurückgetragen. Nun enthalten die Evangelien thatsächliche Erdichtungen der Jünger. So Matth. 12, 40 die nicht authentische Deutung des Jonaszeichens; Joh. 2, 19 das missverstandene Tempelwort. Aber diese Deutungen waren eben nur möglich, wenn **wirkliche** derartige Weissagungen Jesu vorlagen und allgemein anerkannt waren. Es scheitert diese Hypothese zuletzt völlig an der anderen, gewiss zuversichtlichen Angabe, dass die Jünger nur mit Mühe in die Eröffnungen Jesu über sein bevorstehendes Leiden sich finden konnten.

Oder haben sie das nur weitergestaltet, was der Meister schon angedeutet hatte? Wer wird aber glauben, dass sie dann doch ein solches Geständniss ihres Unverstandes abgelegt haben? Je mehr Belehrungen sie Jesu in den Mund legten, desto unbegreiflicher und unverzeihlicher wurde ihre Borniertheit, desto schlechter auch die Garantien für die Rechtmässigkeit ihrer Leidenstheologie! Hat hingegen Jesus die Nothwendigkeit seines Todes vorausverkündigt, so leuchtet ein, dass man sich nach der Auferstehung mit Vorliebe darauf besann, und dass wohl bei Manchem der Glaube an dieselbe dadurch an Stärke gewann. Selbst wenn der Geschichtsforscher von dem messianischen Bewusstsein Jesu absehend, sich nur auf den rationellen Standpunkt stellt, wird er es natürlich finden, dass Jesus vermöge seines Tiefblicks den unvermeidlichen Ausgang geahnt und für sich und die Seinen als Gotteswillen hingenommen hat. Treffend bemerkt Keim, dass von der damaligen Lage Jesu aus angesehen «die Todesverkündigung und nicht ihr Gegentheil die natürliche, vernünftige Rechnung war».

Am entgegengesetzten Ende steht nun die andere Ansicht, dass Leiden und Sterben des Messias ein längst anerkannter, jüdischer Glaubensartikel gewesen sei. Demnach hätte sich der tragische Ausgang gleich anfangs Jesu als eine dogmatische Nothwendigkeit aufgedrängt. Dagegen kann nun von vorn herein nicht eingewendet werden, dass er erst spät seinen Entschluss zu sterben kund gibt, weil er möglicherweise auf die Empfänglichkeit der Jünger Rücksicht nahm. Doch warum zeigen sich diese so gar untüchtig, die Mittheilungen des Meisters zu fassen, so gar unwissend in Betreff dessen, was ein Glaubenssatz ihrer Religion gewesen wäre? Selbst in späteren Zeiten erweisen sie sich noch als Neulinge: denn die apostolische Beweisführung für das Leiden des Messias verräth durch ihre unsichere Haltung, dass die Frage noch relativ neu war.[1]

Dazu kommt nun das äusserst triftige Argument, dass wir unter den messianischen Erwartungen der vorchristlichen Quellen nirgends eine Spur eines leidenden Messias antrafen und im Gegentheil ein energisches Streben nach dem gegenüberliegenden Pole der Verherrlichung wahrnehmen mussten. Und was soll man vollends dazu sagen, dass auch die berühmten jesaianischen Kapitel 52 und 53 in einer der ältesten rabbinischen Schriften, nämlich im Targum Jonathan, zwar auf den Messias bezogen, aber so paraphrasirt werden, dass eine gänzliche Verkehrung des ursprünglichen Sinnes herauskommt? Was im Propheten von der Niedrigkeit, von dem Mangel an Schöne und Ansehen des Knechtes Gottes gesagt ist, deutet der Targumist auf das Volk; das stellvertretende Leiden wird regelmässig abgeschwächt in eine Fürbitte des Messias

---

[1] Auf Jes. 53 beruft sich die apostolische Kirche auffallend selten, von den Synoptikern abgesehen, nur Act. 8, 28 f.; 13, 27 f.; 1 Petr. 2, 22 (Matth. 8, 17 ist die Beziehung eine andere), vergl. Gfrörer II, p 271. In der Leidensgeschichte wird auf andere Belegstellen reflectirt, s. zu Joh. 19, 24. 28. 36. 37; Ps. 22, 19; 69, 21; 34, 20; Zach. 12, 10.

und in Vergebung der Schuld Israels um des Gesalbten willen. Wir citiren zur Probe nur einige charakteristische Stellen aus diesem Targum. Zu Jes. 52, 14: «Wie ihn (sc. den Messias) die Israeliten schon seit lange erwarteten da ihr Ansehen unter den Nationen schwand und ihr Glanz hinweg war von den Söhnen der Menschen; so wird er viele Nationen zerstreuen. Könige werden über ihn verstummen . . . . . » Zu Jes. 53, 2 b. 3: «Sein Gesicht ist kein gewöhnliches (profanes) und sein Schrecken kein gewöhnlicher, sondern heiliger Glanz ist sein Glanz, jeder, der ihn anschaut, betrachtet ihn sehnsuchtsvoll.» Zu 7: «Als er fürbat, wurde er erhört und bevor er seinen Mund aufthat, wurde er angenommen. Die stärksten Völker wird er einem Schaflamm gleich dem Schlachten preisgeben.»[1]

Nichtsdestoweniger, da einzelne Midraschim und der Talmud in der That mit Leiden und Erniedrigung des Messias sich befassen und man in Folge dessen dem Judenthum aller Zeiten eine gleiche Erkenntniss mit Nachdruck vindicirt hat,[2] so werden wir mit dieser Frage erst dann völlig in's Reine kommen, wenn wir uns darüber Gewissheit verschaffen, wie und wann die betreffenden Sätze bei den Rabbinen Eingang gefunden haben. Man ist natürlich alsobald versucht, auf eine äussere Anregung von Seiten der Christen und namentlich auf das auch für Juden Anregende ihrer Beweisführung aus dem Alten Testament zu recurriren. So scheinen nach Justin[3] die Juden besonders auf die Jesaistellen geachtet zu haben. Allein damit operirten

---

[1] Diese Citate nach Wünsche. Vergl. auch Weber, 334 f.; Oehler, in Herzog's R E, 2. Aufl. Art. Messias, 670 f.; Hamburger, l. c. p 765 f.
[2] So Wünsche, Leiden des Messias, 1870, Leipzig.
[3] Dial. c Try. 90, cf. 68.

ja schon die Christen des ersten Jahrhunderts, ohne ihren Gegnern beikommen zu können. So gross also auch der Einfluss des Schriftbeweises gewesen sein mag, es muss noch ein Mehreres statuirt werden.

Das Studium der Rabbinen hinsichtlich ihrer messianischen Leidenstheologie führt zu einem doppelten Schluss: erstens, dass sie einem **inneren Schulprocess** entsprungen ist und zweitens dass derselbe erst **nach der Zerstörung Jerusalems** begonnen habe. Bekanntlich sollte dem Erscheinen des Messias eine für Israel bedrängnissvolle Zeit vorangehen, welche nach apokalyptischem Sprachgebrauch «die Wehen des Messias» hiess.¹ Als Wehen κατ' ἐξοχήν galt die römische Verheerung Jerusalems. Nun dachte man sich den Messias in organischer Einheit mit dem Volke und zog ihn demgemäss in Mitleidenschaft: trauert das Volk, so trauert der Messias mit, leidet das Volk, so leidet der Messias mit, fühlt Israel die Wehen der Zerstörung, so sind das auch des Messias Wehen.² So kam es, dass man nach der Tempelzerstörung «in den Wehen des Messias» bald die Zeichen der Ankunft des Gesalbten,³

---

¹ Schürer, II. p. 440; Wünsche, l. c. p. 74.

² Die organische Einheit des Messias mit dem Volk zeigt sich z. B. auch darin, dass er den Titel: «Unsere Gerechtigkeit» (Mid Ps. 21, 4) führt. Er trauert mit dem Volke über Jerusalems Fall, wie auch die Engel und Gott selber, Ap. Bar. 67. 2. 3. Nach Jalk. II. f. 56, v. 4 (Wünsche, l. c. p 81) sagt der Heilige zu dem Messias (Ephraim): es sei deine Qual gleich meiner Qual, die ich empfand damals, als Nebukadnezar der Frevler heraufzog und mein Haus zerstörte und den Tempel verbrannte und ich meine Kinder unter die Weltvölker verbannte.

³ Hiedurch erklärt sich auch die Entstehung der eigenthümlichen Idee, dass der Messias zur Zeit der Zerstörung der Tempels geboren sei, Mid. R. Lament., 16; cf. Wünsche, l. c. p. 92 Anmerk. Hier wird ganz augenscheinlich, wie der Terminus «die Wehen» zu langen Scholien Anlass gab. Der Schluss auf die Geburt des Messias war natürlich, sobald die Wehen urgirt und das Bild auf die concrete Unterlage der Geburtswehen zurückgeführt wurde, s. bes. IV. Es. 16, 39. In all dem ist der schulmässige Charakter offenbar.

bald dessen eigene Leiden und Qualen erblickte. Es fand also aus dem Grunde der engen Solidarität zwischen dem Messias und Israel eine durch den Doppelsinn des Ausdrucks begünstigte Uebertragung der Leiden des Letzteren auf den Ersteren statt.[1]

Aber nicht nur die Idee an und für sich, auch das Gewand, in welches man sie kleidete, versetzt uns deutlich in die trübe Atmosphäre, welche nach dem römischen Verwüstungswerk schwer über den einst so belebten Gefilden Palästina's lastete. Ist es nicht, als ob man so recht den Druck der Zeiten verspürte, wenn es heisst, dass die Schmerzen, mit welchen Gott den Messias beladen, gleich Mühlsteinen sind, oder dass derselbe unter ein eisernes Joch gestellt worden?[2] Ruft es nicht sogleich das saure, herbe Geschick der Juden in's Gedächtniss zurück, wenn seine Leiden mit der Bitterkeit des Essigs verglichen werden?[3] Gewiss, wenig Vorstellungen dürften deutlicher den Stempel ihres Zeitalters tragen.

---

[1] Eine verwandte Vorstellungsreihe ist folgende: der Messias wohnt auf dem Berge Zion, ja er wird selbst der grosse Berg genannt nach Zach. 4, 7; daher stehen seine Leiden in Verbindung mit der Zerstörung der Feste, Mid. Sam. 16, 1 (die Leiden des Messias und der Berg Zion. Ps. 2, 6). Diese Combination ergibt sich unseres Erachtens nothwendig aus den Citaten von Edersheim (II, p. 727) zu Jes. 52, 13. Für die Identificirung des Messias mit dem Berg ist der Vergleich der Corinthierstelle (Χριστὸς πέτρα 10, 4) interessant. Daher schreibt s.ch auch wohl der eigenthümliche Gebrauch von collis (cf. Wünsche, l. c. p 98; Gfrörer, II, 261) in der kabbalistischen Literatur.

[2] Sanh. 93 b; Mid. 1 Sam. 16, 1; cf. Edersheim, II, 724. Auch in der schon citirten Stelle Jalk. II, f. 56 ist die Rede vom eisernen Joch, von eisernen Balken, die man auf den Hals des Messias legt, s. Hamburger, l. c. II, p. 767. — Dass z B. Sanh 93 b aus Jes 11, 3 gefolgert ist, schliesst die oben bezeichnete äussere Veranlassung nicht aus, so wenig wie der andere Umstand, dass das Reden von Mühlsteinen wahrscheinlich sprichwörtlich war, Matth. 18, 6.

[3] Mid. R. Ruth 2, 14; cf. Wünsche, l c p. 72; Edersheim, II, 715. — Ueberhaupt scheint Elend und Armuth des Messias mit Rom verknüpft: an den Pforten der Stadt sitzt er unter Kranken... Sanh. 98 a. — Banden und Gefängniss des Messias, s Wünsche, l. c. p. 66 f

Die Möglichkeit der Einführung von Leidenszügen in das jüdische Messiasbild war also in den Erfahrungen des Volkes gegeben. In seinen eigenen Wehen erschloss sich ihm einigermassen die Bedeutung der messianischen: ist es doch eine constante Belehrung der Geschichte, dass gewaltige, nationale Noth eine gewisse Verinnerlichung nachzieht und haben wir solches für das Judenthum insbesondere an den Apokalypsen Esra's [1] und Baruch's beobachtet. Das Jahr 70 n. Chr. bezeichnet aber, so zu sagen, nur die erste Station am Leidenswege des Judenmessias. Sollte nicht auch er den Leidenskelch bis zur Hefe austrinken? Oder wie hätte man der Annahme eines **sterbenden** Messias entgehen können, sobald man den verhängnissvollen ersten Schritt gethan hatte. Das Schriftstudium selber trieb vorwärts.

Nun war es aber, als ob vor dieser drohenden Vernichtung das altjüdische Glanzideal mit einem Male in der ganzen ungebrochenen Kraft der Tradition wiedererwache und Protest erhebe, so dass vor der letzten und höchsten Leidensstation dem Sohne David's das Kreuz abgenommen und auf die Schultern eines andern, zweiten, niedrigen Messias, **Ephraim** oder **ben Joseph** genannt, gelegt werden musste.[2] Wie mussten sich die Rabbinen erleichtert fühlen, da es ihnen durch dieses

---

[1] Auch präludirt auf die Leiden des Messias 4 Es 7, 1-12.

[2] Das tragische Geschick des Messias, ben Joseph im Gog- und Magogkampfe nach Zach. 12, 10-12 (cf. Joh. 19, 37) ist eine spätere rabbinische Lehre aus dem 3. Jahrh. n. Ch., s Hamburger, l. c. II, p. 768. — Die älteste Auslegung von Zach. 12, 10 ging wohl auf die Klage wegen der angeborenen, sündigen Begierde, Succ. 52a. — In der Stelle Succ. 52 b lehrt allerdings der Sinn ganz deutlich, dass eine Interpolation des ben Joseph stattgefunden, s. Edersheim, II, 717, demnach muss es heissen: «der Davidide sah, dass der Messias ben Joseph getödtet werden sollte.» Aus allen andern Stellen folgt nur die Erniedrigung des Sohnes Davids, so Ber. R. Gen 49, 14. Wenn die Tödtung des Messias erst aus dem 3 Jahrh. stammt, so müssen die Leidenszüge schon früher Eingang gefunden haben.

Kunststück gelungen war, den alttestamentlichen Leidenssprüchen Gerechtigkeit widerfahren zu lassen, ohne doch dem herkömmlichen messianischen Prachtbild Abbruch zu thun! Aehnlich wie einst das Volk zur Zeit Jesu gerufen: «nicht diesen, sondern Barrabas!», so wurde es nun der Wahlspruch der Schule, den ben Joseph dem Tode zu überliefern, den Davididen aber loszulassen.

Man hat zur Erklärung des sterbenden Messias bei den Rabbinen die Frage aufgeworfen, ob nicht der Untergang Barkochba's die Juden zu diesem letzten Schritte mürbe gemacht hat? Die Rabbinen, meint man, hätten so diesen Untergang als göttliches Verhängniss gerechtfertigt.[1] Auch bezeugt Hieronymus dass die Juden jene Niederlage durch den Propheten Zacharias beleuchteten. Aber der «Lügensohn» (Bar Kosiba) galt doch als ein ganz falscher Messias.[2] Wenigstens konnte ihm nur die Verstandesrichtung der Schriftgelehrsamkeit Beifall zollen und gerade diese hat später die Lehre vom 2. Messias verworfen.[3] Der zweite Messias ist keine freie Schöpfung, auch kein importirtes Christenthum, sondern gelehrtes Machwerk nach dem Modell der Sage über Elias, den Vorgänger. Dessen Bethätigung an der messianischen Rettung stand längst fest.[4] Seine Erhebung aber zum 2. Messias wurde

---

[1] So Hamburger (l. c. p. 765).
[2] Sanh. 93 b, Edersheim, II, 724. Derenbourg, 423.
[3] So Hamburger.
[4] Mit dem Messias zusammengestellt fanden ihn die Rabbinen Zach 4, 2 14. Die Correspondenz zwischen dem 2. Messias und Elias ist durchgängig: auch Elias bringt die Zerstreuten zurück, Pseud. Jonathan Deut. 30, 4; er nimmt Theil am Gog- und Magogkampfe (Seder Olam R. c. 17) und wie Moses die erste Befreiung, so führt er die letzte herbei, vergl. Edersheim, II, Append. VIII. — Aber gerade diese Kriegsthat legte Leiden und Untergang nahe; Gen. 49, 19 wird auf Elias bezogen (Ber. R. 99); s auch Off. 11, 7 f., dazu Lactantius, Institutiones VII. 17, bei Gfrörer, II, 262. — Elias Hohepriester der messianischen Zeit, Pseud. Jon. Ex. 40, 10. Messias ben Joseph ist also der spätere Doppelgänger des grossen Propheten.

erst möglich von den messianischen Anschauungen der spätern Schule aus, als der wahre vergötterte Messias zu irdischem Kampfspiel untüchtig schien. Das treibende Motiv dieser Konstruktion war der Schluss auf einen besonderen Erlösungsakt der Zehnstämme,[1] weshalb man auch das Vorbild des grössten populärsten Propheten des Nordens gewählt hat.

Diese Auseinandersetzung über die Genesis der jüdischen Lehre verleiht den richtigen Massstab zur Beurtheilung derselben. Ihre innere Unverträglichkeit mit der christlichen springt in die Augen: das Charakteristische für den jüdischen Messias ist, dass er mit seinem Volke leidet, während der christliche sich für die Seinen dahingibt. Die Leiden des Ersteren bleiben mehr eine äussere, unwillkommene Schickung; der zweite geht freiwillig, aus innerer Ueberzeugung, zum Tode. Für die Juden ist der leidende Messias ein Aussätziger, von dem sie sich mit Widerwillen abwenden; auf dem Dorngekrönten ruhen der Christen Augen mit Wohlgefallen. Die Einen fragen, wie sie von den Schmerzen des Messias befreit werden können;[2] die Anderen wissen sich

---

[1] So Oehler, Keim, I, 591. Gfrörer, II, 261. Auch führen die Namen des 2. Messias sämmtlich auf die Nordlande: Sohn Joseph's, Ephraim's, Manasse's; dazu die Titel Jona ben Amithai aus Asser und Menahem, ben Amiel aus dem Samen Joseph's, bei Wünsche, l. c. 111 f; in der phantastischen Weiterbildung späterer Schriften: ein Sohn der Wittwe zu Sarepta Jellineck (Beth ha Midrasch III) bespricht eine Messiashagada, in der ein Messias ben Joseph aus Obergaliläa genannt wird (nach Sanh. 97). Die Idee des 2. Messias ist besonders im babylonischen Talmud ausgebildet; am Euphrat waren ja die Zehnstämme wohnhaft geblieben (Ant. 11, 5. 2). — Hinsichtlich der Entstehungszeit ist zu bemerken, dass Pseudo-Esra und Pseudo-Baruch noch nichts wissen von einem eigenen Erlöser der Zehnstämme.

[2] Sanh. 98 b. Sein Leiden wäre besser nicht; durch Gesetz und gute Werke kann es vermieden werden. Es gehört auch nicht zur eigentlichen Messiasthätigkeit. «Vielleicht verlangt man nach mir,» so spricht der Messias, «dass ich nicht aufgehalten werde (sc. durch meine Leiden), sondern öffentlich auftrete.» — Vergl. den Ausspruch:

frei durch das Kreuz. Nichts aber kennzeichnet das Widerstreben des jüdischen Geistes gegen den Leidensgedanken so sehr, als gerade die zuletzt besprochene Substitution eines an Würde geringeren Messias. Hätte das Judenthum in der That einen stellvertretenden und sühnenden Christus gekannt, so fragt man billiger Weise, warum dann nirgends im Talmud der Tod desselben mit dem Opferwesen in Verbindung gebracht wird,[1] was doch auf jüdischem Boden nach der Tempelzerstörung unstreitig so nahe gelegen hätte als auf christlichem.

Mit einem fertigen, jüdischen Dogma über die Leiden des Messias ist also im gegenwärtigen Falle schlechterdings nicht zu rechnen, und es bleibt in letzter Instanz nur die Möglichkeit bestehen, dass Jesus aus eigener Initiative die messianische Hoffnung umgebildet habe. Ist es nämlich unleugbar, wie wir oben festzustellen gesucht, dass er seine Leiden und seinen Tod voraus gewusst und bedacht hat, so ist der Ausweg ganz unzulässig, dass er dieselben ausser Beziehung gesetzt hätte, zu dem, was er war und sein wollte.[2] Nichts dürfte so bezeugt sein, als die Thatsache, dass er damit den Gedanken einer inneren, göttlichen Nothwendigkeit verband. Von dem Petrusbekenntniss ab thut er, so zu sagen, keinen Schritt, ohne unausgesetzt in irgend einer Weise

---

Sind die Juden es würdig, so kommt der Messias auf den Wolken des Himmels, wo nicht, so kommt er arm, auf einem Esel reitend. Wünsche, l. c. p. 60 cf. 70.

[1] Ganz späte Stellen bei Wünsche, l. c. 87 f. Zu der Sifresstelle (Wünsche, 65 f), s. Edersheim, I, 42 Anm. 3. Der Talmud lehrt, dass seit Aufhören der Opfer das Vorlesen der betreffenden Gesetzesvorschriften sie vollgültig ersetze. Weber, 38 f.

[2] Es wird sich in dem Kapitel über die Entwickelung Jesu zeigen, dass sogar seine offene Messiaserklärung durch die klar erkannte Leidensnothwendigkeit bedingt war. Auf jeden Fall verdient es von vornherein Beachtung, dass die erste Eröffnung Jesu hierüber gerade dann stattfindet, als die Jünger zum Glauben an eine Messianität durchgedrungen. S. auch den Excurs.

auf das bevorstehende Ereigniss hinzuweisen.¹ Er ist buchstäblich davon beherrscht und seine ganze Wirksamkeit, wie dies noch alle Synoptiker erkennen lassen, entlehnt ihre Farben diesem dunkeln Hintergrund. Darum ist es völlig undenkbar, zumal bei der tiefen Einheit seines Charakters, dass dieses gewaltige Seelendrama sich ausserhalb seines Messiasbewusstseins abgespielt habe.

Daran vermag auch der Umstand nichts zu ändern, dass Jesus seinem Tode scheinbar verschiedene Deutungen unterlegt. Allerdings haben die gemachten Erfahrungen, also **äussere** Veranlassungen, ihm den ersten Wink gegeben, und er vergleicht selbst sein Schicksal mit demjenigen anderer Propheten.² Allein dies hat niemals den Sinn einer von **aussen** an ihn herantretenden Nothwendigkeit; es ist kein Verhängniss, sondern eine frei erfasste Fügung seines Vaters. Er leidet so berufsgemäss wie er das Reich Gottes verkündigt. «Eine Taufe habe ich zu überstehen, und wie **drängt's mich**, bis sie vollbracht ist!»³ Ist es nicht das Eigenthümliche jeder religiösen Auffassung, dass sie das Aeussere in ein Inneres, Zugestandenes, Gewolltes umsetzt? So von innen heraus, wie das Leben Jesu, ist aber noch kein Zweites gelebt worden.

Wenn also Jesus sein Leiden als ein berufsmässiges,

---

¹ Marc. 8, 31 Parall.; Marc. 9, 12; Matth. 17, 12; Marc. 9, 30 Parall.; — Luc. 12, 50; 13, 31 f; cf. 17, 25; Matth. 23, 29 ff.; — Marc. 10, 32 ff. Parall.; Marc. 10, 39. 45; Matth. 20, 23. 28; Marc. 12, 1 ff. Parall.; Marc 14, 7. 8; Matth 26, 11. 12; Marc. 14, 21 f. Parall., Marc. 14, 27, Matth. 26, 31; Luc. 22, 37; cf. Marc. 2, 20 Parall. — Dazu die Betrachtungen über Verleugnung, Verlust und Gewinn des Lebens, Kreuztragen, Selbsterniedrigung u. s. w., auch die Klagen über Unempfänglichkeit, Weigerung der Geladenen, u s. w.

² So Marc. 9, 12; Matth. 17, 12; Marc. 12, 1 ff. Parall.; Luc. 13, 34. 35; Matth. 23, 29 ff.

³ Luc. 12, 50. Vergl. Marc. 10, 32 das προάγων.

eigentlich messianisches auffasste, so ist es nicht annehmbar, dass er es ausser Beziehung zu seiner Jüngerschaft gesetzt habe. Seine Anschauung ist durchgehends die, dass er für die Seinen leidet. In der neuen Schätzung des freiwillig dahingegebenen Lebens, die er den Seinen durch sein eigenes Beispiel eröffnet, in dieser Erkenntniss, die ihnen zu Gute kommen soll,¹ klingt das ὑπὲρ πολλῶν des Bundesmahles schon an. Sowohl die Idee «des Lösegeldes an Stelle Vieler»² als auch diejenige «des für Viele vergossenen Bundesblutes»³ sind nur durch das Alte Testament nahegelegte Varianten des einen Grundgedankens, nicht unterschiedene Stufen, die Jesus nach und nach erklommen hätte.⁴ Unter einen einheitlichen

---

¹ Marc. 8, 34-38.

² Ueber den Sinn dieser Stelle, s. Wendt, II, Lehre Jesu, p. 510 ff.

³ Der Tod der Gerechten sühnt nach jüdischer Lehre, s. Weber, p. 314; Wünsche, p. 20. Solche Aufstellungen begünstigte das sinkende Ansehen des Opfer eseus, s. p. 46 f.; die Rabbinen kennen eine Sühne durch Tod (nach Jes. 22, 14) und durch Strafleiden (nach Psalm 89, 34), so Mechilta 76 a. — Zu Marc. 10, 39; cf. 14, 23, Luc. 22, 20 (der Leidenskelch) vergl. Ber. R. 88 die Kelche des Heiles nach Ps. 16, 5; 116, 13.

⁴ So Keim. Aber bei dem persönlichen Leiden ist das mittheilsame nicht abwesend und auch zuletzt ist das persönliche nicht verschwunden, da bei dem Opfertode nicht der äussere Akt, sondern die Absicht Jesu die Hauptsache bleibt. Noch in Gethsemane (Luc. 22, 37) wird die vorwiegend persönliche Note laut. — Umgekehrt dürfen die Abendmahlsworte nicht als Gedanken «des Augenblicks» gedeutet werden (Holsten), höchstens kann gesagt werden, dass der Gedanke Jesu momentan diese oder jene Form annimmt. S. den nachstehenden Excurs Auch nach Paulus (1 Cor. 11) hat Jesus eine Absicht auf seinen Heilstod in's Abendmahl gelegt, s. bes. Lobstein, Doctrine de la S. Cène, p. 117. — Was man Alles an der Abendmahlsscene (in Hinsicht der Genauigkeit des Berichtes oder der allzu grossen Reife der Idee) aussetzen kann, zeigt wieder J. A. M. Meusiga, Opfertod und Auferstehung Jesu, in Zeit. wiss. Th. 1891, p 257 f. In den Einsetzungsworten reflectire sich das spätere Dogma Das Stillschweigen des 4. Evgl. sei eine bedenkliche Kritik der Abendmahlstradition. Wahrscheinlich würde der ganze Bericht für eine Fiction ausgegeben, wenn nicht Paulus gerade hier so starke Stütze böte Aber dafür muss er es auch hinnehmen, dass seine Aussage 1 Cor. 11, 23 «sehr sonderbar» gefunden wird.

Gesichtspunkt also — und das ist für uns die Hauptsache — lassen sich diese mit einander abwechselnden Deutungen, die Jesus von seinem Tode gibt, leicht bringen, wenn sie aus seinem Messiasbewusstsein hergeleitet werden.

Auf diesem Gebiete liegt also eine völlige Umbildung der herkömmlichen messianischen Erwartung vor. Der Entschluss Jesu, zu leiden und zu sterben, der in keinerlei äusseren Veranlassung hinreichend begründet ist, zeugt laut dafür, dass für sein messianisches Berufswerk sowie für seine Person der innerlich erfasste Gotteswille der eigentlich bestimmende Massstab gewesen ist.

Excurs.

Die obige, in der ersten Auflage mit Ausnahme von formellen Aenderungen gleichlautende Ausführung über den Leidens- und Todesgedanken Jesu hat Holsten (p. 76) eine schiefe und irreführende genannt. Es dürfte uns nicht leicht fallen, eine Verständigung mit ihm zu erzielen, weil der Grund der abweichenden Resultate tiefer liegt. Ausgangspunkt und Methode der Behandlung sind verschieden. Ein erneutes Studium seiner Darstellung in seinem lehrreichen Werke «Zum Evangelium des Paulus und des Petrus»[1] und in seinen neuesten mehrfach erwähnten «Biblisch theologischen Studien»[2] hat uns des wirklich historischen, quellenmässigen Rechtes seiner Auffassung nicht überzeugen können.

Holsten hat in sehr scharfsinniger Weise (p. 196 ff.) zwischen der modernen, causalen, durch Gegensätze bedingten Weltanschauung und der jüdischen teleologischen theistischen Betrachtung unterschieden. Er hat auch die letztere in ihrem Einfluss auf die Apostel und deren Beurtheilung des Todes Jesu

---

[1] p. 137 ff. Die Seitenanführungen im Excurs beziehen sich meist auf dieses Werk.

[2] S. Zeit. wiss. theol. 1890 p. 129 f. und bes. 1891 p. 1-79.

wohl zu würdigen gewusst, hingegen in ihrer Anwendung auf die Person Jesu und auf die Art, wie er selbst das ihm bevorstehende Leiden und Sterben deutete, in ganz unbegreiflicher Weise ausser Wirkung gesetzt. Schwerlich hätte er sonst in dem Masse wie er es thut, und mit einer fast peinlichen Sorgfalt die dogmatisch religiöse Leidensbetrachtung von Jesu Bewusstsein fernzuhalten gesucht und alles auf eine historisch-religiöse Reflexion beschränkt. Sobald sich Jesus einmal den Titel Menschensohn beilegt, d. h. nach Holsten, sich als den Messiaspropheten erkennt, so weiss er auch, dass er, wie die Propheten vor ihm, von der Feindschaft der Welt zu leiden haben wird.

Man müsste hier zunächst fragen, da auch Holsten den Daniel'schen Ursprung des υἱὸς ἀνθρώπου annimmt, ob diese Herabstimmung des Titels auf einen Messiaspropheten, der von Leiden gedrückt wird, die Entlehnung desselben von Seiten Jesu nicht sehr unnatürlich scheinen lässt, da er dem ursprünglichen Sinn des Wortes so viel Fremdes (nicht nur Leiden, sondern auch creatürliches Wesen) hineinlegen musste. Doch können wir erst bei der Erörterung über die Selbstbezeichnungen Jesu diese Ansicht Holsten's einer genaueren Prüfung unterwerfen.

Wann und wie auch immer die Idee des Leidens in das Bewusstsein Jesu Eingang gefunden hat, so zeugt es von einer gründlichen Verkennung dessen, was sein messianisches Selbstbewusstsein zu sagen hat, wenn man sich einzureden vermag, dass das immer näher rückende Leiden und Sterben ihn nicht anders als ein unvermeidliches Moment des Schicksalswillens Gottes berührte. Von der Stunde an, 'a er mit messianischem Bewusstsein aus dem Taufbad hervorgeht, ist seine innerste Ueberzeugung die, dass er sein Volk zu erretten, zu erlösen hat, dass all sein Thun und Lassen darauf gerichtet sein muss: ein messianisches Bewusstsein oder Leben ist in keinem Augenblick zu denken ohne diese Beziehung auf die Andern. Wie sollte das, was in eines Menschen Leben die tiefsten Spuren zurücklässt, nämlich Leiden und Sterben, für die Hauptaufgabe Jesu, für seinen Lebensberuf secundär geblieben sein? Es ist psychologisch unmöglich, dass sich die hartnäckig wiederkehrenden Leidensgedanken nur in der Peripherie seines Bewusstseins ansetzten; trafen sie ihn aber im Herzpunkt, so haben sie sein messianisches Selbstbewusstsein durchdrungen. Mag auch zunächst der Gedanke des tragischen Endes wie eine Katastrophe in das Bewusstsein Jesu hineingezündet haben, das war momentan. Ja mit Umkehrung dessen, was Holsten von den auch ihm unzweifelhaften Stellen dogmatischer Reflexion Jesu auf seinen Tod sagt: es waren «Gedanken des Augenblicks», möchten wir im Gegentheil von diesem anfänglichen Innewerden seines persönlichen Schicksals behaupten: es war nur der momentane Anstoss zur messianischen Vertiefung. So lange die Reflexion Jesu noch auf dieser ersten Stufe verharrte, so war es so zu sagen noch kein eigentliches Element seines vollen messianischen Bewusstseins, es war ihm nur äusserlich aufgedrückt, etwas von aussen herkommendes, das er erleiden musste. Bei einem solchen unverstandenen Schicksalswillen Gottes hätten wir aber gewiss nimmermehr ein solches Bild des leidenden und sterbenden Christus erhalten, wie es die Schlusskapitel der Synoptiker darstellen. Aber wie jede Erfahrung, so hat er auch diese alsobald derart mit seinem messianischen Bewusstsein verschmolzen, dass er sie in Beziehung zu seinem Heilswerk brachte. Allerdings haben sich die Jünger erst spät in diesen Gedanken gefunden, allein aus ihrem Bewusstseinsinhalt oder -vermögen darf hier nicht argumentirt werden, wenn doch Jesu messianisches Bewusstsein als einzigartiges gelten muss.

Vielleicht wird jetzt auch Holsten zugeben, dass wir hier Jesus ganz theistisch teleologisch denken lassen, vielleicht für seinen Geschmack nur zu sehr. Er hätte aber doch aus unserer ganzen Untersuchung von A bis Z den Eindruck gewinnen müssen, dass unsere Konstruktion der Bildung und Entwickelung des Selbstbewusstseins Jesu allein nur auf dem Grund seines religiösen und teleologischen Denkens ruhte. Womit haben wir es also verdient, dass er uns beschuldigt, Jesus wie eine irreligiöse Persönlichkeit des 19. Jahrh. zu betrachten, die von causaler Weltanschauung erfüllt ist? Da traut man doch seinen Augen kaum. Und dies alles bloss darum, weil wir die Bemerkung Keim's, dass von der damaligen Lage Jesu aus angesehen «die Todesverkündigung die natürliche und vernünftige Rechnung war», als eine treffende bezeichnet haben. Hat denn Holsten nicht gesehen, dass dieser Satz im Zusammenhang unserer dortigen Argumentation gegen die rationalistische Auffassung des Todes Jesu, also vom Standpunkte des Gegners aus, gesprochen ist? Es heisst doch für jeden, der nachdenkt, nichts anders, als dass schon eine rein rationelle Geschichtsforschung Grund habe, Jesu ein Vorwissen des Ausgangs zuzuschreiben.

Bei der Besprechung der apostolischen Leidenstheologie versucht Holsten zu zeigen, wie die dogmatische Auffassung des Todes Jesu sich mit Nothwendigkeit bei den Jüngern ausbilden musste. «Denn nur durch die heilsökonomische Anschauung konnte das Aergerniss und das Räthsel des Kreuzestodes einem jüdisch theistischen Bewusstsein wahrhaft gelöst werden.» (p. 150.) Gilt das aber nicht noch in höherem Masse von Jesu selbst? Oder hatte er nicht auch jüdisch theistisches Bewusstsein? Bedurfte er etwa keiner Lösung? Oder konnte er sich mit geringerer Klarheit zufrieden geben? Wenn schon für die Jünger das Leiden und Sterben des Messias ein qualvolles Räthsel war, um wie viel mehr für den Messias? Die historisch religiöse Reflexion gewährte Jesu doch nur dann wahrhaft Ruhe, wenn er erkannte, dass das Leiden für ihn, nicht wie für jeden Anderen, sondern in seiner Stellung und in seinem Berufe als Messias göttliche Fügung sei: davon war aber der Gedanke, dass dies Leiden seinem Berufe, somit den Menschen, zu Gute käme, ganz unzertrennlich, mit anderen Worten, was Holsten die dogmatisch religiöse Betrachtung nennt, ist zwar nicht für die Jünger, aber für das Messiasbewusstsein in der ersteren enthalten. Darum ist diese Distinction auf die Person Jesu angewandt eine ganz unglückliche und es ist Keim mit nichten übel zu nehmen, dass er sie nicht gemacht hat. Wenn der dialektisch geschulte Theologe Jesu solche bewusste Unterschiede der Betrachtung zumuthet, dass er bald an einen «Schicksalswillen» (!), bald wieder an einen Heilswillen Gottes glaubte, so wird sich der Historiker zur Anwendung dieses Massstabes um so weniger berechtigt fühlen, als sie die Einheit der Person Jesu gefährdet.

Es ist aber auch höchst zweifelhaft, dass die apostolische Zeit für die erwähnte Distinction ein Verständniss gehabt oder dass sie es als ein Entweder-Oder empfunden habe. Holsten gibt zu, dass das Prinzip des paulinischen Evangeliums, der Heilstod Jesu, «durchaus in innerjüdischen Vorstellungen und in der Weltanschauung des A. T. wurzelte», ja, dass auch die Urapostel die heilsökonomische Anschauung vom Tode Christi (p. 143) theilten. Was sie von Paulus trennt, ist doch nur das Eine, dass sie die Consequenzen daraus nicht gezogen haben, vielmehr das jüdische Heilsprinzip beibehielten. Darum kann allerdings der consequent denkende Paulus dem Collegen sein Χριστὸς δωρεὰν ἀπέθανεν entgegenhalten, aber darum ist es auch ebenso gewiss, dass Petrus das nicht als seine Ansicht gelten lasst. Ja, der Vorwurf Pauli ist nur darum so wuchtig, weil er eine conclusio ad absurdum darstellt, d. h. eine Folgerung zieht, die auch der andern Partei durchaus unzulässig erscheint.

Es ist ferner ganz begreiflich, dass in den Reden der Apostelgeschichte das Hauptgewicht auf die Auferstehung fällt, der Tod Jesu hingegen meist nur als eine Verschuldung der Menschen dargestellt wird. Denn diese Reden sind vor ungläubigen Juden zum Zweck der Mission gehalten, während die paulinischen Episteln an die gläubigen Gemeinden gerichtet sind. Der feindlichen Welt gegenüber war die Auferstehung zunächst die stärkste Waffe der Christen. Der Missionsvortrag knüpft am besten an die Geschichte an, zumal in Jerusalem, wo die heilige Geschichte sich abgespielt hatte; im Lichte der Geschichte betrachtet, konnte der Tod Christi zunächst nicht anders dargestellt werden, als es von den Aposteln geschehen ist. Diese Darstellungsweise ist also durch Zeit, Ort und Zuhörer bestimmt, praktisch bedingt, womit am allerwenigsten bewiesen ist, dass das Bewusstsein der Apostel eine tiefer gehende Betrachtung ausschloss oder auch nur als Gegensatz empfunden hätte. Der Widerspruch liegt viel mehr in unserem theologisch gebildeten Bewusstsein als in dem der Urapostel.

Was für den Theoretiker Widerspruch heisst, ist es nicht immer für den handelnden oder religiös denkenden Christen. Keine Logik der Welt hindert diesen daran, Christum jetzt durch die Hände Gottloser (διὰ χειρῶν ἀνόμων Act. 2₂₃) und dann durch die Hand Gottes (ἡ χείρ σου 4₂₈) sterben zu lassen. Wenn er aber etwas als Widerspruch empfinden würde, so wäre es wohl das, dass er den Kreuzestod Christi als den vorherbestimmten und durch den Mund aller Propheten vorherverkündeten Gotteswillen begreifen müsse (Act. 3₁₈ u. Holsten, l. c. p. 146) und dann doch nur für «ein Accidens des messianischen Heilswerkes» (ibid. p. 148) halten könne. Vielleicht wird man sich beruhigen dürfen durch das Zeugniss des in solchen Fragen scharfblickenden Paulus, dass seine und der andern Apostel gemeinsame Lehre gewesen, ὅτι Χριστὸς ἀπέθανεν ὑπὲρ τῶν ἁμαρτιῶν ἡμῶν κατὰ τὰς γραφάς (1 Cor. 15₃. ₁₁. vgl. a. Act. 4₁₂. 10₄₃.)

Es hängt wiederum mit der eigenthümlichen Interpretation, die Holsten vom υἱὸς ἀνθρώπου gibt, zusammen, dass er eine ganz unnatürliche Scheidung zwischen den Leiden und dem Tode des Messias befürwortet. Wenn wir unter diesen Leiden nur die allgemein menschliche Leidensnothwendigkeit verstehen sollen, so wie sie Jedem und auch dem Messias in seinem Berufe entgegentritt und wie sie Jesus z. B. in seiner Aussendungsrede betont, dann hat Jesus dieselbe, wie Wendt (II, p. 506) mit Recht hervorhebt, schon seit seinem ersten Eintritt in sein Berufswirken erfahren. Ja, davon wusste er schon aus Anderer Erfahrungen. Diese Unterscheidung aber hat hier kein Interesse für uns und ist ein ganz überflüssiges Beiwerk.

Sind hingegen die Leiden im besonderen Sinne, wie sie Jesus seit Caesarea verkündigt, gemeint, so sind sie vom Tode gar nicht zu trennen, ohne den Tod gar nicht zu verstehen: es sind geradezu die Leiden des Todes. Wenn Holsten diese Todesleiden im besonderen messianisch dogmatischen Sinne von der persönlichen Leidensschule nicht zu unterscheiden vermag, so haben die evangelischen Berichterstatter dafür ein feineres Verständniss gehabt. Von dem besonderen Zeitpunkt, da Jesus begann, diese Saite anzuschlagen, weiss Marcus: καὶ ἤρξατο (8_{31}) und noch ausdrücklicher Matthäus (16_{21}) ἀπὸ τότε ἤρξατο. Nach Holsten's Theorie hingegen hätte Jesus auch «von da ab» nichts anderes gelehrt als er schon früher gethan hatte. Und doch zeigt die synoptische Berichterstattung deutlich, was noch im letzten Kapitel nachgewiesen wird, dass um diese Zeit ein **Neues** in den Horizont Jesu eingetreten ist. Das Leiden, das er nun auf sich nahm, bedeutet eine völlig neue Orientirung seiner Wirksamkeit. Es war eine messianische Neugeburt. Daher redet er jetzt von einer zweiten Taufe in Erinnerung an jene Taufe am Jordan, wo zuerst sein messianisches Bewusstsein geboren ward: «Ich muss mit einer Taufe getauft werden.» (Luc. 12_{49}). Und es spricht weiter für den Parallelismus der beiden Situationen, dass Jesus beidemal die gegnerischen Versuche seine **neue** bessere Einsicht zu durchkreuzen, mit dem ganz identischen Satze abweist: ὕπαγε ὀπίσω μου, σατανᾶ. (Matth. 4_{10}, 16_{23}.) Diese gleiche Formulirung der entschiedenen Ablehnung aller jüdischer Vorurtheile ist nicht der geringste Beweis dafür, dass wir mit Matth. 16 wieder an eine neue Stufe der messianischen Entwickelung Jesu gelangt sind.

Wie nun diese deutlichen Winke der Synoptiker von Holsten unbeachtet bleiben, so werden umgekehrt, damit das temperirte messianische Leiden zu Recht bestehe, die evangelischen Berichte auf diesen Messias reducirten Massstabes zugeschnitten. Der eigentliche unausgesprochene Zweck der Unterscheidung Holsten's zwischen dem blossen Leiden und dem

Tode des Messias geht dahin, die Todesverkündigungen nach Vermögen zu beschränken, den Todesmoment gleichsam zu isoliren, um demselben so seine Bedeutung zu nehmen. Demgemäss operirt er zunächst gegen die dreimalige Todesverkündigung Jesu nach der Scene zu Caesarea auf Grund des Widerspruches, dass die Evangelien das Leiden und Sterben des Messias bald von der dogmatisch religiösen, bald von der historisch religiösen Seite betrachten. Für diese Widersprüche gibt es eine Radikalkur: die Behauptung der Ungeschicklichkeit dieser messianischen Leidensverkündigungen. Freilich sieht dies aus wie ein dogmatischer Gewaltsstreich. Aber werden dogmatische Sätze nicht am besten durch dogmatische Behauptung todtgeschlagen? Man müsste schon der historischen Kritik den Vorzug geben, welche die Widersprüche, insofern sie vorhanden, anerkennt, und durch Zurückgehen auf die Zeitvorstellungen zu erklären sucht, wie wir im vorliegenden Fall zu zeigen versucht haben, dass beide Linien im messianischen Bewusstsein Jesu zusammenfallen.

Doch Holsten bringt noch andere, kritisch solidere Argumente vor: jene Todesprophezeiungen sind unauflöslich verbunden mit der Verheissung der Auferstehung und zwar einer Auferstehung am dritten Tage. Soll Das auch geschichtlich sein? Oder soll die Menschlichkeit Jesu gar nicht mehr ernst genommen werden? Gewiss hat Holsten Recht, wenn er in Tod und Auferstehung correlate Begriffe sieht. Und doch zweifeln wir daran, dass gerade diese zwei Gedanken in jenen Stunden im Vordergrund des Bewusstseins Jesu standen. Vielmehr waren es Tod und Parusie. Auf diese letztere weist er die Seinen gleich nach der ersten Leidensverkündigung und zwar in einem Zusammenhang, wo er ausdrücklich von Vergeltung für erduldetes Leiden handelt. (Matth. 16$_{27, 28}$.) Und so oft auch die Auferstehung nachher erwähnt wird, es geschieht in knappen Worten; bei dem Gedanke der Parusie verweilt Jesus mit Vorliebe; sie erleuchtet den dunkeln Hintergrund jener Tage. Beweist das nicht hinlänglich, dass die Auferstehung keine Hauptrolle in Jesu Gedanke spielt? Natürlich, sobald er Tod und Parusie in's Auge fasste, musste er sich nothwendig eine Auferstehung dazu denken; aber nur als solche Zwischenstufe hat sie Bedeutung für ihn. In der Trilogie Tod, Auferstehung, Parusie ist das Zweite nur Bindeglied.

In ihrer wahren Bedeutung für Jesus, für sein Denken und für das seiner Zuhörer wird die Auferstehung erst dann richtig gewürdigt, wenn man sich vergegenwärtigt, dass sie vor der andern grossartigen Hoffnung der Rückkehr auf den Wolken des Himmels ganz erblasste. Anders lernten sie die Jünger später schätzen, da sie eine schon vollendete Thatsache war, während die Parusie noch ein todter Buchstabe blieb. Von Seiten der Aussagen über die Auferstehung sind die Todesprophezeiungen so lange nicht anzutasten, als man die Parusieverheissungen Jesu nicht aus der Welt geschafft hat. Es hilft nichts einzuwenden, dass Jesus seine Auferstehung nicht vorhersagen konnte, wenn man doch die Parusieverheissungen des Sterbenden nicht leugnen kann. Wusste er aber, dass ein Wiederkommen ohne Auferstehung unmöglich sei, warum soll er nicht auch diese angedeutet haben?[1] Die Auferstehung am dritten Tage endlich ist zu erklären nach Hosea 6, 2.[2]

Wenn sodann Holsten die schon von Keim angeführten geschichtlichen Motive für die Entstehung des Todesgedankens nicht als hinreichend anerkennt und dafürhält, dass zwingende Motive für ihn erst dann eintraten, «wenn er am Ausgange seiner Wirksamkeit sich sah, ohne dass die göttliche Aktivität das Himmelreich gebracht hatte» (p. 188f.), so verkennt er wiederum einen Hauptgrundsatz der jüdisch messianischen Dogmatik, dass nämlich der Eintritt des Himmelreiches nicht erst für den Ausgang, sondern für das Auftreten des Messias erwartet wurde. Wie dies Ausbleiben von Anfang an Bedenken in Jesu Seele wachgerufen hatte, und wie sich endlich die letzten Räthsel lösten durch Eingehen in Tod und Parusie, glauben wir klar genug dargelegt zu haben.

Hier erheben sich aber neue Bedenken. Wenn Jesus seit dem Ende seiner galiläischen Wirksamkeit sich in die Leidenstheologie vertiefte, warum hat er dann die Tragweite seines Todesgedankens, so wie er ihn erfasst hat, seinen Jüngern nicht erläutert, warum begnügt er sich mit nackten Hinweisungen auf das Bevorstehende? Man antworte Holsten nicht mit dem, was die Texte selbst an die Hand geben, dass sich die Jünger in diese Vorstellung eines sterbenden Messias nicht finden konnten, dass Jesus in Erinnerung daran, wie schwer er selbst

---

[1] Vergl. auch Colani, Jés. Chr. p. 164. Weiszäcker, Untersuchungen, p. 569.
[2] S. Wünsche, Neue Beit. p. 197.

sich zum Licht durchgearbeitet hatte, den Seinen in pädagogischer Weisheit nur so viel zuführte, als ihnen jetzt zuträglich war. Denn Holsten weiss wohl, dass das nicht der Wirklichkeit entspricht. Man sage auch nicht, dass Jesus das geeignete Unterrichtsmittel, die Belehrung aus dem A. T., nicht vernachlässigt, dass er seine Jünger ausdrücklich auf einzelne frappante Stellen, auf Jesaias (Luc. 22,37 καὶ μετὰ ἀνόμων ἐλογίσθη über die Authentie, s. Wendt, Leben Jesu, I. p. 172 f.), auf die Psalmen (Luc. 20,7) hingewiesen hat, dass darum, wie Nösgen nicht mit Unrecht hervorhebt, diese Gedanken schon längst zuvor für ihn selbst bedeutsam geworden waren; denn für Holsten steht fest, dass die entscheidenden neuen Gedankenprocesse, welche die Todesidee nothwendig hervorgerufen hätte, Jesu selbst fremd geblieben sind. Merkwürdig klingt es dann allerdings, dass sie doch «schon in dem von der gewissen Ahnung seines Todes erfüllten Bewusstsein des noch lebenden Jesus erwachten». (p. 189). Doch das hat nichts zu sagen Die diesbezüglichen Aussprüche Jesu sind für den Geschmack Holsten's zu spärlich und sie kommen zu spät. So soll z. B. Jesus nach Matthäus erst in Jerusalem über seinen Tod als die Erfüllung der heiligen Schriften geredet haben. Zwar wird wohl das δεῖ αὐτὸν παθεῖν (Matth. 16,21) in keinem andern Sinn als von der Schriftnothwendigkeit verstanden werden können, und beim Herabsteigen vom Berge der Verklärung spricht Jesus die überaus significanten Worte: πῶς γέγραπται ἐπὶ τὸν υἱὸν τοῦ ἀνθρώπου ἵνα πολλὰ πάθῃ καὶ ἐξουθενηθῇ; Mc. 9,12. Aber jene Stelle ist ja für unächt erklärt worden und diese steht in dieser Form nur bei Marcus. So macht man sich das Geschäft der Kritik leicht: man schafft das weg, was unbequem ist und klagt dann, dass nur so wenig bleibt.

Doch hat auch Holsten zwei Steine des Anstosses nicht zu entfernen vermocht: das Wort von λύτρον und die Todeserklärungen beim Abendmahl. Was hilft also der ganze Feldzug gegen die dogmatischen Leidensaussagen, wenn diese beiden Festen stehen bleiben? Es heisst einen ganz verzweifelten Ausweg suchen, wenn man die beim Abendmahl, d. h. bei einer so feierlichen Gelegenheit, nach welcher Jesus sich längst gesehnt und die er schon äusserlich mit aller Sorgfalt vorbereitet hatte, gesprochenen Worte als Gedanken des Augenblickes zu entwerthen unternimmt. Im Grunde kommt alles, was Holsten vorbringt, um sich aus dem bösen Handel zu ziehen, darauf hinaus: Jesus hat zu spät, zu wenig, nicht ausdrücklich genug von seinem Sterben geredet, dass man berechtigt wäre, aus solchen Worten sein bleibendes Bewusstsein herauszulesen. Da hat Nösgen doch nicht so ganz Unrecht, wenn er von einer nur die Worte zählenden Kritik redet.

Diese Achtung, welche Holsten den quantitativen Grössen zollt, hindert ihn aber nicht, bisweilen auch einem einzelnen Ausspruch, wenn er nur seiner Dialektik entgegenkommt, ein ganz übertriebenes Gewicht beizulegen. So soll das Gebet in Gethsemane ganz unwiderleglich dafür zeugen, dass die Nothwendigkeit des Todes noch kein feststehendes Moment im Bewusstsein Jesu gewesen sei, da ihm sonst die Worte «ist es möglich, so gehe dieser Kelch von mir» nicht entschlüpfen durften. Wollte man Holsten mit seinen eigenen Waffen schlagen, so würde man gewiss hier, da es sich um ein in der Einsamkeit gesprochenes Gebet handelt, viel eher von momentaner Stimmung reden dürfen als beim Abendmahl. Indessen, wir hatten schon in unserer ersten Auflage bemerkt, dass, wie auch dieses Gebet in Gethsemane beweise, die Erkenntniss Jesu von dem messianischen Leidensberufe nicht auf eine unumgängliche, metaphysische Nothwendigkeit zurückgeführt werden dürfe. Dies weiss Holsten nur von seinem logisch dialektischen Standpunkt aus zu werthen und fragt: «was ist eine umgängliche Nothwendigkeit, als ja und nein zu gleicher Zeit?!» Nun ist unsere Ansicht gerade die, dass Jesus sich seinen Tod nicht wie ein scholastiker Theologe überlegt und einem Systeme angepasst hat. Und wenn er einmal die Nothwendigkeit eingesehen hatte, als Messias zu leiden und zu sterben, so brauchte darum die Ausführung mit der Idee nicht gleichen Schritt zu halten. Das kommt überhaupt nur am Schreibtisch der Gelehrten und in ihrer Phantasie vor, dass ein klar erfasster Gedanke auch so rein in die Wirklichkeit übergehe.

Es ist noch ein ganz Anderes, über eines Anderen Tod mit nüchternem Sinne, von metaphysischem Gesichtspunkte aus zu reflectiren — und für sich und an sich selbst im Kampfe mit der eigenen Sinnlichkeit die Nothwendigkeit des Todes zu erfahren. Dies Letztere geht allerdings nicht von Statten ohne dass der sinnliche Mensch rebellirt. Metaphysik treibt Keiner mit seinem eigenen Fleisch und Blut. Damit dürfte auch der Ausruf Jesu am Kreuze Matth. 27,$_{46}$ seine Erledigung finden. Wir freuen uns also des Zeugnisses Holsten's, dass das «ja und nein» in unserer Zeichnung der Person Jesu hervortritt, denn es ist ein

Beweis zwar nicht ihrer logischen Korrektheit, aber ihrer dem Leben entnommenen Wahrheit. Wenn sich Holsten bei der tiefwahren Bemerkung Keim's, «dass die Leidensidee Jesu kam als eine Bewusstseinsstufe, welche eine andere ablöste, ohne sie gänzlich aufzulösen», nicht beruhigen kann (s. p. 191, Anm.), so dürfte ihm das Schauspiel des Lebens ringsum manche Ueberraschungen darbieten. Denn es gibt keine Lebensstufe weder in der physischen noch in der geistigen Welt, die völlig von der anderen aufgelöst würde. Sollen wir es an einem ganz trivialen Beispiele beweisen, das für das Geistesleben typisch scheinen kann? Elektricität hat Gas, Gas hat Oellicht u. so fort abgelöst, und man braucht nur die Augen zu öffnen, um zu erkennen dass jede frühere Stufe Spuren unter uns zurückgelassen hat.

Insofern Jesus im vollen Leben drinstand, ist es zu verstehen, dass er überhaupt sein Leiden und Sterben nicht d o g m a t i s c h fixirt hat, dass seine diesbezüglichen Aussagen keinen d o g m a t i s c h e n Zuschnitt tragen. Gerade in den verschiedenen Wendungen seiner Rede gibt sich die Freiheit des r e i n r e l i g i ö s e n Gedankens kund. Darum ist es nicht am Platze für das Bewusstsein Jesu weder von einer h i s t o r i s c h r e l i g i ö s e n noch von einer d o g m a t i s c h r e l i g i ö s e n Betrachtung zu reden, was auch Weiss mit Recht eine moderne Fiction genannt hat. Auf die historische Persönlichkeit Jesu passt nur eine Aussage, dass er in gläubiger Hinnahme des vom Vater über ihn Verfügten in Leiden und Tod eine messianische Aufgabe im höchsten Sinne des Wortes erkannt hat.

Dieses messianische Leiden im vollen Sinne des Wortes hat Holsten dadurch entwerthet, dass er von vorn herein einen niederen Messiastypus construirt. Trotz des hochgestimmten Menschensohnes Daniels, an welchem sich Jesus doch heranbilden soll, erkennt er sich zunächst in dem Spiegel des schwachen Menschensohnes, über den das Leidenslos wie über alle Sterblichen verhängt ist. Damit hat Holsten die Weltgeschichte um das gewaltigste Seelendrama gebracht, das sich je in derselben abgespielt hat. Er hat es Keim vorgeworfen, dass ihm «der ungeheure Unterschied zwischen dem Tode eines Propheten des Messias und des Messias selber» entgangen sei (s. l. c. p. 188). Aber ist nicht ihm selbst entgangen, wie u n g e h e u e r weit sein Messiasprophet mit all seinem Ungemach zurücksteht hinter dem unvergleichlichen himmlischen Menschensohne, der berufsmässig mit furchtbarem Ernst in die finstere Todesnacht hinabsteigt? Solche Bürde auf sich zu nehmen, solche Waffenrüstung zu tragen, dazu ist allerdings sein Messias zu schwach gebaut. Hat sich doch Holsten selbst zu dem Bekenntniss herbeigelassen, dass von einem Todesleiden für die Menschen bei seinem Messias nur dann die Rede sein könne, «wenn er ganz aus dem Kreise der von Anfang an in ihm lebendigen, sein messianisches Bewusstsein von Anfang an constituirenden Vorstellungen heraustrat» (p. 184). Man kann nicht deutlicher zu verstehen geben, dass die Leidensaussagen im höheren messianischen Sinne nur darum verworfen werden, weil sie zu dem a priori feststehenden und angenommenen Messiasbild nicht passen. Man kann sich aber auch selbst keine vernichtendere Kritik zu Theil werden lassen.

Es folgt aus dem Gesagten, wie wir die historisch kritische Untersuchung Holsten's zu beurtheilen haben: sie verläuft unter den Auspicien eines philosophischen Satzes. Nur das, was von Anfang an im Begriff des Menschensohnes lag, gehört eigentlich in das Bewusstsein Jesu. Zur Idee des Menschensohnes gehören Leiden, aber keine Todesleiden, also liegt der Tod ausserhalb des Gesichtskreises Jesu. Es ist doch charakteristisch genug, dass Holsten in dieser Argumentationsweise mit den Theologen zur Rechten zusammentrifft, nur dass diese das entgegengesetzte Resultat herausbringen. So folgern unter den Neueren z. B. H. Schmidt und Nösgen: Wenn Jesus sein Leiden und Sterben nicht von Anfang an in seinen Beruf einrechnete, so gehörten sie nicht eigentlich dazu. Nun aber hat er berufsmässiges messianisches Leiden verkündigt, also stand der Todesgedanke von vornherein fest. Da muss man sich denn doch fragen in einem Falle wie im anderen: Was treiben wir denn hier? Ist es eigentlich Geschichte oder etwa hegelsche Metaphysik? Liegt diesen Aeusserungen nicht die Anschauung von der Allmacht des Begriffes zu Grunde, der das in ihm Gesetzte verwirklicht? Was wird hierbei aus der Geschichte und ihren Gestalten? Wie kann dem Umstande noch Rücksicht getragen werden, dass die Entwickelung der Individuen wie der Völker sich nicht in lauter geraden Linien bewegt, sondern abbricht und neu ansetzt?

Für die Dialektiker zur Rechten und Linken ist Jesus im Grunde von vorn herein fertig. Was die Erfahrungen ihm später beibringen, das gehört eigentlich nicht zu ihm oder geht nicht tief. So meint Nösgen (l. c. p. 376) dass, wenn die Leidensverkündigungen Jesu nur Anzeichen sind einer erst damals in ihm aufsteigenden Einsicht, dann könnte es der Fall sein, dass Jesus nicht von der Nothwendigkeit seines Leidens überzeugt war. Ja wohl, könnte dies der Fall sein, abstrakt gedacht. Ist aber einmal das besondere messianische Bewusstsein Jesu gegeben, so wie es ihm seit der Taufe eigen war, dann hält sich der Leidensgedanke bei ihm nicht in der Sphäre allgemeiner Reflexion, sondern, wie alle Erfahrungen, verbindet er sich, verschmilzt er mit seinem Messiasbewusstsein. Das Leiden und Sterben wird ein Moment, ja der Tiefe der Erfahrung halber, ein Hauptmoment desselben, es ist ihm göttliche Veranstaltung, göttliche Nothwendigkeit zur Durchführung seines Werkes.

Erst von diesem Standpunkte aus wird auch die innere Klärung, die sich in Jesu Gemüth seit Caesarea vollzieht, und in Folge davon die wachsende Zuversicht, mit der er seine messianischen Ansprüche kund gibt, verständlich. Es erfolgt dies, wie es im letzten Kapitel unserer Untersuchung nachgelesen werden mag, auf Grund der jetzt gewonnenen völlig klaren Aussicht in seinen Ausgang und in die Zukunft seiner Sache. Der bisher vermissten Messiasherrlichkeit muss der Opfertod vorausgehen. Das ist die Lösung des bisherigen Bannes. So verschlingen sich in der Geschichte die verschiedenen Momente und können nicht, wie in der philosophischen Geschichtskonstruktion, auseinandergerissen werden.

An der Abgeneigtheit vieler Kritiker, den vollen messianischen Leidensgedanken Jesu in eine spätere Phase seines Wirkens zu verlegen, ist zuletzt wohl der Umstand schuld, dass sie sich die Eigenart und die Uebermacht eines tiefreligiösen Gemüthes nicht hinlänglich vergegenwärtigen. Man befürchtet, dass wenn Jesus erst durch gewisse Erlebnisse zur Ausbildung der Leidensidee gebracht wurde, dass er sie dann nur nothgedrungen, weil er das Unvermeidliche derselben auf dem Wege der Logik eingesehen hatte, aufnahm, und dass dergestalt sein Messiasthum einen reflectirenden vernunftmässigen Anstrich erhalte. Aber im Falle Jesu haben wir es mit einer vorwiegend religiösen Natur zu thun, welche niemals das von Aussen gegebene als ein blindes, fremdes Schicksal erleidet, sondern im felsenfesten Glauben an den fürsorglichen himmlischen Vater die äussere Nothwendigkeit in ein innerliches freies, ja in ein unumgängliches Sollen umsetzt.

So lange man diese umgestaltende Kraft der rein religiösen Empfindung nicht zu würdigen versteht, ist man eigentlich zur

Lebensbeschreibung der religiös am tiefsten angelegten Persönlichkeit, die je unseren Erdboden betreten hat, nicht geeignet. Wenn man z. B. in dem neuesten Werk von Nösgen die Darstellung des Leidens Jesu durchliest, so erhält man ganz den Eindruck, als ob, wenn Jesus nicht mit metaphysischem Wissen über die Nothwendigkeit seines Sterbens in den Tod ging, er dann nur vom Geschick übereilt werden konnte. Eine andere, höhere, religiöse Betrachtung wird ihm gar nicht zugemuthet. Wenn Weiss behauptet hatte, dass ein von Anfang an vor Jesu Augen schwebendes Todesbild ihn in seiner Wirksamkeit lahm gelegt hätte und Nösgen ihm darum vorwirft, dass sein Jesus sittlich sehr niedrig stehe, so sucht man vergeblich nach der sittlichen Hoheit des Nösgen'schen Christus, der sich nicht über den fatalistischen Glauben zu erheben vermag.

VII.

Die Selbstbezeichnungen Jesu.

Die bisherige Untersuchung dürfte in uns die Ueberzeugung zurückgelassen haben, dass Jesu Messiasbewusstsein aus religiöser Wurzel entsprossen ist. Aus dieser Voraussetzung erklärte sich, wie er einerseits traditionelle Elemente der messianischen Hoffnung festhalten, andererseits seine Wirksamkeit so gestalten konnte, dass sie einer grundsätzlichen Umwandlung dieser Hoffnung gleichkommt. Wie stimmt nun zu diesem Resultate die Selbstbezeichnung Jesu? Lässt sich in der Wahl des Titels oder der Titel, die er sich beilegt, eine Absicht nachweisen, welche die religiöse Bestimmtheit des Messiasbegriffes an's Licht stellt, oder werden wir dadurch angewiesen, eine andere, sei es rein verstandesmässige, sei es metaphysische Grundlage desselben zu behaupten?

Ein wichtiger Fingerzeig ist zunächst der Umstand, dass Jesus sich ablehnend verhält gegen die seinen Zeitgenossen geläufige Auffassung des Messias als des Sohnes David's, und damit auch gegen die äusseren, vornehmlich politischen Erwartungen, die man an diesen Begriff knüpfte. Noch ein Mehreres aber liegt in der Reflexion,[1]

---

[1] Marc. 12, 35. Dieser Schlusssatz enthält den eigentlichen Gedanken Jesu, das Vorhergehende ist nur eine in rabbinischem Geiste gehaltene Argumentation.

die er den Schriftgelehrten entgegen so formulirt: «David selbst nennt ihn (den Messias) Herrn, wie also ist er sein Sohn?» Die Frage entscheidet allerdings noch nicht, ob Jesus für sein Theil der Davidsohnschaft sich erfreute,[1] doch soviel lässt sie schliessen, dass dies messianische Requisit, wenn er es besessen, keinen merklichen Einfluss auf ihn ausgeübt und ihn jedenfalls nicht zur Uebernahme des Messiasamtes vermocht hätte.[2] Schon in den Bilderreden Henoch's und wohl überhaupt in den Werken des religiösen Schriftgelehrtenthums, welches den Lieblingstitel Jesu «Menschensohn» einführte, war das Prädikat der Davidsohnschaft zurückgetreten oder verschwunden. Darum würde auch der Mangel der leiblichen Abstammung von David für Jesus kein genügender Grund gewesen sein, an seiner Berufung irre zu werden. Zum Eintritt aber in die messianische Laufbahn verfügte er über ein anderes, stärkeres, ihm festeres Kriterium, das wir nach dem Bisherigen (und da uns auch der vorliegende Fall nicht ausdrücklich eines Anderen belehrt), seinem Gottesglauben innewohnend zu denken haben.

Ebenfalls nur negativen Aufschluss verschafft die bedeutsame, auffällige Erscheinung, dass er den allergebräuchlichsten messianischen Namen, «Christus oder der Gesalbte», zwar hingenommen,[3] aber nicht als seinen ordentlichen Titel geführt hat. Der Grund dafür kann nur der sein, dass er gerade dem durch die Allgemeinheit des Ausdrucks begünstigten Missverständniss vorbeugen

---

[1] Keim (I, p 317) betont energisch, dass die davidische Abstammung Jesu eines der sichersten Ergebnisse der historischen Forschung sei, und führt eine stattliche Reihe von Zeugen in's Feld. Wir glauben wenigs'ens, dass zum Beweis des Gegentheils auf Joh. 7, 42 nicht zu bauen ist.

[2] Für Jesus und das Gottesreich sind Fleisch und Blut nicht massgebend, s. Marc. 3, 33 ff. Matth. 17, 17.

[3] Matth. 16, 16; 26, 63.

wollte, als sei er gesonnen, auf die fleischlichen Wünsche der Masse einzugehen.

Um so charakteristischer für seine Persönlichkeit müssen nun diejenigen Bezeichnungen sein, die er mit Auswahl und daher mit Vorliebe auf sich übertragen hat. Hier treffen wir vor allem den Titel Menschensohn und, wenn schon seltener, den Ausdruck Gottessohn.[1] Sie eignen beide, wie wir früher gefunden, dem synagogalen Sprachgebrauch und bezeichnen die ethisch religiöse Färbung der messianischen Erwartung, ersterer aber noch ganz besonders den transcendenten Charakter, welchen dieselbe in der Apokalyptik angenommen hatte. Es fragt sich nun, in wie fern Jesus selber diesem Sprachgebrauch und diesem Sinne treu geblieben ist.

Im Allgemeinen verdient zuerst hervorgehoben zu werden, dass selten die Continuität in der Fortentwickelung eines Begriffes deutlicher erkannt werden mag, als gerade bei dem Uebergang der Benennung «Menschensohn» aus dem Judenthum in die christlichen Urkunden. Die synoptischen Berichte zumal zeigen den erwähnten Doppelcharakter, indem sie den Menschensohn in einem zweifachen Lichte erscheinen lassen. Zunächst finden wir eine Reihe von Stellen, wo, ähnlich wie in den Bilderreden Henoch's und in Daniel, von dem Kommen des Menschensohnes in seiner himmlischen Herrlichkeit zum entscheidenden Gericht die Rede ist.[2] Dahin ge-

---

[1] Matth 11, 25—30; cf. 14, 33; 16, 16; 26, 63. Der genauere Zusammenhang des Sohnesbewusstseins mit dem Messiasbewusstsein wird sich im Kapitel von der Entwickelung am deutlichsten machen lassen

[2] Matth. 10, 23; 13, 41; 16, 27 f.; 19, 28; 24, 27 f., u. s. w.; Act. 7, 56. Off. 1, 13; 14, 14. Joh. 5, 27. Ganz übereinstimmend mit der jüdischen Lehre von der Präexistenz des Menschensohnes schliesst nun auch Johannes 3, 13: ὁ ἐκ τοῦ οὐρανοῦ καταβάς, ὁ υἱὸς τοῦ ἀνθρώπου.

hören auch die Aussprüche, in welchen analoge hohe Competenzen des Menschensohnes erwähnt werden: der Menschensohn hat Macht, die Sünden zu vergeben, hat Gewalt über den Sabbat.[1] Eine zweite Reihe von Stellen zeugt von einer mehr innerlichen, religiösen Fassung des Begriffes. Von dem Menschensohne heisst es nämlich auch, dass er viel leiden müsse, dass er nicht habe, wo sein Haupt hinlegen, dass er nicht gekommen sei, sich dienen zu lassen, sondern zu dienen, und derartiges mehr.

Sehen wir zunächst von der ersteren, schwierigeren Hälfte des synoptischen Zeugnisses ab, so stehen fraglos die auf Erniedrigung und Leiden lautenden Aussprüche in bester Uebereinstimmung mit unserem bisherigen Resultate. Indem auch diese Seite unter die triumphirende Bezeichnung «Menschensohn» gestellt wird, ist zu folgern, dass sie mit der messianischen Würde nicht nur verträglich, sondern ein integrirendes Element derselben bildet. Der Contrast ist für Jesus ein bewusster und beabsichtigter, ein offener Protest gegen das jüdische Herrscherideal.[2] Auch in der schein-

---

[1] Allein nur von diesem Gesichtspunkt der übermenschlichen Macht wird der Menschensohn betrachtet, wenn es Joh. 5, 27 von ihm heisst, dass er die Macht bekommen habe, Gericht zu halten, weil er Menschensohn ist. Wo liegt im Texte auch nur ein Schein von Berechtigung für die wieder von Holsten aufgefrischte Deutung, dass der Menschensohn darum das Gericht halte, weil er als Mensch «in menschlicher Empfindung richte»?! Ἐξουσίαν, wie das an die Spitze gestellte Wort sagt, nicht etwa ein «menschliches Herz» hat Jesus zum Gericht erhalten.

[2] Dies beweist die Gedankenantithese Marc. 10, 45. Matth. 20, 28; vergl. Luc. 19, 10; 22, 24—30; dazu die johanneische Rede bei der Fusswaschung, Joh. 13, 12 ff. So ist auch Luc. 9, 58 der Gegensatz um so schärfer, als der erwartete Menschensohn höher angesetzt wurde. Colani (Jésus-Christ et les croy. mess. 1864, p. 116) spottet über den Messias, der ärmer sei wie die Füchse. Ist etwa «der Mensch, der ärmer ist wie die Füchse», geistreicher? Bedeutet aber der υἱὸς ἀνθρώπου von vorn herein nichts anderes als ein «schwaches Menschenkind», wozu dann die Entgegenstellung mit δέ? — Eben

baren Herabsetzung des Gesalbten erglänzt seine Herrscherstellung für das Auge des Geistes; der Menschensohn ist recht eigentlich der Weltbeherrscher, sei es, dass er über alle Kreaturen zu Gericht sitzt, sei es, dass er durch williges Leiden und Sterben die innere Einheit mit dem Willen Gottes wahrt und in dem scheinbaren Untergang den Uebergang zum höheren Leben und zum endlichen Triumph seiner Sache erkennt.[1] So verstanden, hat der Titel «der Menschensohn» im Munde Jesu allerdings eine Abänderung erfahren, welche mit jener Umgestaltung, die wir bei der Lehre vom Reiche Gottes constatirten, ganz parallel läuft, und, wie jene, seinem religiösen Bewusstsein entstammt.

Die soeben gegebene Erklärung ist schlechterdings unverträglich mit der Behauptung, dass der Ausdruck Menschensohn keine oder nur eine entfernte Beziehung zur messianischen Würde gehabt habe. Grund zu dieser Behauptung glaubt man in der Stelle Joh. 12, 34 zu finden. Aber daselbst nehmen die Juden nicht Anstoss an dem Titel Menschensohn, sondern an einem derartigen Menschensohn, der sterben müsste.[2] Wenn ihnen der Menschensohn überhaupt eine unbekannte Grösse ist, warum bitten sie nicht um Aufschluss über den «ungestempelten Begriff»?[3] Aber sie

---

weil der Menschensohn, d. h der Messias, so viel anders ist, als die Juden dachten, darum kann die Sünde wider ihn (Matth. 12, 32) vergeben werden [als ein wohl erklärlicher Irrthum], nicht etwa, weil er nur ein geschöpflicher Mensch ist (so wieder Wendt), woranf gar nicht reflectirt wird. Hier hat Usteri (Die Selbstbezeichnung Jesu als des Menschensohn, Theol. Zeitschr. aus der Schweiz, 1886, p. 11) ganz das Richtige getroffen.

[1] In diesem Sinne ist Jesu Sterben ein ὑψωθῆναι. Joh. 3, 14; 8, 28; 12, 32. 33.

[2] Nicht «gezwungen» (so Keim) ist diese Auslegung, sondern die nächstliegende (so Renan, p. 132).

[3] Denn sie fragen nicht direkt: Wer ist der Menschensohn? in welchem Falle der Evangelist auch die neue Frage mit einem καὶ τίς... eingeleitet hätte, sondern der Ton der Frage liegt auf οὗτος.

scheinen dessen so wenig zu bedürfen, wie die Jünger. Selbst als Jesus vor Gericht Zeugniss ablegt vom Menschensohn (Matth. 26, 64 f.), so fällt es den Richtern nicht ein, obschon sie ihres Amtes halber dazu berechtigt waren, auch nur die geringste Frage darüber zu stellen. Sie sind sich alsobald der ganzen Tragweite des Ausspruchs bewusst. So ist auch die Argumentation der Juden Joh. 12, 34 nur begreiflich, wenn sie den Menschensohn für ein Aequivalent des Messias halten.

Eine weit verbreitete Ansicht geht dahin, dass Jesus mit diesem Titel nur in räthselhafter Weise auf seine Messianität hingedeutet, um seine Zuhörer zum Nachdenken anzuregen, oder dass er noch allerlei Nebenbegriffe mit diesem Namen verbunden habe.[1] Weder die früher in unserer Entwickelungsgeschichte der messianischen Ideen gemachte Beobachtung, noch die exacte Correspondenz, die wir vorhin zwischen der jüdischen Anschauung und dem christlichen Sprachgebrauch des Menschensohnes statuirten, berechtigen uns irgendwie, ein Mysterium anzunehmen. Hätte aber Jesus das Geheimniss gesucht, wahrlich, man müsste gestehen, ange-

---

[1] Ein ungestempelter Begriff (Weisse). Ein Name der Verhüllung und Offenbarung (Keim). Von einer «doppelsinnigen Tiefe» der Bezeichnung spricht Weizsäcker. Verworren scheint uns die Erläuterung von Weiss: mit dem Ausdruck bezeichnet sich Jesus nicht als den Messias, und doch als den Messias in höherem Sinne; «das Einzigartige unter den Menschenkindern» kann eben nach jüdischer Begriffswelt nur der Messias sein. Gut Brückner (Jahrb. prot. Theologie 1886, Jesus, des Menschen Sohn, p. 270): diese Bezeichnung kann «niemals und zu keiner Zeit dazu gedient haben, den Messiasentschluss als solchen zu verdecken und zu verhüllen...», sie diente vielmehr dazu «die Art seiner Messianität zu beleuchten.» Vortrefflich hat Usteri gezeigt, dass die Synthese zwischen den Herrlichkeits- und Demuthsaussagen über den Menschensohn nur darin zu finden ist, dass dieser Namen den eigenthümlichen Beruf Jesu bezeichne (l. c. p. 20). Doch die jüdisch messianische Färbung des Titels im Gedankenkreise Jesu scheint uns nicht genügend beachtet (s. denselben p. 14). — Die neuesten Erörterungen Holsten's über den Menschensohn (in Zeit. wiss. Theol. 1891 p. 1 ff.) werden wir unten im Excurs ausführlicher besprechen.

sichts der Hilflosigkeit der Exegeten, dass er seinen Zweck nur allzu gut erreicht hat. Allerdings, der officielle, ächt volksthümliche Name des Messias ist «der Menschensohn» nicht gewesen: damit ist aber nichts gewonnen, denn bei jedem Synagogenbesucher und bei den Jüngern Jesu nicht zum wenigsten hätte er, so gut wie der Ausdruck Himmelreich, messianische Gefühle erweckt und hat sie auch erweckt, wie die vorhin angeführten Stellen bezeugen.

Gesetzt nun aber auch, der Messias-Menschensohn wäre den jüdischen Ohren fremd, und Jesus wäre überhaupt der Erste gewesen, der ihn, wenn auch in Anlehnung[1] an alttestamentliche Stellen, im Munde führte, so hätte er ja aus diesen Stellen einen neuen Terminus, eine neue Form für den Messias erschaffen; aber gerade in formeller Hinsicht hat er auf dem Gebiete der messianischen Dogmatik nie eine Neuerung versucht. Er legte nur einen höheren, neuen Sinn in die alte Form hinein. Sein ganzer Beruf ist Erfüllung: wie würde es dazu stimmen, wenn in der ganzen, vorbereitenden Oekonomie keine annähernde Formel für seine Person gefunden hätte?

So wenig Jesus diesen Titel aus freien Stücken erschaffen hat, so wenig hat er sich auch in eine vermeintlich esoterische Bezeichnung einer Schule eingehüllt, und dies aus dem guten Grunde, weil das ganze Geheimthun der Apokalyptik sich auf die schriftstellerische Einkleidung reducirte. Gesetzt aber, die Schriftgelehrten hätten allein darum gewusst: wie wären dann die Ansprüche Jesu

---

[1] S. Colani, l. c. p. 114. Auch Holsten neigt noch dahin, dass die Form des Namens erst von Jesus ausgeprägt worden sei (l. c. p. 53), obgleich er den Danielschen Ausgangspunkt Jesu nicht bestreitet und besonders die durchaus messianische Färbung des Ausdrucks in den Evangelien scharf erfasst hat.

nicht alsobald und allgemein ruchbar geworden? Hätte er sich doch schon gleich Anfangs (Marc. 2, 10) in Gegenwart der Schriftgelehrten (2, 6) den Menschensohn genannt. Oder sollten sich die Jünger wirklich gescheut haben, ihren Meister über den Sinn des ihnen fremden und doch so überaus wichtigen Namens zu befragen? Die Rabbinenschüler wenigstens liessen es, wie der Talmud lehrt, an Fragen, auch an unbescheidenen und verfänglichen, nicht fehlen. Und nicht nur von den Pharisäern, sondern auch von den Jüngern wissen wir, dass sie keinen Anstand genommen haben, über dunkle Punkte bei dem Herrn sich Raths zu erholen.[1]

Die, wenn auch nur relative, Entwerthung des Begriffes «Menschensohn», was seine messianische Vollgültigkeit betrifft, würde bestimmt niemals oder doch bei weitem nicht so allgemein Anklang gefunden haben, wenn man nicht geglaubt hätte, dieses Opfer den synoptischen Ueberlieferungen darbringen zu müssen. Sie lehren, dass der Meister schon früh den Titel Menschensohn geführt habe, während der Jüngerkreis erst spät die Messiaswürde Jesu anerkennt. Darum muss nun der Begriff um jeden Preis geschwächt oder verhüllt werden.[2] Ist denn aber die chronologische Reihenfolge der evangelischen Perikopen so über allen Zweifel erhaben, dass sie gegen ein so klar erkanntes historisches Motiv wie die hohe messianische Bedeutung des Menschensohnes aufkommen darf? Und gerade im vorliegenden Falle ist

---

[1] Marc. 4, 10; 10, 28. Matth. 19, 27.

[2] Allerdings spielt meist auch ein **psychologisches Motiv** mit. Man hofft, wie dies in dem neuesten Versuch Holsten's wieder deutlich hervortritt, durch eine Art Mittelstufe (durch einen wahrhaft menschlichen Menschensohn) die Entstehung des Messiasbewusstseins bei Jesus begreiflicher zu machen. Es soll sich aber später zeigen, dass gerade die Psychologie nur durch eine entschieden messianische Deutung zu ihrem Rechte kommt.

es heute erwiesen, dass die frühesten Marcusstellen, welche den Menschensohn erwähnen, nicht nur aus dem übrigen Texte herausgelöst werden k ö n n e n , sondern m ü s s e n , und eine besondere Erzählungsgruppe bilden.[1]

Doch nehmen wir an, Jesus hätte sogleich den Namen Menschensohn in jenem beliebten Doppelsinn im Munde geführt: hätte er dann mit diesem Ausdruck, der doch messianischen Klang in seinen Ohren hatte, den Zuhörern nicht a b s i c h t l i c h w e n i g e r gesagt, als er selber dafür hielt? «Sinnvoll» nennt man dies! Es gliche doch auch einem Versteckspielen oder den Schlichen eines Dunkelmannes. Und was hätte er denn auf diesem Wege erreicht oder bezweckt? Wollte er den Seinen zu verstehen geben, dass auch er ein armes Menschenkind sei? Da hat er es aber schlecht angegriffen, wenn doch feststeht, dass von allen synoptischen Aussprüchen über den Menschensohn kein Einziger aus dem blossen Begriffe des Menschen abgeleitet werden kann. Dass auch er ein Erdgeborener sei, braucht Jesus seinen Jüngern nicht erst zu sagen. Denn als einem irdischen Lehrer waren sie ihm zuerst gefolgt. Andererseits begreifen auch wir ganz wohl, dass er zum Glauben an seine Messianität a n l e i t e n wollte: das geschah aber am Besten und ist auch geschehen durch Betrachtung seiner Werke und seiner Lehre, und wenn er die Nähe des Himmelreichs verkündigte oder ausrief: «Ich aber sage euch», so erregte er ebensowohl die Aufmerksamkeit wie durch einen geheimnissvollen, zweideutigen Titel.

Und wie steht es mit der alttestamentlichen Fundamentirung dieses hartnäckig behaupteten Doppelsinnes? All die gut gemeinten Versuche, den authentischen, wörtlichen Sinn des Namens in den alten Urkunden zu er-

---

[1] S. W e n d t , Die Lehre Jesu, I. 1886, p. 23 f, und die besonderen Beweise in unserem Schluss-Kapitel.

mitteln, richten nur Unheil an, wenn doch nicht nachzuweisen ist, dass dieser Sinn auch im Schosse des Judenthums vor Christus Geltung hatte. Die ursprüngliche Bedeutung des Ausdrucks in den Psalmen und bei den Propheten ist eben später eine andere geworden. Den Gesichtskreis Ezechiels z. B., das heisst die **prophetische Würde**,[1] überschreitet er gleich anfangs, indem die ganz allgemeine Anrede Menschensohn in jenem prophetischen Buche von d e m (bestimmten) Menschensohne im Sprachgebrauche Jesu absticht. Und müsste dann die Idee des Propheten nicht **durchgängig**, auch neben der höheren des Messias, wenigstens noch erkennbar sein? Sie mag durchschimmern in allen anderen Stellen, auf die Aussagen über die Parusie findet sie schlechterdings keine Anwendung mehr.

Doch dieser Versuch trachtet wenigstens sich auf einer historischen Basis aufzubauen, aber was soll man sich Gutes versehen von all den Erklärungen, welche auf den Flügeln der frei waltenden Phantasie dem Worte Menschensohn allerlei moderne Bedeutungen wie das Ideal der Menschheit und dergleichen mehr unterschieben? Also den Normalmenschen, die Verkörperung des moralischen Ideals in der Person Jesu soll der Menschensohn andeuten.[2] Das heisst aber die Begriffswelt unserer

---

[1] Daran dachten Strauss, Weizsäcker, Hausrath; s. besonders Maurice Vernes, Histoire des idées messianiques, 1874, p. 187. Neuerdings auch Wendt. Am allerwenigsten hätte Holsten, nach seiner scharfsinnigen Analyse des synoptischen Menschensohnes auf diese Stellen zurückgreifen sollen. Ueber die zwei letztgenannten Kritiker s. den Excurs.

[2] So mit verschiedenen Schattirungen: Herder, Neander, Weisse, Hofmann, Reuss, Beyschlag, Keim, Mangold, Usteri, Brückner. Man hat zwar auch für diese Auffassung nach Stützpunkten im A. Testament gesucht. Namentlich soll Daniel durch Darstellung der Heiligen unter dem Bilde eines Menschensohnes auf die Humanisirung des Volkes Gottes angespielt haben (Usteri). Dem entgegen hat Holsten mit Recht bemerkt, dass von den Heiligen nur dies ausgesagt wird, dass sie zu Herrschern über alle Weltvölker eingesetzt werden

Zeiten um mehr denn 1000 Jahre in eine ganz anders geartete Mitte gewaltsam zurücktragen. Vor den philosophischen Bestrebungen des vorigen Jahrhunderts ist das moralische Humanitätsideal nach unserem Sinne ein unerhörtes Ding in der Geschichte. Selbst auf die Reformationszeit angewandt würde diese Kategorie eine inadäquate Modernisirung damaliger Begriffe darstellen.[1] Man mag Jesum in religiöser und ethischer Beziehung hoch über seine Zeit stellen, aber eine seiner Umgebung durchaus fremde Gedankenwendung, also auch die erwähnte moralisirende Anschauung des Menschensohnes kann ihm kein Geschichtsschreiber zumuthen, der mit seiner menschlichen Entwickelung und mit dem Gesetz geschichtlicher Continuität in Hinsicht auf das Christenthum Ernst macht. Jesus ist aber überhaupt nicht von einer moralischen oder auch religiösen Idee über den Menschen an und für sich ausgegangen, sondern von der festen, innerlichen Gewissheit, dass er der Messias,

---

[1] Holsten erinnert uns daran, dass «die Idee des Menschen doch ein Erzeugniss der platonischen Philosophie und auch in das jüdische Bewusstsein, in Philo, Paulus eingegangen sei» (l. c. p. 46 [1]). Aber besteht nicht doch eine wesentliche Differenz zwischen beiden Vorstellungen? Das Alterthum construirt den Idealmenschen von oben herab; die Modernen von unten auf nach der Idee der Evolution. Der Normalmensch nach neuerer Conception ist nicht etwa der einem göttlichen Urbilde oder einer präexistirenden Idee Entsprechende. Er ist vielmehr das glückliche Resultat der in dem Individuum liegenden und naturgemäss sich entwickelnden Keime. Der δεύτερος ἄνθρωπος, der himmlische Mensch des Paulus ist eine völlig neue, eine zweite Ausgabe des Menschen, und darum grundverschieden von dem modernen, vollkommen entwickelten Menschen. Dieser zweite Mensch empfängt seine Orientirung aus dem Himmel, nicht aus dem Wesen des Menschen. Darnm liegt der paulinische Begriff des «zweiten Menschen» (aber nur dieser, und nicht der moderne Idealmensch) in der Linie des Menschensohnes Jesu. Darum ist es falsch, wenn wir in der ersten Auflage behauptet haben (was Holsten zustimmend wiederholt hat, l. c.), dass die ungefähre Uebersetzung in jüdischer Sprache des modernen Begriffes des Idealmenschen der 2. Mensch oder der letzte Adam sei. Für die moderne Idee hat das alte religiöse Judenthum einfach keinen Ausdruck, weil es ganz anders dachte.

der Gesalbte Gottes sei. Er hat zu keiner Stunde den Schwerpunkt seiner Verkündigung in den Menschen gelegt. Was sagte er denn, wenn er den Seinen ihr wahres und höchstes Ziel vor Augen stellen wollte? Etwa seid vollkommen wie der Menschensohn? Doch nicht, sondern — wie euer Vater, der im Himmel ist.

Es steht zuletzt um nichts besser mit dem andern Satz, dass Jesus mit dem fraglichen Namen seine Menschheit, seine Niedrigkeit meinte, sich als ein «armes Adam's Kind» vorführte.[1] Man dürfte sich dann billig wundern, warum er nicht viel eher den diesem Zwecke ganz entsprechenden Titel «Knecht Gottes» wählte.[2] In der That deuteten Manche die Jesaiasstellen auf den Messias.[3] Da Andere wieder eher an fromme Israeliten dachten, so eignete sich ja der Ausdruck ausgezeichnet zu einem Namen der Verhüllung, und vortrefflich hätte sich Jesus damit den Weg zu späteren messianischen Ansprüchen bahnen können. Es ist also ein wichtiger Fingerzeig, dass er auf diesen prophetischen Titel gar nicht reflectirt.

Bei der Voraussetzung eines menschlich beschränkten Menschensohnes, bliebe es aber auch ganz unverständlich, wie Jesus von solchem Ausgangspunkt fortschreiten konnte zu der Idee eines Kommens in Herrlichkeit als Richter der Welt. Oder soll diese letztere Vorstellung rein nur

---

[1] Baur, Wilke, Colani, Volkmar, Wendt, Holsten.

[2] Der obige Satz stand wörtlich so zu lesen in der ersten Auflage. Trotzdem wirft uns Nösgen vor, dass wir die Vermeidung dieses Titels von Seiten Jesu nicht beachtet hätten. Mit welchen Augen hat er uns denn gelesen? Auch seine Erklärung, dass diese Bezeichnung dem Hoheitsbewusstsein Jesu nicht entsprach, ist von der unsrigen nicht verschieden. Das andere aber, dass diese Benennung an und für sich für Jesu Beruf bezeichnend gewesen wäre, haben wir wohl fester, nämlich durch Thatsachen (s. oben) begründet.

[3] Targ Jes. 43, 10 «mein Knecht der Messias», so auch Midr. Ps. 2, 7. — Auch hat Jesus den Propheten Jesaias keineswegs ignorirt auf seinem Leidensweg, Luc 22, 37; vergl. Phil. 2, 7 μορφὴν δούλου.

auf Rechnung der Gemeinde kommen, nun dann warum vollzog diese die Combination dieser messianischen Function mit jener eigenthümlichen Benennung? Doch wohl auf Grund Daniel's. Folglich wurde die betreffende Stelle dieses Propheten allgemein und also auch von Jesus messianisch aufgefasst. Denn, hätten die Christen die Initiative dieser Deutung ergriffen, wie ausnahmsweise zuvorkommend hätte sich doch das Judenthum benommen durch Eintragung dieser christlichen Lehre in den Talmud!¹

Es bleibt also dabei, alle Versuche, den Messias in dem «Menschensohn» zu umgehen oder zu verkürzen scheitern zuletzt daran, dass, wie sich uns früher ergeben hat, die eigenthümliche Erscheinung des Menschensohnes auf jüdisch-apokalyptischem Gebiete zu Hause ist. Ist aber dieser Titel ein entschieden messianischer, und hat ihn Jesus so angewandt, wie die oben erwähnte zweite Reihe von Stellen darlegt, so sind wir zu der Behauptung berechtigt, dass derselbe, wenigstens nach der **einen Seite seines Gebrauches** hin, ein religiös bedingtes Messiasbewusstsein kundgibt.²

Mit demselben Begriffe ist nun aber noch, wie schon angezeigt worden, eine anders geartete Vorstellungsreihe verknüpft. Der Menschensohn soll nämlich nach synop-

---

¹ S. dagegen Colani, l. c. p. 120 f. Wenn Volkmar (Jesus N. p. 115 f.) den nebulosen Menschensohn im Schosse des Judenthums für eine Einkehr des glaubensmuthigen Christenthums ausgibt, so traut er auf jeden Fall den Juden in der Begriffswelt eine Nachgiebigkeit den Christen gegenüber zu, von welcher sonst auf dem Gebiete der Thatsachen keine Spur wahrzunehmen sein möchte. Doch ist dies noch wenig im Vergleich zu der erstaunlichen Zuversicht der Gemeinde, welche nach Kreuz und Tod dem Meister eine Würde zuerkannte, welche dieser nie in Anspruch genommen hätte. Fast scheint die ganze christliche Geistesbewegung nicht von Jesus, sondern von einem unerklärlichen Enthusiasmus für seine Person abgeleitet werden zu müssen.

² Es hat die hier befürwortete Auffassung den Vorzug einer geschlossenen Einheit, während sonst stets, wie schon bei Baur, «ein abwechselnder Sinn» angenommen werden muss.

tischer Darstellung vor Ablauf eines Menschengeschlechtes mit den heiligen Engeln in Herrlichkeit wiedererscheinen. In wie fern kann auch diese Anschauung in demselben Bewusstsein Jesu enthalten gedacht werden und aus ihm hervorgehen? Ist sie in der That nur eine schwärmerische Hoffnung, zu der Jesus sich verstiegen hätte, oder eine leere, weitgehende Accomodation an jüdisch-apokalyptische Träumereien? Wir sind somit bei der Erörterung der schwierigen Parusiefrage angelangt.

Excurs.

Es gilt vollen und bitteren Ernst zu machen mit dem hinlänglich gesicherten Resultat der historich-kritischen Forschung, dass der Messias-Menschensohn jüdischen Ursprungs ist. Man wird den Sinn dieser Benennung im Bewusstsein Jesu, so lange nicht richtig und scharf erfassen können, als man die feste Ausprägung, die sie schon im **vorchristlichen Judenthum** erhalten hatte, und mit welcher sie Jesus entgegentrat, nicht mit aller Energie geltend zu machen versteht. Weil sie den festen Anknüpfungspunkt, den Jesus hier im Judenthum gefunden, nicht in seiner ganzen Bedeutung begriffen haben, sind auch die Kritiker, die sich neuerdings eingehender mit der Frage beschäftigt haben, Holsten und Wendt, was die Verwendung des Begriffs im Gedankenkreis Jesu betrifft, nicht zu der erwünschten Klarheit gekommen.

Holsten hat allerdings die prägnante messianische Bedeutung des «Menschensohnes» erkannt und dieselbe in ausführlicher Besprechung, auch in seiner gewohnten scharfen Art festgestellt. In der von Usteri betretenen

Bahn fortschreitend, hat er durch eine sorgfältige Analyse der 42 synoptischen Stellen, die den Ausdruck υἱὸς ἀνθρώπου enthalten, gezeigt, dass Alles, was von Diesem ausgesagt wird, nicht aus dem Begriffe des Wortes entnommen ist. «Geht man in dem Ausdruck ὁ υἱὸς τοῦ ἀνθρώπου von dem Begriffe des Menschen aus, so sind alle Aussagen Prädikate synthetischen Urtheils. Geht man aber vom Begriffe des Messias aus, so sind sie zu einem grossen Theile analytische Folgerungen aus diesem Begriffe.» (pag. 37.) — Holsten erkennt also an, dass alle Prädikate, die mit dem Menschensohn verbunden werden, als Ausdruck des messianischen Bewusstseins Jesu gelten müssen, dass wir durch die Thatsachen berechtigt waren, die Begriffe «der Menschensohn und Christus» zu identificiren.

Er hat demgemäss auch allen, von Herder bis Brückner, welche den Sinn des Urbildes des Menschen, des wahren, ächten Menschen in den Ausdruck hineinlegen, den Process gemacht und ihnen gezeigt, dass sie sich «ganz ausserhalb der Umkreislinie dieses Ausdrucks bewegen». (pag. 45.) Consequenter Weise hat er selbst seine frühere Anschauung von dem Verhältnisse des «Gottessohnes» zum «Menschensohn» zurückgenommen (s. pag. 40, Anmerkg.), wonach der letztere nur die vorläufige irdische Messiasstellung bezeichnet hätte. Warum hat er nicht auch den letzten Schritt gethan? Warum musste er das, was nun ein für allemal aus dem Begriffe «des Menschensohnes» ausgeschlossen schien, nämlich das Moment des rein Menschlichen, Creatürlichen und Schwachen, durch eine Hinterthüre wieder einführen?

Statt sich nämlich auf der glücklich erreichten messianischen Höhe des Begriffs zu halten und vor allem den Blick darauf zu lenken, wie nun der Messias-Menschensohn zur Zeit Jesu und innerhalb des Judenthums vor ihm betrachtet wurde, bringt Holsten eine sprachliche Deutung des Ausdrucks, welche aus dem messianischen Rahmen herausfällt und die aus den synoptischen Texten selbst gewonnene Erkenntniss trübet, wonicht vernichtet. Wie darf der Kritiker, der einmal den historisch allein verbürgten Sinn des Titels in den Synoptiken erkannt hat, zur weiteren Erklärung alttestamentliche Stellen heranziehen, die ganz anders orientirt sind?

Und wer bürgt denn dafür, dass die authentische Fassung dieser Stellen auch ihrer späteren Deutung in den schriftgelehrten Kreisen und in den Synagogen entspricht? Wissenschaftlich berechtigt ist nur eine Methode, sobald man eingesehen hat, dass die Bezeichnung Jesu auf Daniel zurückgeht: es gilt festzustellen, was das Judenthum von dem Daniel'schen Menschensohn hielt, wie er von der Zeit seines ersten Erscheinens ab von den Juden angeschaut und fortgebildet wurde. Da ist aber kein Zweifel daran, wie die Bilderreden und das ganze Neue Testament beweisen, dass man unter dem Menschensohn den himmlischen Messias verstand, der auf den Wolken des Himmels zum Gericht und zur Gründung des neuen Reiches herbeikommt. Es ist doch bezeichnend, dass sobald der Verfasser der joh. Apokalypse sich den Messias in seiner himmlischen Daseinsform vorstellt, etwa so wie er unter den sieben Himmelslichtern steht, oder so wie er auf der weissen Himmelswolke sitzt, dass gerade diese Vorstellungen auch das Bild des Menschensohnes hervorrufen (Off. 1_{13} 14_{14} cf. Act. 7_{56}). In solch himmlischer Lichtverklärung stand der Menschensohn, musste er vor allem in dem Gesichtskreis Jesu stehen. Wer nicht davon ausgeht, sondern Jesus zunächst reflectirend und kritisirend an den Menschensohn Daniel's herantreten lässt, baut nicht nur auf den Sand, sondern lässt auch die ganze Messianität Jesu wesentlich wieder in eine Idee aufgehen.

Es ist nun gar nicht zu verwundern, dass die Resultate, die Holsten auf verbotenem Wege, d. h. durch Heranziehung von Stellen aus den Psalmen und Ezechiel, und durch Zurückführung derselben auf ihren ursprünglichen Sinn erhält, schnurstracks gegen die jüdische Interpretation von dem himmlischen Menschensohne in Daniel laufen. Wie kann aber ein so scharf denkender Kritiker, diesen so gewonnenen erdgeborenen Menschensohn ohne Weiteres jener hohen Zeichnung des Menschensohnes gleichstellen, wie sie uns in den vorhin angeführten Stellen der Offenbarung und der Acta entgegen trat? Wie darf er diese Stellen so kurzweg mit seinen alttestamentlichen zusammenwerfen und behaupten, dass sich in beiden die Ausdrucksform «in derselben Weise» gebraucht finde? (pag. 43). Doch was soll man sich dabei aufhalten, wenn selbst in den Ausspruch Joh. 5,27 ganz gegen den Context, wie schon erwähnt, Gedanken von ächter Menschlichkeit eingetragen werden?

Mit diesem ersten Seitensprung begnügt sich Holsten nicht. Es folgt eine grammatisch logische Deutung, durch welche von neuem festgestellt wird, dass Jesus diese Selbstbezeichnung nur wählen konnte, wenn er das Gattungswesen des Menschen in sich darstellte. Fast scheint es, als ob Holsten der Beweise nicht genug bekommen könnte dafür, dass Jesus sich als ein der Gattung Mensch angehörendes Wesen betrachtet. Vielleicht in dem richtigen Gefühle davon, dass sein erstes grundlegendes, durch die ganze Synopse getragenes Resultat von der messianischen Vollgültigkeit des Namens «der Menschensohn» sich nicht so leicht durch sekundäre Betrachtungen werde neutralisiren oder abschwächen lassen.

Holsten ist nun aber von dem Werth dieses nur durch seine Logik geforderten Momentes so durchdrungen, dass er es geradezu als conditio sine qua non der Messianität Jesu aufstellt. «Nur weil in dem Messiasbewusstsein Jesu der Messias als Erzeugter eines Menschen der Gattung Mensch angehörte, konnte der Ausdruck «der Menschensohn» für ihn Amtsname des Messias werden.» Und wenn nun auch in den meisten evangelischen Aussprüchen über den Menschensohn Derselbe das menschliche Niveau übersteigt, ja wenn keine Einzige dieser Aussagen «aus einer Analyse des Begriffes der Menschen hervorgangen» ist (Holsten, pag. 37), was thut es? Warum sollte die Logik und Grammatik die Geschichte und ihre Urkunden nicht meistern dürfen?

Doch gesetzt, Jesus hätte dasselbe Bedürfniss empfunden wie Holsten, sich mit der Logik der Sprache auseinanderzusetzen; er hätte sich also nicht damit begnügt, den Titel gerade in der ausgeprägten Form und in seiner hohen Bedeutung hinzunehmen, sondern versucht, sich auch mit dem Wortsinn auseinanderzusetzen. Hat sich dann Holsten gefragt, ob der von ihm gewählte Ausweg der einzig mögliche ist, ob dann Jesus mit dem Menschensohn, der auf Erden wandelt, nicht gerade umgekehrt die nur angenommene Hülle, das blos in die Erscheinung Tretende, also das Unwesenhafte an ihm andeuten wollte? Was könnte auch besser der ursprünglichen wörtlichen Fassung der Danielstelle entsprechen, wonach der Ausgangspunkt des Messias der Himmel ist und er nur «wie eines Menschen Sohn» erscheint? Und lässt nicht auch die johannäische Apokalypse in den wiederholten Worten ὅμοιον υἱῷ ἀνθρώπου 1, 13; 14, 14 deutlich durchschimmern, dass diese Gestalt nur eine vorübergehende, angenommene Form ist? Wer sich auf diese Erklärung steifen wollte, hätte wenigstens die ganze johannäische Betrachtungsweise für sich Denn ihr zu Folge ist die Fleischwerdung nur eine Erscheinungsform des Ewigen; dem Kerne nach ist der Menschensohn der vom Himmel Herabgestiegene, ja, wie es sogar heisst ὁ ὢν ἐν τῷ οὐρανῷ. (Joh. 3, 13.)

Allein, was wir soeben als eine für Jesus nicht unwahrscheinliche Deutung der Prophetenstelle angenommen haben, würde Holsten's Zustimmung nicht erhalten. Denn er hat sich eine eigene Erklärung des Gesichtes Daniels (p. 61 f.) zurecht gemacht, welche mit seiner einmal feststehenden Auffassung des Menschensohnes nicht in Widerstreit gerathe. Gewiss hat er empfunden, dass gerade dieser Punkt, der transcendente himmlische Menschensohn (Dan. 7, 13), die Achillesferse seiner Hypothese sei, und dass alle seine bisherigen sprachlichen und logischen Erörterungen in den Sand verlaufen, wenn er nicht noch für diese Hauptstelle eine exegetische Remedur finde. Wie hilft sich nun Holsten? Fast sämmtlichen bisherigen Deutungen entgegen, lässt er Daniel, der zwar dem Leibe nach auf Erden weilt, sich im schauenden Geiste in den Himmel versetzen. Wird aber die Scene im Himmel geschaut, «so kann natürlich an eine Bewegung vom Himmel auf die Erde überhaupt nicht mehr gedacht werden.» Daniel sieht jetzt vielmehr wie der Menschensohn von der Erde aus auf den Wolken des Himmels kommt. So wird in das durch und durch transcendent gedachte Gemälde Daniel's, in diese erhabene Himmelsscene, ein Erdgeborener, ein Schwacher, der ohnmächtig ist durch sich (p. 67), eingeschmuggelt. Vielleicht dürfte es aber Manchen dünken, dass dieser Gast ohne hochzeitliches Gewand doch nicht dahin gehöre.

Müsste man die Exegese Holsten's als die sprachlich korrekte hinnehmen, so liessen sich des Weiteren manche Betrachtungen daran knüpfen. Man könnte fragen, ob dieser Erdenbürger, der so auf den Wolken schwebt, ob nun von unten hinauf oder umgekehrt, nicht doch durch diese Wolkenfahrt übermenschlichen Anstrich erhält. Und wenn Jesus sich durch das Eine, durch seine Thaten, durch seinen Himmelsflug über die Erde erhebt, warum soll er sich nur mit dem Anderen, mit seinem Titel so fest an dieselbe anklammern? Oder wenn er so eingehendes persönliches Textstudium getrieben haben soll, warum wäre er nicht bei der symbolischen Fassung der Daniel'schen Vision stehen geblieben? Hätte er dann den Menschensohn nicht unpersönlich und bildlich, ganz im Sinne Daniel's gefasst und damit nur den Triumph der göttlichen Sache verkündet?[1]

Indessen, wir können diese authentische oder nicht authentische Interpretation Holsten's ganz auf sich beruhen lassen, ja, wir müssen sogar davon absehen, weil für unseren Zweck nicht das, was wir oder die theologische Wissenschaft, aus Daniel 7 herauslesen, nicht einmal das, was der Verfasser selbst gemeint hat, von Wichtigkeit ist, sondern allein die Art, wie man den Propheten in den Schulen und Synagogen zur Zeit Jesu erklärt und verstanden hat. Darum würden wir nicht anstehen, die herrlichsten und tiefsinnigsten exegetischen Ausführungen über jenes Kapitel dahinzugeben gegen ein sicheres Wort darüber, wie die frommen Juden, die Zeitgenossen Jesu, sich jene Scene dachten. Was man sich aber für Gedanken darüber machte, das zeigen die meisten neutestamentlichen Stellen über den Menschensohn, insbesondere die Parusieaussagen und die Bilderreden. Um seine Lieblingsidee vom Menschensohn festzuhalten, muss Holsten alle diese Autoritäten zurückweisen, die vorchristliche Abfassung der Bilderreden bestreiten und damit auch alle synoptischen Aussprüche, in welchen Jesus vom Richteramt des Menschensohnes spricht, für ungeschicht-

---

[1] So neuerdings J. E. Carpenter, the first three gospels. London 1890.

lich ausgeben (s. p. 74). Ueberhaupt möchte er wohl am liebsten glauben, dass der Name «zur Zeit Jesu dem Volke, den Schriftgelehrten und Pharisäern, den Jüngern als eine feste Ausprägung für den Messias unbekannt gewesen ist.» Das aber ist das πρῶτον ψεῦδος seiner ganzen Konstruktion.[1]

Aber man kann auch, wie Wendt es versucht hat (s. II, p. 440), die Bezeichnung Menschensohn als eine jüdische gelten lassen und zwar als «keine auf dem Boden des Judenthums ganz singuläre», ohne dass solche Erkenntniss in der Anwendung auf die Person Jesu die nöthige Frucht trage.

Wendt hält es für «gar nicht unwahrscheinlich», dass die Vertreter der jüdischen Apokalyptik die Danielstelle auf den Messias deuteten. Aber Jesus darf sich damit nicht begnügen. Er muss eine besonders geeignete Bezeichnung seiner selbst darin finden, weil er sich «bei seinem messianischen Bewusstsein doch zugleich ganz als Mensch fühlte.» Das hindert aber Wendt nicht, doch alsobald die ganz richtige Bemerkung hinzuzufügen, dass man in der Danielvision «durch den im Zusammenhang gegebenen Gegensatz gegen die Thiergestalten» beim Begriff des Menschensohnes nicht sowohl an die Schwäche des Menschen dachte, sondern an das, «was ihn im Unterschiede von den Thieren gottähnlich macht.» Wo betont überhaupt der Apokalyptiker das rein Menschliche und Kreatürliche in seinem Menschensohn, wenn nicht in der Einbildung und Erklärung der Exegeten?

Trotz alledem lässt sich nun auch Wendt dazu verleiten, ganz heterogene Stellen aus dem Alten Testa-

---

[1] Um diesen Preis kann Holsten den Titel «der Menschensohn» Jesu schon für die Zeit seines galiläischen Wirkens vindiciren, was sich gleich wieder so rächt, dass Jesus von vornherein «eine doppelte Zustandsform» des Menschensohnes annehmen muss. S. hierüber das Kapitel der Entwickelung Jesu.

ment zur Erläuterung herbeizuziehen, und muss natürlich an ihrer Hand zu dem Resultate gelangen, dass Menschensohn den Menschen bezeichne **in seiner Gegenüberstellung gegen Gott.** Wie wenig nun solche Fündlein auf den Messias anzuwenden sind, wird dem einleuchten, der den tieferen Sinn der messianischen Idee nicht nur im Alten Testament, sondern auch im Judenthume erfasst hat. Zu keiner Zeit wollte man durch den Messiastitel andeuten, dass der mit diesem Amte Belegte «den anderen Menschen gleichstände, sondern dass er in einem besonders nahen Verhältniss zu Gott stände.» Es sind Wendt's eigene Worte. Er hätte seine Aussage noch dahin verschärfen sollen, dass seit Daniel der Messias ganz und gar auf Seiten Gottes und **den Menschen gegenübersteht.**

Nachdem Wendt seinen menschlich beschränkten Menschensohn auf dem vorgezeichneten Weg erreicht hat, hat er den Muth besessen, diese Bedeutung auch auf die Parusieaussprüche Jesu auszudehnen. Hier soll der Name eine Rechtfertigung (!) dafür bieten, dass Jesus für sich, den schwachen Menschensohn, die höchste messianische Function in Anspruch nimmt. Sonderbare Rechtfertigung, die doch höchstens Jesum selbst befriedigen konnte, weil er diesen besonderen Sinn in den Namen hineinlegte! Aber wie sollte sie für seine Umgebung gelten, die den Menschensohn, wie die Bilderreden und die johannäische Apokalypse, gerade in entgegengesetztem Sinne deutete und von der Neuerung Jesu nichts vernahm. Auch hat ihm dieser Titel in der That, z. B. vor dem Hohenpriester (Mc. 14, 62) nicht zur Rechtfertigung gedient, sondern nur allgemeines Entsetzen hervorgerufen. Niemand scheint auch nur eine Ahnung zu haben von der Demuthsfülle, die man in diesen Begriff hineinlegen konnte, und Jesus selbst macht keinen Versuch, es den Anwesenden nahe zu bringen. Aber es ist deutlich genug, dass er selbst einen ganz anderen Sinn damit verbindet. Er will dem Missverständniss eines nationalen Königreiches vorbeugen und darum betont er so energisch das **himmlische Messiasthum des Menschensohnes**. Für Wendt kann es nicht gleichgültig sein, dass man auf diesem Wege eine exakte Parallele erhält zu jenem Ausspruche Jesu in der johannäischen Passionsgeschichte: «**Mein Reich ist nicht von dieser Welt.**»

In der andern Reihe von Stellen, in welchen die Entbehrungen, das Dienen, das Leiden des Menschensohnes betont werden, erkennt Wendt an, dass Jesus den Titel darum anwendet, um die Paradoxie des Zusammenbestehens seiner messianischen Hoheit mit menschlicher Niedrigkeit anzudeuten. Er soll aber noch ein Mehreres im Auge haben: diese Niedrigkeit sei eine den prophetischen Schriften entsprechende. Es müsse sich an dem Messias-Menschensohn die irdische Armseligkeit eines Menschenkindes in specifischer Weise darstellen. Allein in diesen Aussagen handelt es sich viel weniger um die Person des Messias, als um **das**, was die Menschen von ihm dem Menschensohn **lernen** sollen. Sie sollen sich an Dem ein Beispiel nehmen, der, obgleich er der **himmlische Menschensohn** ist, doch solche Dienstleistungen und Entbehrungen auf sich nimmt: sie sollen sich dessen bewusst werden, dass, was dem Meister ansteht, die Jünger nicht verunehrt (cf. Joh. 13, 16). Durch die Deutung Wendt's wird der ganze Nerv dieser Argumentation Jesu durchschnitten. Wenn er in seiner Eigenschaft als Menschenkind dulden muss, was ist denn Auffallendes daran, was lernt man an diesem Menschensohn, das nicht Jeder an sich lernen könne?

Die Aussprüche Jesu haben fast alle einen unmittelbar **practischen** Zweck. Gesetzt aber, er hätte über seine

Persönlichkeit theoretische Belehrung geben wollen, warum beweist er nicht einmal direkt aus jenen alttestamentlichen Schriften, das der Menschensohn auch ein geschöpfliches Wesen sei, wie alle Andern. Aber im Gegentheil, wo er einmal ganz unzweifelhaft das Wesen der Messiaspersönlichkeit analysirt, da ist seiner Rede klarer Sinn: der Messias ist mehr wie David (Mt. 22, 41 f.). Wenn ich es recht verstehe, so wollte er gerade durch diese Auszeichnung des Christus die himmlische Qualität des Menschensohnes andeuten. Der Name «der Menschensohn» ist also so wenig eine Stufe die abwärts führt, dass es umgekehrt anderer Stufen bedarf, um zu ihm hinaufzuführen.

Bei der Darstellung von Wendt wie auch von Holsten, durch welche es wie das Grundmotiv hindurchklingt, dass «Jesus durch seine Selbstbezeichnung als Menschensohn sein demüthiges Bewusstsein ausdrücke, ein schwacher, geschöpflicher Mensch zu sein, wie alle andern», bekommt man fast den Eindruck, als ob die Parusieaussprüche, die zuletzt doch wohl das eigentliche Charakteristikum des Menschensohnes sind, gar nicht zu dem Begriffe gehörten, wie sie denn auch Holsten zum Theil verwirft. Beide betonen das Niedrigkeitselement im Menschensohn derart, dass dieser Name, trotz der meisterhaften Analyse Holsten's in Betreff seiner Verwendung in den Synoptikern, nur noch so nebenbei messianische Bedeutung gehabt zu haben scheint, oder, wie es Wendt selbst ausdrückt, nur als «eine indirekte (!) Bezeichnung des messianischen Berufes und der messianischen Würde» Jesu gelten kann. Zwischen Beiden aber, dem quellenmässig verbürgten Sinne des Titels und der im Interesse irgend einer Theorie hineingelegten Bedeutung können wir keinen Augenblick zweifelhaft sein.

VIII.

Jesu Aussagen über seine Parusie.

Schon die doppelte Strömung der Kritik, welche bald von den spiritualistischen Zukunftsaussichten Jesu gegen dessen unbequemere Aussprüche operirt, bald das Wohlbegründete, ja Unentbehrliche der Idee einer baldigen Wiederkunft betont,[1] lässt vermuthen, dass eben dieser Doppelcharakter der Hoffnung ursprünglich ist und dem Christenthum von Haus aus zukommt, dass nicht eine

---

[1] Zur ersteren Classe gehören Schleiermacher, Hase, Weisse, Bleek, Meyer, Ewald, Reuss, Schenkel, Baur, Colani, Volkmar, u. s. w. Zur zweiten Strauss, Renan, Weizsäcker, Keim, Hausrath, Weiffenbach, Wittichen, Weiss u. Andere. Klare Zusammenstellung und scharfe Kritik älterer Ansichten s. bei Scherer in den Strassburger Beiträgen zu den theolog. Wissenschaften 1851, p. 83 f.

Nach dem Vorgange Schleiermacher's und Weisse's hat Weiffenbach in seiner gründlichen und so umsichtigen Abhandlung über den Wiederkunftsgedanken Jesu (1873 p. 373 ff.) eine Combination zwischen den Wiederkunftsreden Jesu und den Vorhersagungen seiner Auferstehung versucht. Ansprechend ist die Hypothese auf den ersten Anblick; sie zerrinnt aber unter den Händen wie Wasser. Dass die Jünger beides verwechselt hätten, kann nur durch die andere Annahme wahrscheinlich gemacht werden, dass Jesus in ganz «dunkeln und allgemeinen Ausdrücken» (p. 405 f) von seiner Auferstehung geredet habe. Wie soll man sich aber das vorstellen? Die Prädiction des Auferstehens konnte doch nur *speciell* sein; war sie allgemein gehalten, im Sinne eines endlichen Triumphes, wo bleibt das Recht zur Bezeichnung als *Auferstehungsrede?* Und warum gaben sich dann die Jünger mit der erfolgten Auferstehung nicht zufrieden? Doch nur, wenn sie in den *Worten* Christi etwas fanden, was durch dies Factum noch nicht zu seinem Rechte gekommen; also waren diese Worte nicht so dunkel und so allgemein gewesen.

Vorstellung in die andere aufgelöst, sondern beide zu einer
Einheit verschmolzen werden müssen. Aus einem zweifachen
Grunde ist von vorn herein anzunehmen, dass die
Lehre der Parusie nicht ohne irgend welchen Anstoss
Jesu selber zu Stande gekommen ist : denn 1. gibt es
kaum ein zweites in allen apostolischen Schriften so gut
und allgemein Bezeugtes, als der Glaube, dass der aufgefahrene
Christus in kürzester Zeit zur Aufrichtung seines
Reiches wiedererscheinen werde;[1] 2. konnte Jesus, wenn
er den Jüngern seinen Messiastod vorausgesagt, schwerlich
dabei stehen bleiben, sondern musste auch darüber
hinaus weitere Aussichten in die Zukunft eröffnen.[2]

Welches waren nun aber diese authentischen, vom
Herrn selbst gehegten Hoffnungen? Keim hält dafür, dass
Jesus nothwendiger Weise, dem messianischen Schema
des Judenthums gemäss, nach seinem Leidens- und Todesentschluss
auch zu diesem Ausweg eines persönlichen
Wiederkommens auf Erden greifen musste. Aber durch
welche Urkunde, sei es prophetische, sei es apokalyptische,
ist jemals eine zweite Erscheinung des Messias auf Erden
nach schon vorangegangener Wirksamkeit desselben gelehret
und gefordert worden?[3] Daraus, dass die Juden

---

[1] S. darüber Schultz, die Lehre von der Gottheit Christi,
1881, K. 15.

[2] Darauf hat besonders Holsten treffend aufmerksam gemacht.
Dieser Schluss scheint ganz sicher, wenn wir auch die Consequenz,
die Holsten gegen die Leidensverkündigungen Jesu daraus zieht,
oben abweisen mussten.

[3] Der talmudische Spruch, dass der Messias erscheinen, verschwinden
und wiedererscheinen werde, ist der spätere mosaische
Zuschnitt des Messiasbildes, dem übrigens schon in der Kindheitsgeschichte
Jesu Genüge geschieht. Auch der Satz von dem «Verborgensein
des Menschensohnes» in den Bilderreden gehört, wie wir
wissen, einer andern Gedankensphäre an und hat mit der Parusie
nichts gemein. — Vollends ist die talmudische Lehre, dass der
Messias entweder auf einem Esel reitend, oder aber auf den
Wolken des Himmels kommen werde, wobei eine Vermittelung
zwischen beiden Ideen durch successive Erscheinungen nirgends angestrebt
wird, ein Beweis, dass eine solche Möglichkeit ausserhalb
des jüdischen Gesichtskreises lag.

nicht gleich von Anfang gegen Jesus Einspruch erhoben wegen des Ausbleibens himmlischer Zeichen, ist nicht etwa zu folgern, dass sie mit der Parusieerwartung vertraut waren. Denn Jesus hat sich lange Zeit als den Messias gar nicht zu erkennen gegeben. Späterhin aber, als seine Ansprüche laut wurden, haben die Pharisäer nicht verfehlt mit grosser Zudringlichkeit nach Wunderzeichen zu verlangen (vgl. Matth. 12, 38 ff.; 16, 1 f.). Nach Joh. 13, 36; 14, 5 scheinen die Jünger von einer Parusie keine Ahnung zu haben, sonst hätten sie Jesu Rede von seinem Hingehen danach aufgefasst, statt dessen heisst es: Wir wissen nicht, wo du hingehst. Das Judenthum wusste in der That nichts von irgend welcher Abstufung in der Wirkungsart und im Auftreten des Messias. Eine theilweise Neuerung wäre also Jesu Parusieverheissung immerhin gewesen, auch wenn er darin nur einen Ersatz für die gangbare, messianische Erwartung erblickt hätte. Wie sollte er aber rein nur dieser letzteren zu genügen bedacht gewesen sein, gerade in den Tagen, wo er leidend und sterbend durch eben dieselbe und das ganze hergebrachte Dogma den grössten Strich zog? Der Anschluss an die Ueberlieferung kann also nicht das genügende, massgebende Motiv gewesen sein.

Gleich von Anbeginn, so haben wir früher erkannt, hatte die Reichspredigt Jesu einen starken **eschatologischen** Hintergrund. Er glaubte alles Ernstes an eine zukünftige, in die Sinnen tretende Darstellung des Reiches, so ernst er es mit seiner Messiasstellung überhaupt nahm. Dieselbe Hoffnung auf eine äussere Vollendung des Reiches hat er auch dann festgehalten, als er sich dazu vorbereitete, die an ihn geknüpften Erwartungen scheinbar zu vernichten. Ja, gerade in den trüben Stunden vor seinem Leiden hat er sie, in steigender Zuversicht auf die Wahrheit und Unverwüstlichkeit seiner Sache, von neuem kräftig hervorgekehrt. Dieser Contrast ist also wohl denkbar, aber als ein innerer, psychologischer, nicht als blosse Anlehnung an eine äussere Norm.

Doch nun kommt die besondere Form in Betracht, in welche Jesus seinen Gedanken gekleidet hat. Besagt diese nicht ein Anderes und Mehreres? Man würde der Auffassung Jesu gewiss nicht gerecht werden, wenn man ihm die Erwartung des alten Prophetenthums, nämlich den Gedanken an ein eigentlich irdisches Reich und irdische Herrlichkeit zuschriebe. So stand ja auch die Sache längst nicht mehr in den frommen Kreisen des Judenthums.

Die Entwickelungsgeschichte der messianischen Ideen hat uns gezeigt, dass zuletzt die Tage des Messias, wo nicht direkt zum neuen Weltalter gerechnet, doch meist als Durchgangsstufe und Eingang zu demselben, kurz immer mehr im Lichte des Jenseits aufgefasst worden sind. Wenn in der Vision Daniel's der Menschensohn vor Gott gebracht wird und dort das Reich empfängt, so war damit nach dem jüdischen Gottesbegriff der irdische Rahmen gesprengt. Es begann der neuer Aeon, das **Himmelreich** oder, mehr nach altprophetischem Muster, eine **neue Erde**. Darum sind die **localen** Vorstellungen, Himmel und Erde, nur ungefähr entsprechend. Scharfe Trennung zwischen Beiden ist auf jeden Fall **modern**. Der eigentlich jüdische Gedanke ist ein mehr **zeitlicher**: **dieser** und **jener** Aeon.

Eine genaue Prüfung zeigt, dass die Aussagen Jesu in gewisser Beziehung sich auf derselben Linie halten. Seine Hoffnungen gehen auf den zukünftigen Aeon.[1] Die Erntezeit ist auch der Abschluss dieses Weltalters (συντέλεια

---

[1] Luc. 22, 34. 35. Matth. 22, 30 (ἐν τῷ οὐρανῷ).

αἰῶνος Matth. 13, 39 f.). Wenn Jesus von dem Kommen des Menschensohnes spricht, so darf das nicht von der alten Erde verstanden werden, sondern bezeichnet gerade das Ende der gegenwärtigen Ordnung. Die Parusie ist der eigentliche Schlussakt.¹ Es muss hier ferner daran erinnert werden, dass Jesus auch den Ausdruck Himmelreich im Munde führte, den er, nach unserm Dafürhalten, mit Bezug auf die transcendente Färbung seiner Hoffnung gebrauchte. ²

Ein doppeltes tritt völlig zurück, das rein irdische Reich und in Folge dessen auch das specifisch politische Element. Wie bei vielen frommen Gemüthern der

---

¹ Das N. Test. weiss von keinem andern Weltende 1 Cor. 1,8. 15,24f. Wenn Paulus theoretisch unterscheidet zwischen Parusie und Ende (15,23 f.), so dient jene doch nur dazu, das Ende herbeizuführen. Darum wird die Vernichtung des Todes, des letzten Feindes (15,26), auch schon in die Parusie versetzt (15,51). Nach Act. 3,21 fällt die Parusie mit der ἀποκατάστασις πάντων zusammen; nach 2 Pet. 3,10-13 bedeutet der Tag des Herrn Erneuerung Himmels und der Erde. Nur in theoretischem Interesse gibt die Offenbarung Joh. das volle eschatologische Schema (doppelten Schluss mit irdischem Glanzreich) wieder. So hat auch Matth. 19, 28, wie der Ausdruck παλιγγενεσία (s. San. 97 b, Onk. Deut. 32, 12. Targ. Jonath. zu derselben Stelle und Hab. 3, 2, vergl. Wünsche, N. Beit. p. 233, und das oben p. 93 Gesagte) beweist, Jesu das neue Weltalter vorgeschwebt. Fällt aber das Richten der Jünger auf 12 Thronen in die παλιγγενεσία, so auch dasjenige des Herrn, folglich auch seine Parusie, welche mit seinem Richteramt identisch ist, wie oben gezeigt wird. Also kann in der Parallelstelle Marc. 10, 30 (auch Luc. 18, 30) die auf den καιρὸς οὗτος bezogene Verheissung nicht von der Parusie und einem irdischen Messiasreiche verstanden werden. Matth. 5, 12 wird der grosse Lohn *für den Himmel* in Aussicht gestellt. — Die vielumstrittene Stelle Matth. 24, 3 scheint uns also nicht nur dem Gedanken der Jünger, sondern auch der Erwartung Jesu zu entsprechen: Jesus selbst denkt sein Kommen verbunden mit dem Weltende, cf. Weiffenbach l. c. p. 371 f.

² S. Schürer, Jahrb pro. Th. 1876 p. 783. — In seiner Untersuchung über den Ausdruck Jesu «Euer Vater im Himmel» (s. Z. wiss. Th. 1880) meint Holsten, dass «für das jüdische Bewusstsein aller Zeiten» Jahve der im Himmel wohnende, thronende Himmelsgott gewesen sei (p. 14 f). Die Legende von dem einförmig grauen, der Entwickelung unfähigen Judenthum hat hartes Leben. Indessen erfreut uns doch die Zustimmung von bewährten Forschern auf dem Gebiet des A. T. zu dem Resultate unseres ersten Theiles, dass seit den Tagen Daniel's etwa eine neue Phase religiösen Denkens im Judenthume begann.

Trost Israels einen supranaturalen Charakter angenommen hatte, so war es auch bei Jesus.¹ Gleich den Geschlechtern vor ihm seit Daniel, so hat auch er in transcendenten Anschauungen seiner religiösen Stimmung Ausdruck verliehen. Wenn er davon redete, dass das Reich kommen werde in Macht, oder dass der Menschensohn erscheinen werde in der Herrlichkeit des Vaters, so dachte er nicht an eine Fortsetzung der früheren Zustände, sondern an eine Krisis, an das endliche, sieghafte Eingreifen Gottes, welches die gegenwärtige Ordnung der Dinge abschliessen und eine neue, definitive, von Sünden und Leiden befreite einleiten sollte.

Es kann den eingefleischten Vorurtheilen neutestamentlicher Geschichtschreibung gegenüber nicht scharf genug betont werden, dass erst mit dieser radikalen Neuordnung im zukünftigen Aeon das eigentlich **Messianische** des Werkes Jesu beginnt. Man ist dadurch, dass

---

[1] Die Anschauung des Paulus steht der Jesu insofern nahe, als auch seine Schilderung der Parusie 1 Thess. 4, 17 dem irdischen Rahmen entwachsen ist (εἰς ἀέρα). Oder sollte man nur darum in die Luft aufsteigen, um alsbald wieder hinunterzufahren? Und, weil die Parusie ja in aller Kürze erfolgen sollte, was wäre denn aus dem ersehnten Aufenthalt bei Christus im Himmel geworden (2 Cor. 5, 8. Phil. 1, 23), wenn ein wirkliches Erdenreich Christi gemeint wäre? Die βασιλεία ἐπουράνιος war die consequente Durchführung der Idee, 2 Tim. 4. 18; vergl. Röm. 8, 19-21 (eine totale Umwandlung). Gal. 4, 26. Phil. 3, 20. Hebr. 12, 22.

Man wird den neutestamentlichen Aussagen über die Parusie nie gerecht werden, wenn man nicht festhält, dass der Gedanke des Zeitalters nach dem Himmel hintrieb, während die Ueberlieferung (das Studium der Propheten) nach der Erde zog. Dies müssen wir mit aller Entschiedenheit solch kategorischen Behauptungen gegenüber geltend machen, wie diejenige **Keim**'s (II, p. 568), dass ein Messiasthum im Himmel ein reinstes, jüdisches Unding gewesen wäre. Ist dies Urtheil wohl so recht aus vertrautem Umgang mit der jüdischen Apokalyptik heraus gesprochen? Die Apokalyptik in ihrer reinen Form zielte auf eine neue himmlische Ordnung der Dinge. Insofern auch Jesus so gedacht hat, bestätigt sich, was wir früher bemerkt, dass dies allein **religiöses** Interesse hatte; das weitere Schematisiren war schriftgelehrtes Treiben. Vergl. **Hase** (Leben Jesu, 1865, p. 228). «An eine einstmalige Vollendung seines Reiches hat Jesus gedacht, wohl **schwebend zwischen dem Diesseits und Jenseits . . . .**»

wir immer nur **von hinten** an die Person Jesu herantretend seine **irdische** Wirksamkeit als eine abgeschlossene Grösse vor Augen haben, so sehr daran gewöhnt, diese als die Hauptsache auch im Bewusstsein Jesu des Messias anzusehen, dass man die grundlegende Bedeutung der Parusieerwartung für seine Messianität ganz verkennt. So wird dies **messianische Hauptstück** immer zu einem blossen Anhängsel herabgedrückt. Es ist eine unglückselige Verschiebung des Thatbestandes, wenn man das herrliche Kommen des Menschensohnes im Gedankenkreis Jesu als ein blosses Bild für das Gericht auffasst, oder als Etwas, das auf dem Wege immanenter Entwickelung aus seinem irdischen Wirken entspringt. Allerdings ist es ein naheliegender Irrthum, sobald man, wie immer noch geschieht, Jesus den Messias direkt an die spiritualistische Reichspredigt herantreten lässt, als sei dies der ganz natürliche messianische Ausgangspunkt gewesen, oder wenn man ihm von vorn herein Kenntniss einer »doppelten irdischen und himmlischen Zustandsform« des Messias zuschreibt. Denn die unausbleibliche Folge hiervon ist eine Herabsetzung der Bedeutung der Parusie für das messianische Bewusstsein Jesu. Sie gilt dann höchstens noch als ein zweiter Akt im messianischen Berufsleben. Für Jesus aber, wenn er anders an die messianische Erwartung seines Volkes **glaubte** und nicht kritisch sich darüber stellte, war das Kommen in Herrlichkeit das eigentlich Messianische, das Primäre. Auf diesem Punkte hat er an der jüdischen Ueberlieferung festgehalten und darum ist es nicht angezeigt, gerade hier seine **Originalität** zu suchen.[1]

---

[1] Wenn Wendt die **originelle** Ausbildung des Parusiegedankens betont (l. c. p. 556), so ist daran nur so viel richtig, dass Jesus diese Erwartung wie alle anderen sittlich und religiös durchdrungen hat. Auf anderen Gebieten ist aber seine Originalität viel bewunderungswürdiger.

Die supranaturale Färbung der Erwartung Jesu erhält ihr rechtes Licht erst dadurch, dass man die Hauptsache, den positiven Kern in seinen Parusieaussagen gehörig betont. Es ist nämlich wohl zu bemerken, dass er nicht so sehr die Stellung eines Königs oder Fürsten nach prophetischem Muster beansprucht, als diejenige eines Richters,[1] worin gleichfalls die Annäherung an die Apokalyptik offenbar wird. Was ja seit dem Erscheinen Daniel's immer mehr in den Gesichtskreis der frommen Juden trat, war das von Gott präsidirte Weltgericht. In dem Masse als eine Verbindung der älteren messianischen Idee mit dieser apokalyptischen Anschauung angestrebt wurde, bekam das Auftreten des Messias selber ein forensisches Aussehen, d. h. er wurde vornehmlich als das richtende Organ Gottes gedacht. Wie aber das Richteramt in gewissem Gegensatz zu irdischem Treiben steht, so involvirte es für das neue Messiasreich, so zu sagen, einen Ruck von der Erde weg.

Danach ist nun auch das Kommen in Herrlichkeit oder die Idee der Parusie bei Jesus zu bestimmen. Es handelt sich gar nicht um ein Zurückkehren in irdische Zustände, sondern das Kommen ist so viel als ein Wiedersichtbarwerden, eine Enthüllung, eine Apokalypsis, aber eben in höherer, herrlicherer Form, zum Zwecke des Gerichtes.[2] Wenn es heisst, dass der Menschensohn sich

---

[1] Das Richteramt Jesu Matth. 7, 21. 23; 13, 41; 16, 27; 19, 28; 25, 31-46. cf. Luc. 13, 24 f., 22, 30. Joh. 5, 27; 2 Cor. 5, 10. Röm. 2, 16; 14, 10. 1 Thess. 2, 19. 2 Thess. 1, 7 f. vergl Matth. 12, 18-20. Wir erinnern daran, dass der Menschensohn gerade in der Function des Richters zuerst auftritt.

[2] Selbst wo ganz fraglos wie in der Ap. Bar. 30, 1 das Auftreten des Messias als ein Wiederkommen (redibit in gloria) bezeichnet wird, muss doch nach dem Context von einem irdischen Schauplatz ganz abgesehen werden. Der Ausdruck «kommen» ist nicht als «herabkommen auf die Erde» zu deuten (vergl. Holsten, Z. w. Th. 1891 p. 391), sondern gleichbedeutend mit $\alpha\pi o\kappa\alpha\lambda\upsilon\pi$-

schämen wird, derer die sich seiner geschämt (Marc. 8, 38. Luc. 9, 26), oder, dass Jesus vor seinem himmlischen Vater verleugnen wird, wer ihn verleugnet (Matth. 10, 32. 33. Luc. 12, 8. 9,. so denkt Jesus offenbar an das Gericht und darauf allein (nicht auf ein Erscheinen auf Erden) muss also auch der Zusatz zu den zwei ersten Stellen «wenn er kommt in der Herrlichkeit seines Vaters mit den heiligen Engeln» bezogen werden.¹

In diesen Aussagen über sein Erscheinen in Kraft und Herrlichkeit zum Gericht, streift also Jesus am meisten an die apokalyptischen Erwartungen, deren Grundgedanke von fremdartigen Zuthaten gereinigt und in seinem sittlichen Kern erfasst, auch der seinige ist. Darum war es unvermeidlich, dass er auch der apokalyptischen Bildersprache sich bediente, wie diese ihrerseits wieder zeigt, woher die Parusieanschauung stammt. Wir werden aber darauf verzichten müssen, zu bestimmen, wie weit Jesus den Bildern Realität zuschrieb, wie weit er blos in Bildern sprach. Es ist überaus wahrscheinlich, dass die Jünger manchen Zug in eigentlichem Sinne aufgefasst oder auch hinzugefügt haben. ² Anderseits aber, wenn es feststeht

---

τεσθαι Luc. 17₃₀. 1. Cor. 1₇. 2 Thess. 1₇; mit **gesehen werden** Matth. 23₃₉ (ὄψησθε). S. 2 Thess. 2₈ ἐπιφάνεια τῆς παρουσίας. Act. 2₂₀. (ἐπιφανή).

¹ Derselbe ist also dem Sinne nach ächt, auch wenn ihn Jesus in dieser Verbindung nicht ausgesprochen hat; vergl. Colani, l. c. p. 182 f. — S. auch Matth. 16, 27.

² Die freie Composition der grossen Wiederkunftsrede (Marc 13 und Parall.) kann doch nicht bestritten werden, s. Weiffenbach, l. c. p. 170 f. und Colani, l. c. p. 201 f. — Wendt (l. c. I, p. 11 f. 20) zerlegt sie in zwei Wortreihen, von welchen die eine nicht auf authentische Ueberlieferung zurückgehen soll. — Kabisch weist in Mt. 24₁₅₋₃₁ ein Einschiebsel nach. Die daselbst aufgeführten Vorzeichen des Endes kennen auch die Rabbinen (s. Wünsche, l. c. p. 306 f. Ap. Bar. 48. Assumpt. 8, 10 u. öfters), so Kriege, Hunger, Zwist in den Familien, Irrlehre, Verfinsterung von Sonne und Mond. — Erdbeben. Deb. R. 1, 4 b nach Hagg. 2, 6. — Vergleich der Parusie mit dem Blitz Ap. Bar. 53. — Angesichts der Stelle Marc. 12₂₅ wird doch das Trinken des **neuen Weines** im Reiche Gottes (14₂₅) bildlich zu verstehen sein; desgleichen Luc. 22₃₀.

(und das Gegentheil ist doch wohl nicht nachweisbar), dass Jesus wirklich glaubte, er werde persönlich auftreten zum Gericht, wer will behaupten, dass er z. B. in den 12 Thronen der Jünger oder selbst in dem Kommen auf den Wolken rein nur Bilder erblickt habe? Er hat doch auch an die Engel und den Satan geglaubt. Wenn er über Derartiges sich nicht deutlicher ausliess oder nur dem Sprachgebrauch seiner Zeit folgte, so ist das eben ein Zeichen, dass er über solche Gegenstände keine besondere, r e l i g i ö s e Gewissheit besass.[1] Innerlich gewiss war ihm nur dies, dass er als Messias auch richterliche Befugnisse erhalten werde, und so kann aus den synoptischen Zeugnissen zunächst auch nur dies geschlossen werden, dass Jesus glaubte, er werde wiedererscheinen, um ein gerechtes Gericht über die Menschen zu halten.[2]

Im Vorbeigehen sei bemerkt, dass noch eine ganz specielle Verknüpfung zwischen den synoptischen Parusiereden und der Apokalyptik besteht. Sie ist vielleicht bisher weniger beachtet worden, liefert aber nichtsdestoweniger einen auffallenden Beweis dafür, dass die Wiederkunft des Menschensohnes und die Gerichtsperspective identische Grössen sind und beständig in einander über-

---

[1] Daher er sich darin auch positiv irren konnte, wie dies für den Zeitpunkt der Parusie geschehen, s. weiter unten.

[2] Bei der grossen Zurückhaltung, die Jesus selbst in dieser Frage beobachtet hat, ist es gewagt, die Ausdehnung seiner richterlichen Gewalt genauer zu bemessen. So will W e n d t aus Matth. 25 herauslesen, dass Jesus nicht über a l l e Menschen, sondern nur über die b e i s e i n e r W i e d e r k u n f t a u f E r d e n l e b e n d e n V ö l k e r Gericht halten wird (p. 553). Wenn aber die Niniviten mit dem Geschlecht Jesu (μετὰ τῆς γενεᾶς ταύτης Luc 11,32) vor Gericht treten und wenn dieses Geschlecht nach Jesu Aussage (γενεὰ ταύτη Mc. 8,38, 9,1) die Parusie erleben soll, so müssen doch auch sie bei dem Gericht des Menschensohnes zugegen sein. Es liegt in der praktischen Tendenz seiner ganzen Lehrweise begründet, dass Jesus direkt nur die Zeitgenossen und ihre Kinder in's Auge fasst und von den früheren Geschlechtern absieht.

gehen. Wie nämlich in den Bilderreden Henoch's die Erinnerung an die noachische Fluth mit der Drohung des durch den Menschensohn zu vollziehenden Gerichtes verflochten ist,[1] so weisen auch Jesu Aussprüche über die Parusie ähnliche Reminiscenzen an jenes grosse Strafgericht Gottes auf. So Luc. 17,26.27. Matth. 24,37-40. Die ethische Nüchternheit dieser Sprüche im Vergleich zu den erwähnten apokalyptischen Schilderungen dürfte beweisen, dass sie durch den Mund Jesu hindurchgegangen sind. 2 Petr. 3, 4 f. warnt die wegen des Verzugs der Parusie Unzufriedenen ebenfalls mit dem Beispiel jener in den Wasserfluthen vernichteten[2] Welt. Ist es also ein und dasselbe Bild, welches wie ein stereotyper Rahmen den neutestamentlichen Parusiegedanken und die apokalyptische Gerichtsidee umfasst, so hat man Grund zu schliessen, dass der erstere auf die zweite zurückzuführen ist.

Dass er wiedererscheinen werde zum Gericht, war nun aber nicht die ganze Verheissung Jesu, sondern dazu kam, dass dies in Bälde eintreffen sollte, noch ehe das damals lebende Geschlecht völlig ausgestorben wäre.[3] Hierin stimmt Jesus wieder mit der apokalyptischen Denkweise überein, soweit diese fromme Bedürfnisse zum Ausdruck brachte. Zwar von Zahlen, von Tag und Stunde

---

[1] Hen. 54, 7-55, 2; Kap. 60. 65-67; vergl. 10, 22. Allerdings sind die noachischen Stücke interpolirt, auch ungeschickt eingestreut, aber doch nicht ohne allen Grund. Was daselbst von den zu Noah's Zeiten geschaffenen Ungeheuern Leviathan und Behemoth berichtet ist, wird auch in den Apokalypsen Bar (29, 4) und Esra (6, 49-52) mit den Tagen des Messias in Verbindung gebracht. Folglich war die Uebertragung der Sindfluthsgeschichten auf das Endgericht den Apokalyptikern vertraut.

[2] Cf. 1 Petr. 3, 19 f. Auch sonst (Engelgericht) sind die Petrusbriefe mit der Apokalyptik verwandt.

[3] Matth 16, 28 u. Parall. Matth. 10, 23. Luc. 18, 8. Marc. 13, 30 u. Parall.

will er nichts wissen,¹ solches schlägt aber auch nicht in das Fach des religiösen Erkennens; nur soviel war ihm, wie dem Glauben aller Frommen gewiss, dass die Vergeltung, der endliche Sieg Gottes nicht ausbleiben könne, sondern nahe, vor der Thüre sei. Wenn er also anderwärts² auf eine **Verzögerung des Kommens** anspielt, so darf daraus nicht gefolgert werden, dass er doch an der Nähe des Gerichtes gezweifelt hätte. Im Gegentheil, darin sieht er ja gerade den Gedanken der **Ungläubigen**. Auch würde man bei dem ungeduldigen Drängen der Jünger (und des Judenthums überhaupt) nach der Stunde der Entscheidung, sich darüber gar nicht zu wundern haben, wenn Jesus bisweilen vor Uebereilung gewarnt hat. Dass aber diese seine Mahnung noch so lange über die von ihm festgesetzte Zeit hinaus seiner Kirche zu gute kommen würde, hat er eben nicht gedacht.³

Wie hätte Jesus solch erhabene Seelenruhe bis an's Ende bewahret, wenn er nicht eine ganz unerschütterliche Zuversicht des bevorstehenden Sieges besessen hätte. Die Nähe der Parusie ist gewissermassen nur ein anderer, concreter, gemeinfasslicher Ausdruck für die absolute **Gewissheit** derselben.⁴ Es ist in der Art des wahren

---

¹ Marc. 13, 32. cf. Act. 1, 6 f. Dieser Ausspruch gehört Jesu bestimmt an (der Talmud lehrt nur, dass Menschen und Engel den Tag nicht kennen) und hat ein leicht erkennbares **religiöses** Motiv Aber nicht weniger bestimmt hat Jesus von der Nähe seiner Wiederkunft geredet, denn auch dieser liegt, wie oben gezeigt wird, eine **religiöse Idee** zu Grunde. Beides verbunden ist also nur erklärlich von einem vorwiegend **religiösen** Denken aus.

² Matth. 24, 28. Luc. 12, 45. Matth. 25, 5; cf. 25, 19.

³ Hier dürfte folgende Bemerkung am Platze sein: wenn Jesus noch in letzter Zeit so eindringend warnte vor voreiligem Herbeiwünschen des Endes, so ist das ein Fingerzeig dafür, wie weit für sein Bewusstsein das in den Gleichnissen angedeutete **allmähliche Wachsen** des Gottesreiches ausgedehnt werden darf.

⁴ S. bes. Luc. 18, 6-8. Darum ist auch die paränetische Abzweckung (Bereitsein, Bekenntniss zu Jesu, Wachsamkeit, dazu die Gleichnisse), die Hauptsache in den Stellen von der Parusie.

Glaubens, Berge zu versetzen und das Unmögliche möglich zu machen. Vor der heissen Sehnsucht des frommen Gemüthes verkürzt sich die Perspective der Zeit und des Raumes. Das lehrt sowohl der alten Propheten wie Jesu Hoffnung. Wenn er sich nun thatsächlich in seiner Berechnung geirrt hat, so ist dieser Irrthum, da es sich bei ihm nicht um eine wissenschaftliche, historische Erörterung handelt, irrelevant, gleichsam nur ein formeller, er entspringt nicht einem mangelhaften (im Gegentheil, für den Fall einem zu weit getriebenen!) religiösen oder sittlichen Bewusstsein, sondern ist gerade der factische Beweis dafür, dass religiöse Vollkommenheit keine Allwissenheit einschliesst.

War also Jesus von seinem baldigen Kommen überzeugt, so fehlt auch jeder Grund, die durch unsere Evangelien (Marc. 13, 1 ff. u. Parall. Matth. 23, 38. 39. Luc. 13, 35) nahe gelegte Ansicht, dass er auch die Tempelzerstörung auf die gleiche Epoche ansetzte, irgendwie zu verdächtigen. Denn nicht nur war das Hinschwinden alles Bestehenden, also auch des Tempels,[1] ein Grundsatz der höheren apokalyptischen Erwartung, sondern gerade weil er sein Wiedererscheinen hauptsächlich als das des Richters auffasste, wird ihm die Idee eines solchen Gerichtes über das ungläubige Judenthum immer mehr eingeleuchtet haben. Auch wird man der geistigen Individualität Jesu zutrauen dürfen, dass sie über den engen Tageshorizont hinauszuschauen vermochte. Hat er Andere aufgefordert, die Zeichen der Zeit zu unterscheiden, wie sollte seinem religiösen Fernblick die bevorstehende nationale Katastrophe ganz entgangen sein.[2] Nicht äusserlich hat er sich hierin der Apokalyptik

---

[1] S. oben p. 64 und 92.
[2] S. Marc. 13, 28. Entgegengesetzte Argumente hat man gesucht in der Offenbarung Joh. und in Röm. 11.

angeschlossen, sondern deren Gedanken innerlich angeeignet.

Es ist demnach eine ganz leere Ausflucht, wenn man vorgibt, Jesu Zuhörer hätten das den Juden angedrohte Gericht des Tempelunterganges mit seinen Aussprüchen über die Parusie verwechselt und darum auch für die letztere eigenmächtig dasselbe frühe Datum festgestellt. Vielleicht möchten umgekehrt unsere Evangelisten, insofern sie ihre Werke nach dem Jahre 70 verfassten, gerade die enge Verknüpfung Jesu zwischen beiden Fakten zu vermeiden oder etwas zu lockern gesucht haben.[1] Wer sich nicht zu dem Gewaltstreich entschliessen kann, das Wort über den Tempel Jesu abzusprechen, den treibt Alles dahin, dass dieser die halsstarrigen Juden treffende Schlag dem Geiste des Meisters als ein begleitender Umstand seiner Parusie vorgeschwebt habe.

Auf die Frage, wie sich eigentlich Jesus den Tempelruin zusammen mit seinem transcendenten Kommen vorgestellt hat, wird wohl zu antworten sein, dass er ihn, wie die Evangelien es darstellen, als Vorspiel der Parusie aufgefasst habe. Schwerlich aber dürften die einzelnen Züge der Zerstörung, wie sie z. B. Lucas (21, 20 f.) bietet, auf Jesus selbst zurückgehen. Alle diese eschatologischen Stücke, Untergang der Stadt und des Tempels, sein eigenes «Kommen», waren für ihn religiös gewisse Thatsachen, aber es darf nie vergessen werden, dass die Art ihrer Realisation nicht Sache des religiösen intuitiven Denkens ist. Es kann daher bei ihm so wenig als bei den Apokalyptikern von völlig harmonirenden eschatologischen Elementen die Rede sein. Wie bei Diesen manche irdische Züge in das himmlische Gericht sich mischten, so streiften auch ge-

---

[1] S. die Abstufung εὐθέως, ἐν ἐκείναις ταῖς ἡμέραις, ἄχρι οὗ πληρωθῶσιν καιροὶ ἐθνῶν. Matth. 24, 29 u. Parall.

wisse Vorstellungen Jesu (so schon das «Kommen», die Prophetie über den Tempel und überhaupt die Bildersprache) an irdische Zustände. Es ist daher nicht zu verwundern, wenn die Jünger, die gestern noch Juden waren und von Jesus stets die Einführung des messianischen Zeitalters erhofften, bei seiner Parusieverkündigung stets auch und in erster Linie an die Reichsherrlichkeit dachten, und es könnte sein, dass sie arglos diesen und jenen Zug zu den Parusiereden hinzugefügt hätten. Darum ist auch dieser Glaube so bald Gemeingut der Christenheit geworden. Wie die Anschauung des Gerichtes in der Apokalyptik Ersatz bot für die prophetische Hoffnung, so brachte der judenchristliche Parusiegedanke den neueintretenden Christen Ersatz für ihre jüdische Erwartung.[1]

Haben wir durch die vorangehende Auseinandersetzung den authentischen Gedanken Jesu getroffen, was ist damit für dessen Selbstbewusstsein erreicht? Indem er von dem älteren prophetischen und auch mehr volksthümlichen Messiasthum ablenkte und der von Daniel eingeleiteten, rein apokalyptischen Hoffnung zuneigte, hat er die irdischen, nationalen Zukunftsträume abgewiesen, und, so viel es sich auf dem dunklen eschatologischen Gebiete und mit dem jüdischen Sprachgebrauch vorstellig machen liess, den Gedanken zu erwecken gesucht an einen höheren, universellen Triumph Gottes, welcher sich nicht nach natürlichen Bedingungen richtet und in dem Masse auch dem religiösen Gefühle volle Befriedigung gewährt. Wie innerlich seine Auffassung ist, zeigt sich aber noch mehr

---

[1] Treffend bemerkt Lipsius (Jahrb. des deutschen Protestantenvereins 1871, p. 65 f.), dass die ersten Christen an die Messiaswürde des Gekreuzigten zu glauben wagten der Parusie halber, aber nicht sowohl weil sie den neuen, religiösen Inhalt hineinlegten, als weil sie darin den alten Inhalt und die alte Form wiederfanden.

darin, dass der Schwerpunkt der Parusie auf das gerechte Gericht über gute und böse Thaten fällt. Darum hat er auch diese Idee hauptsächlich zur Förderung frommen Lebenswandels und als Antrieb zur Wachsamkeit benützt. Ja, diese religiös ethische Seite war so sehr Hauptsache, dass die Idee des Gerichtes selber bisweilen andere Formen annehmen und z. B. durch das Bild vom «Anklopfen und abgewiesen werden» ersetzt werden konnte.[1]

Der religiöse Charakter der Parusieaussagen im Ganzen genommen und insofern man zunächst von der persönlichen Rolle Jesu absieht, ist also unanfechtbar. Wollte man einwenden, warum er denn nicht dazu fortgeschritten ist, die apokalyptische, transcendentale Erwartung in eine rein religiöse, immanente umzusetzen, so ist eben die Frage die, ob nicht eine lebendige religiöse Weltanschauung den tröstenden Ausblick fordert auf einen einmaligen, umfassenden Abschluss, der die Erdenverhältnisse aller Zeiten wie in einem Brennpunkte sammelt und wiederspiegelt und darum auch allein dem Glauben volles Genüge gibt. Gilt uns die religiöse Anschauung Jesu als die normale, so muss auch diese Frage bejaht werden. Oder ist es nicht so, dass das Gottesgefühl, je intensiver es ist, mit desto grösserem, gleichsam centripetalen Drange, jedes zeitliche und örtliche Auseinander verwischend, Alles und Jegliches in Gott zu schauen wünscht? Wie der allwaltende Gott selbst nur in dem Begriffe der Persönlichkeit dem Menschenherzen wahrhaft religiös zugänglich wird, so will auch des Frommen Auge von dem Triumphe des göttlichen Princips in der Zusammenfassung aller Einzelverwirklichungen desselben sich vergewissern.

---

[1] S Luc. 13, 24 ff. Matth. 25, 11. 12. Es dürfte darum gefragt werden, ob im Geiste Jesu die Vorstellung vom Gericht die einzig entsprechende äussere Darstellung seines Bewusstseins gewesen ist. In anderer geistigen Mitte lebend hätte er möglicherweise auch für dessen Inhalt eine andere Form gefunden.

Und was ist denn die Anschauung des Weltgerichtes im Grunde Anderes als das Flächenbild, auf welchem alle einzelnen fortschreitenden Linien der Menschheitsgeschichte nebeneinander projicirt erscheinen? Es ist dies allerdings nicht die erfahrungsmässig, geschichtsphilosophisch richtige, aber die religiös wahre Idee.[1]

Doch mit der Gerichtsscene ist der Parusiegedanke Jesu noch nicht erschöpft: wichtiger, bedenklicher ist, dass er sich dabei eine hervorragende Rolle, nämlich die richterliche Entscheidung zumisst. Denn die oben angeführten Stellen besagen mehr als einen Schiedsspruch Gottes nach der Stellung zu Jesu Wort und Sache. Das persönliche Element ist nicht auszutilgen. Jesus steht auf Seite Gottes den Menschen gegenüber.[2]

Wie passt dieser Anspruch, das Gericht auszuüben, in den Rahmen eines menschlichen Bewusstseins? Es liegt in der That solche Behauptung über alle unsere Erfahrung, auch über die höchste religiöse Erfahrung hinaus. Ist es doch das Wesen der Kreatur und zumal der religiösen Persönlichkeit, sich in der Unterordnung unter Gott und in der Abhängigkeit von seinem Willen zu fühlen. Hier schnürt sich also der Knoten. War Jesu Bewusstsein ein übermenschliches oder hat er sich zu schwärmerischen Einbildungen verstiegen, für welche er

---

[1] Das religiöse Denken setzt nur Ursache und Wirkung und ignorirt die Zwischenstufen. Was daher für die Geschichtsbetrachtung die Hauptsache ist, nämlich genaues Einreihen nach Zeit und Ort oder die Perspective, das tritt für das religiöse Denken völlig zurück. Wir haben schon oben darauf aufmerksam gemacht, wie auch in der alttestamentlichen Prophetie die Perspective grosse Verkürzung erleidet.

[2] Es kann wohl als der tiefere Sinn der Aussprüche Christi dies angegeben werden, dass «sich durch seine Person die Menschheit innerlich scheiden werde» (Wittichen, Idee des Reiches Gottes, p. 171); das ist aber nicht der historische Thatbestand: das Richteramt Jesu ist nicht die Consequenz davon, dass er «der vollendete Mensch» gewesen, sondern davon, dass er sich als den Menschensohn wusste.

doch keine feste, untrügliche Gewähr in sich trug? Nur dieser doppelte Ausweg scheint offen zu bleiben.¹ Dass wir in unserer ganzen Erörterung bisher keine Spur von Beidem entdeckt haben, beweist allerdings nicht, dass das Eine oder das Andere unmöglich, muss aber von voreiligem Schlusse abhalten. Ob das Richteramt rein nur auf einer metaphysischen Sonderstellung Jesu beruhen könne, ist man immerhin zu fragen berechtigt, weil er, gerade in dieser Hinsicht der richterlichen Befugnisse, seinen Jüngern ein ähnliches, dem Seinigen offenbar homogenes Vorrecht zugesteht (Matth. 19, 28. Luc. 22, 30). Sollte jedoch das in Frage stehende Moment mit dem bisherigen Gesammteindruck des Lebens Jesu ganz und gar nicht zu reimen sein, so müsste man vor der Hand wenigstens bei Verfolgung seiner Entwickelung die ungenügende Information der Geschichtsschreibung frei anerkennen und den betreffenden Theil des synoptischen Berichtes durch ein vorläufiges «non liquet» ausscheiden.

Ist denn nun aber im vorliegenden Falle die exacte Wissenschaft unwiderruflich auf die obige Alternative angewiesen? Wofern nur dies feststeht (und alle Anzeichen begünstigen die Annahme), dass Jesu Messiasgewissheit in den Tiefen seines Gottesgefühles ihren Ursprung genommen, muss dann nicht für ihn das wissenschaftliche Urtheil in so weit abgeändert werden, als ihm eben eine neue, keinem Andern zu Gebote stehende Erfahrung, nämlich die Messiaserfahrung, zu Theil wurde? Ist die letztere unserem empirisch bedingten Standpunkt ganz fremd, so dürfte uns auch kein massgebendes Urtheil darüber zukommen, wie weit er sich im Vollgefühle seiner Messianität über das gemein menschliche Niveau erheben

---

¹ Die betreffenden Stellen a limine abweisen, wie Holsten that (s. Z. w. Th. 1891 p. 74), ist nicht Zeichen einer vorurtheilsfreien Kritik.

konnte: mit anderen Worten, nur ein zweiter Messias vermöchte den Ersten und die Legitimität seiner Parusieaussagen hinreichend zu beurtheilen.

Enthält denn nicht schon dass eine Factum, dass Jesus sich allen Ernstes für den von den Propheten verkündigten Messias gehalten hat, ein so gewaltiges Mysterium, dass alle anderen davor schwinden? Wer Jesu diese Machtvollkommenheit zuerkennt, wie dürfte er mit ihm in Betreff der einzelnen damit verbundenen Privilegien markten? Der volle Glaube Jesu an seine Messianität, das ist der Grundpfeiler, der das ganze Gebäude trägt. Es ist aber vollends inconsequent anzunehmen, dass der geschichtliche Jesus seine Erhebung in den Himmel zu Gott, ja «eine Rückkunft vom Himmel her in Messiasherrlichkeit zur Uebernahme und Verwaltung des Reiches der Himmel» erhoffte, — und zu bestreiten, dass er den Gedanken, mit dem Richteramt vertraut zu werden in sein Bewusstsein aufnehmen konnte.[1] Warum muss nur dieses ausgeschlossen werden? Warum soll gerade diese Erwartung der Richtergewalt eine unverantwortliche Schwärmerei sein? Oder wenn sie in der That unserem modernen Urtheil so erscheint, muss sie der Historiker nicht vielleicht nach einem andern Kanon beurtheilen und von ihr gelten lassen, was er in Bezug auf die Wolkenfahrt Jesu bemerkt «man hüte sich, was für uns Schwärmerei wäre, in Jesus Schwärmerei zu nennen. Den Weltgesetzen des jüdischen Bewusstseins widersprach nichts in dieser Erwartung.»[2] Aber nicht nur die jüdischen Weltgesetze im Allgemeinen differiren von den unsrigen, sondern die jüdische Christologie insbesondere hatte eine ganz andere Höhe erreicht, als unsere

---

[1] Holsten, l. c. p. 74 f.
[2] Holsten, l. c. p. 60 (2).

moderne Theologie vielfach annimmt. Wer einmal eingesehen hat, wie leicht in der vorchristlichen Apokalyptik die Vorstellungen von Gott und dem Messias in einander übergehen,[1] dem wird es nicht mehr einfallen, Jesum gelehrte, unjüdische Exegese von Daniel treiben zu lassen, zu dem Zwecke, dass ihm als alleiniger Weltenrichter Gott, mit Ausschluss des Messias, gewiss werde. Es wäre an der Zeit sich ein für allemal und gründlich dieser antiquirten christologischen Auffassung zu entschlagen.

Man wird erkennen müssen, dass, sobald sich Jesus einmal zur Messiasgewissheit, zur Würde des Menschensohnes hinaufgeschwungen hatte, in dieser einen That alle anderen «in nuce» enthalten waren. Jesus der Richter der Menschheit ist nicht besser, aber auch nicht weniger zu begreifen als Jesus der Meschensohn. Gut sagt Beyschlag: «Es kann nicht gottheitlicher sein, Weltrichter zu sein als Welterlöser».[2] In demselben Bewusstsein und mit demselben Ernst Jesus d i e s e Würde beansprucht, hat er auch j e n e beansprucht, und wenn er einmal an diese g l a u b t e, so konnte er nicht umhin, auch an jene zu g l a u b e n, denn das Richteramt war von der Würde des Menschensohnes unzertrennlich. Scheint dies der Vernunft ersteiglich, so doch nur insofern man es auf dem Wege des verstandesmässigen Denkens zu erschwingen trachtet; solches ist aber bei Jesus nie und nimmer der Fall gewesen, sein Selbstzeugniss beruht auf religiösem Urtheil.

---

[1] Für die neutestamentlichen Schriften hat Holsten selbst diese Beobachtung gemacht, dieselbe aber nur flüchtig in einer Anmerkung zum Ausdruck gebracht (s. l. c 75 ¹). Hätte er seine Kenntniss erweitert und, wie in dem ersten Theile unserer Untersuchung gezeigt wird, in das vorchristliche Judenthum zurückverfolgt, sie hätte sich gewiss aus der kleinen Anmerkung heraufgearbeitet und auf die Darstellung des messianischen Bewusstseins Jesu einen ganz andern massgebenden Einfluss ausgeübt.

[2] Leben Jesu II, 1886, 324.

Die Idee des Menschensohnes hatte im Judenthum noch einen andern Correlatbegriff, nämlich die Präexistenz, s. oben p. 85 f. Wir hatten uns in der ersten Auflage dahin ausgesprochen, dass, weil Jesus nur seine **religiöse Erfahrung** ausdrückte und von einem vorweltlichen Dasein seiner Person nichts wusste, so sei es folgerichtig, dass er dasselbe nicht in Anspruch genommen habe. Damit sind wir auf halbem Wege stehen geblieben (s. Ménégoz, Annales théol. 1889). Wenn Jesus alle andern hohen Prärogativen des Menschensohnes unbeirrt hinnahm und mit voller Zuversicht auf sich anwandte, so ist nicht wahrscheinlich, dass er nur **die eine** abgewiesen hat. Die himmlische Präexistenz hatte für das jüdische Bewusstsein nichts befremdlicheres als die Parusie. Jesus dürfte um so mehr daran geglaubt haben, als diese Vorstellung doch auch wieder seiner innersten Erfahrung entgegenkam. Der tiefe, beseligende Gottesfrieden in seinem Herzen war im Grunde ein wunderbares Geheimniss. Es tönte daselbst fort und fort wie eine Stimme aus der jenseitigen Welt. Die fortgesetzten Erfahrungen einerseits von dem Verderben der Welt, von dem ungleich niedrigeren Niveau, auf welchem alle andern, auch die Besten um ihn, standen, und anderseits das Gefühl, dass es ihm nur wohl war, und dass er sein müsse «in dem das seines Vaters ist», mussten ihn in dem Glauben bestärken, dass seine Heimath, sein Ausgangspunkt nicht die Erde sei, sondern eben jenes himmlische Vaterhaus, von dessen «vielen Wohnungen» er so gern redete (Joh. 14,2). Dem entsprach aber wiederum der tiefere Sinn des jüdischen Präexistenzgedankens, der nur eine Erklärung für die **geheime göttliche Kraft und die Heiligkeit** der präexistenden Dinge war (s. oben p. 89). Wenn die Apostel, wie Lobstein überzeugend nachgewiesen hat (s. Notion de la préexistence 1883), in dem Präexistenzschema, das sie auf Christum anwandten, eine geeignete Form für ihre religiöse Erfahrung fanden, so ist es für Jesus in analoger Weise eine erklärende Formel seiner eigenen Persönlichkeit gewesen. Allerdings hat diese Betrachtungsweise vor allem nur für ihn selbst besondere Bedeutung gehabt. Sie war für seine Wirksamkeit nicht von solcher praktischen Tragweite wie etwa die Idee der Parusie. Darum wird er sie auch nur selten und höchstens in ganz vertrautem Kreise berührt haben, was das Stillschweigen der Synoptiker erklärt.

IX.

Entwickelungsgang des Selbstbewusstseins Jesu.

Das Messiaswerk Jesu und das messianische Zeugniss, das er sich selber ausstellt, haben wir bedingt geregelt gefunden durch eine tiefe, einzigartige religiöse Anlage. Dies ist der durchaus sichere psychologische Factor, der in das Innere der Persönlichkeit einzudringen gestattet, und auf diesem Wege allein ist auch die Lösung der schwierigen Frage nach **Entstehung** und **Entwickelung** ihres messianischen Bewusstseins zu versuchen.

Es kann natürlich nicht unsere Absicht sein, diese Entwickelung in Einzelnen, d. h. mitten im Wechsel der in unseren Quellen verzeichneten Thatsachen, zu verfolgen. Dies ist vielmehr Aufgabe der Disciplin des Lebens Jesu. Die evangelischen Perikopen werden uns hier nur insofern interessiren und beschäftigen, als sich denselben bedeutsame, Stimmung und Gefühle Jesu illustrirende Merkmale abgewinnen lassen. Von der grössten Wichtigkeit, aber leider auch Unsicherheit, ist dabei die chronologische Reihenfolge dieser Erzählungen: wir werden als den in dieser Hinsicht relativ massgebenden Bericht denjenigen unseres zweiten Evangelisten zu Grunde legen.[1]

Es ist in unseren Tagen mit Nachdruck betont worden,[2] dass eben wegen dieser zeitlichen Unordnung der Quellen die echt geschichtliche Detailerzählung des Lebens Jesu so ziemlich unmöglich sei und man sich mehr mit einer Sachordnung begnügen müsse. Und gewiss, in der Regel wird man diese Bemerkung für zutreffend halten müssen. Könnte jedoch nicht in einzelnen Fällen die fortschreitende Linie des Selbstbewusstseins Jesu als Correctiv verwendet werden und zum Leitfaden dienen? Sollte nicht gerade von dem Studium dieses Bewusstseins aus für etliche Aussprüche des Meisters eine approximative Stelle aus inneren psychologischen Gründen postulirt werden können, und dürfte nicht in solch beschränktem Umfange die Psychologie als Surrogat der mangelnden Chronologie gelten? Man hat dies Verfahren als **unhistorisch** gebrandmarkt.[3] Aber ist denn diese psychologische Methode nicht durch und durch **historisch** determinirt, sobald man im Auge

---

[1] S. die Begründung des chronologischen Vorzugs des Marcus bei Holtzmann, Lehrbuch der h. krit. Einleitg in's N. T. 2. Aufl. 1886, p. 368 f. Weiss, Leben Jesu I, p. 47 f.; wohingegen Matthäus, dessen Berichterstattung zwar in manchen Stücken noch einen ursprünglicheren Charakter als Marcus aufweist, doch was Vertheilung und Gruppirung des Stoffes betrifft, sich mehr von sachlichen Rücksichten leiten liess. Indessen wird sich herausstellen, dass auch bei Marcus Einzelnes von seiner ursprünglichen Stelle verrückt worden ist.

[2] S. Haupt, l. c. p. 22 ff.

[3] So Nösgen, l. c. I 1891. Wie angezeigt dasselbe aber ist, zumal wenn es sich um eine so gewaltige Persönlichkeit wie Jesus handelt, zeigt am besten der Umstand, dass Nösgen an anderem Orte selbst darauf verfällt, so bei der Versuchung in der Wüste. «Alle Erlebnisse Jesu müssen vor allem aus seiner einzigartigen singulären Persönlichkeit heraus, so weit als das uns möglich, erfasst werden.» p. 197 (1). Was haben wir dann anderes behauptet? Sind wir diesem Rathe Nösgen's nicht nachgekommen, noch ehe er ihn gegeben hatte?

behält, dass es sich um eine gegebene Persönlichkeit in einem gegebenen Rahmen und mit einem besonderen Berufe, kurz um eine historische Grösse handelt? Wir werden also kein Bedenken tragen, diese Norm gelegentlich anzuwenden.

Es ist eine überaus wichtige Erkenntniss, auf die wir grossen Werth legen, und für welche gerade in Ermangelung authentischer, historischer Zeugnisse das ganze zweite Kapitel dieser Untersuchung einstehen mag, dass Jesus, insofern ihm ein vorwiegend frommes Gemüth eigen war, schon frühzeitig mit Vorliebe in den messianischen Hoffnungen seines Volkes leben und weben musste. Lange ehe er das Wort vom Reiche öffentlich verkündete, hatte er sich in die Anschauung desselben und in sein harmonisches, Geist und Natur in Einklang bringendes Wesen versenkt. Elisabeth und Zacharias mit ihrem ahnungsvollen Ausblick in die Zeit der Erlösung, Hana und Simeon mit ihrer freudigen Begrüssung des Erschienenen können immerhin als die typischen Repräsentanten jener frommen, in den Propheten bewanderten, von messianischen Erwartungen getränkten Kreisen gelten, in welchen Jesus aufgewachsen ist: sie haben ihm, im Verein mit seinen Eltern, wie das auch die Engeloffenbarungen an dieselben so schön darstellen, den Messiasglauben schon in die Wiege gelegt.

Als er, zum Jüngling herangereift, über das Denken und Treiben grösserer Volksschichten einen Ueberblick gewonnen hatte, musste er auch der verschiedenen Strömungen gewahr werden, welche auf dem eschatologischen Gebiete hervortraten. Da lernte er neben einer mehr politischen und volksthümlichen, die rein schriftgelehrte, juridische und auch die freiere, lebendigere Richtung der Haggadisten kennen. Diese, für die wir in schriftstellerischer Beziehung einen annähernden Ausdruck in der Apokalyptik¹ gefunden haben, wird ihm oftmals während des Gottesdienstes der Synagoge in der begeisterten Rede gewisser Volkslehrer entgegengetreten sein.

Es wäre nun von vornherein verfehlt, sich einzubilden, dass Jesus sich gegen die eine oder andere Richtung kritisch verhalten; denn, wenn er sich der letztgenannten ohne Zweifel am nächsten fühlte, so geschah es seiner Eigenart gemäss, wie durch eine natürliche Hinneigung, im dunkeln Drange seines Herzens.² Der trockenen Schriftgelehrsamkeit, welche die messianischen Hoffnungen in starre, schulmässige Dogmen umsetzte, hat ihn entfremdet, was religiöse Geister jederzeit abstiess, der Stolz und die Kälte der Schule. Wenn die Gelehrten im Tempel über seinen Verstand und seine Antworten sich verwunderten (Luc. 2, 46, 47), so ist daraus zu schliessen, dass seine Auffassung lebendiger und tiefer war. Und wenn ihm auch nicht Alles, was die Synagoge bot, gleichmässig zusagte, hier wurde doch die Stimme manches haggadischen Redners laut, der durch den erbaulich religiösen Charakter seiner Predigt und durch seinen strengen sittlichen Ernst ihn ansprach.

Dabei darf man sich aber nicht verhehlen, was man immer und immer wieder zu verkennen geneigt ist, dass Jesus von Anfang an keine principielle und bewusst von seiner Umgebung verschiedene oder über das Juden-

---

¹ Natürlich wird der mehr wissenschaftliche Apparat der Apokalypsen (Zahlen, Symbole u s w) in der Synagoge unterblieben sein; aber ihre paränetischen Theile und ihre eigentlich messianischen Schilderungen können davon einen Begriff geben, wie auch in den Gemeindeversammlungen über solche Gegenstände gesprochen wurde. Wir gebrauchen also hier das Wort Apokalyptik in seinem weitesten Sinne, zur Bezeichnung der eigenthümlichen Gestaltung der messianischen Idee in den letzten Jahrhunderten.

² Vergl. Sabatier, Encycl. des sciences relig. VII, 1880, p. 366: «sans jamais prendre l'attitude de critique, sans se poser aucune question proprement historique ou théologique, sa conscience y (dans l'Ecriture) fait néanmoins spontanément une sorte de départ entre ce qu'elle peut s'assimiler et ce qu'elle a dépassé.»

thum hinausliegende Messiashoffnung hegen konnte. Auch er wird mindestens erwartet haben (denn das war ja in jeder prophetischen oder apokalyptischen Lehre inbegriffen), dass mit Anbruch der neuen Aera auf irgend eine Weise eine **Umwandlung der äusseren Verhältnisse** stattfinden werde.

Es ist dieses bisher zu sehr verkannte Moment des Bewusstseins Jesu von ganz hervorragender Bedeutung für den Historiker, weil er ohne dasselbe das volle Verständniss Jesu nicht erlangen kann.[1] Jesus hat doch nothwendig als Kind in den Anschauungen seiner Eltern gelebt. Oder wollte man eine einzigartige ethische Vollkommenheit des Knaben oder des Jünglings behaupten? Solch wunderbare Geistesgeburt wäre nicht minder unbegreiflich als die übernatürliche Leibesgeburt. Es ist bald gesagt, dass Jesus sofort dies und jenes ablegen musste. Was er ablegen musste und abgelegt hat, darüber steht Niemanden, auch dem Besunehmenden nicht, ein Urtheil a priori zu, darüber dürfen nur die Quellen entscheiden. Das Studium derselben aber führt zu dem Resultat, dass Jesus nicht von vornherein die eine Hälfte der Erwartung seines Volkes verleugnet habe. Wie nun diese messianische Metamorphose genauer zu denken sei, darüber schwankten die Ansichten seiner Zeit: Jesu Vorstellungen darüber waren aber um so weniger abgeschlossen oder vollendet, als diese Seite, wie er sie eben einfach gläubig hingenommen, ihn weiter nicht oder gewiss nur wenig beschäftigte.

Was ihn hingegen je länger je mehr anfechten musste, das war die religiöse Grundstimmung des Judenthums, nämlich die steife, geregelte Heilspraktik, die Unzahl kleinlicher und ängstlicher Vorschriften, wodurch

---

[1] S. unten die Bemerkungen über die Versuchung Jesu.

man sich des göttlichen Wohlgefallens zu versichern
strebte: hier kannte und besass Jesus in seinem frommen
Gefühl und Willen ein ganz anderes, direktes Mittel,
Gott nahe zu treten, dem der Zwischenzaun von Satzungen eher störend als förderlich in den Weg sich stellte.
In dem Masse nun, - als Jesus diesen gesetzlichen Wust
nicht als ein Indifferentes, sondern vielmehr als etwas
seinem Fühlen und Bewusstsein Fremdes erfuhr, wurde
der Nomismus ein gewaltiges Reagens, das ihn mit steigender Macht nach dem messianischen Pole hintrieb. Nicht
als ob daselbst Abrogation des Gesetzes zu hoffen gewesen
wäre, die suchte er so wenig wie ein Anderer: aber die
alles beherrschende Stellung desselben schwand, verlor
sich in den beglückenden, farbenreichen Erwartungen. An
der Gewissheit vollen Heils und voller Seligkeit im neuen
Zeitalter stumpfte sich gleichsam das Akute des Gesetzes
ab (s. p. 113 ff.). Wenn der peinliche Regelnzwang in
der Gegenwart dem religiösen Leben eintönige Schranken
setzte, so eröffnete sich dem Geiste in der messianischen
Perspective Freiheit, Aufleben und Entfaltung der Persönlichkeit: dort an dem weiten, lichten Horizonte war Raum
für die Individualität, dort konnte sie sich in Herzens-
lust ergehen und

<blockquote>in vollen, in durstigen Zügen
trinken die freie, die himmlische Luft.</blockquote>

Eine wo möglich noch höhere Intensität musste sein
messianisches Hoffen und Glauben erreichen, wenn er
im stillen Genuss der ihm geschenkten Seligkeit an seine
bedrückten Brüder und Volksgenossen dachte. Wie viele
auch mit ihm der Erlösung harrten, sie hatten doch nur
mehr die Sehnsucht, sie empfanden eben nicht den tiefen
Gottesfrieden, welcher Jesu aus seiner Anschauung ent-
gegenströmte. Darum ward sein Wunsch von Tag zu
Tag heisser, dass doch gar bald der holde messianische

Augenblick herbeikommen möge, wo allesammt sich Gottes freuen und getrösten möchten. Und wenn er nun wieder in sich schaute und den beseligenden Frieden so ganz nahe in seinem Herzen spürte, da, in diesem Vorgefühl, das ihm wie die Gewähr der allgemeinen, messianischen Seligkeit erschien, trieb es ihn gewaltig, hinzugehen zu seinen Brüdern und ihnen zuzurufen: das Reich Gottes hat sich genahet; da erkannte er es mit steigender Klarheit, der Geist des Herrn sei auf ihm, frohe Botschaft zu bringen den Elenden, zu verkünden ein Gnadenjahr Jehova's (Luc. 4, 18. 19).

Der innere Drang wuchs, die Stimme sprach lauter, aber noch immer hielt Jesus zurück: er harrte auf einen deutlicheren Wink von oben. Da plötzlich erschallte der Ruf eines am Jordan taufenden Propheten, der verkündete, dass das Reich Gottes nahe sei, und dass nach ihm ein Stärkerer auftreten würde. Wie mächtig tönte das im Innern Jesu wieder! Diese Taufe, diese Predigt, sie waren vom Himmel (Marc. 11, 30.). Stadt und Land lief hinaus, und auch Jesus ging, überzeugt, dass ihm Gott dort volle Gewissheit schenken würde. Und siehe, wie er dem inneren Drange sich so ganz überliess, da fühlte er die Nähe Gottes so unmittelbar wie noch nie zuvor, und gerade, als er betend aus dem Taufwasser stieg, vernahm er eine Stimme, die sprach: «Du bist mein geliebter Sohn, an dem ich Wohlgefallen habe.» Das war die entscheidende, unzweideutige **Messias-declaration Jesu**. Denn wie es in den Zeitvorstellungen für die religiösen Güter keine andere Kategorie als die eschatologische gab, so gab es nun auch für das bis zu diesem höchsten Grade gestiegene Gottesgefühl keinen anderen Ausdruck als den der Messianität.

Es handelt sich also in der Taufe nicht um einen messianischen «Entschluss» Jesu. Es war vielmehr der

Empfang einer göttlichen Offenbarung. Das vorhin Bemerkte über die messianischen Lieblingsgedanken, denen Jesus nachhing, und die ihn zur Taufe an den Jordan führten, soll nur zeigen, wie er innerlich für diese Offenbarung vorbereitet war. Auch in seinen herrlichsten Thaten wirkt Gott nicht unvermittelt. Aber ohne den gottgewirkten Antrieb seines Willens, ohne diesen Schlag in sein Herz und in sein Gewissen wäre Jesus nicht der Messias Israels geworden. Er mochte noch so lange und noch so tief nachdenken, durch die blosse Reflexion fand er in seinem Innern keine genügende Legitimation eines so gewaltigen Schrittes. Ohne den göttlichen Faktor würde die Psychologie allerdings, wie mit Recht hervorgehoben worden ist,[1] zur Annahme besonderer Vorgänge hingedrängt, wie sie in der Geburtsgeschichte Jesu berichtet werden.

Von hieraus löst sich auch die viel ventilirte Frage, ob Jesus auf Grund seines Sohnesbewusstseins zum Messiastitel griff, oder ob Ersteres auf theokratischem Boden erwuchs. Die so gestellte Frage richtet nur Verwirrung an, indem sie Das, was für Jesus gleichzeitig war, als ein Successives setzt. Es ist das Gefühl, der Sohn Gottes zu sein, und folglich auch der Glaube, dass ihm dieser Titel zukomme, für Jesus nicht früher und nicht später als sein Messiasbewusstsein. Es sind nicht zwei unterschiedene Gefühle, so dass er ein doppeltes Bewusstsein in sich getragen hätte. Allerdings ist Jesus von jeher in innigem Verhältnisse zu Gott gestanden, aber sein Gottesbewusstsein lag noch immer in der Schwebe, so lange er nicht zur Messiasgewissheit als zum Angelpunkt durchgedrungen war; erst in dieser hat er sich selbst ganz gefunden, vorher war er eben noch nicht

---

[1] Nösgen, p. 107.

der Sohn Gottes. Der letztere Begriff fällt also keineswegs aus der messianischen Sphäre heraus; er wird zwar bei Jesus nicht durch dieselbe producirt, kommt aber doch erst in derselben recht zu Stande. Beides, Sohnes- und Messiasbewusstsein, ist nicht von Anfang an in Jesu gewesen, oder doch nur potenziell, beides ist geworden und nur in unauflöslicher Verbindung möglich. Indem Jesus den Vater erkannte, wie Niemand ausser ihm (Matth. 11, 25), weiss er sich zugleich als den Sohn und den Messias. Die abstrakte Scheidung beider Begriffe ist also ein moderner Einfall und entspricht dem Bewusstsein Jesu nicht. Die einzige, wahre Blüthe seiner religiösen Erfahrung war die Messiasgewissheit, und darin besteht die innere Einheit seiner Person.[1]

Diese psychologisch wohl verbürgte Auffassung der Messianität Jesu findet ihre Bestätigung auch in den geschichtlichen Urkunden, in der synoptischen Taufrelation. Die Geschichtlichkeit der Taufhandlung im Grossen und Ganzen kann nicht angetastet und auf Rechnung der messianischen Verherrlichung Jesu gesetzt werden, schon darum nicht, weil das Judenthum von einer Taufe des Messias nichts weiss. Die Ausmalung derselben aber nach den zeitgenössischen Anschauungen in einzelnen Stücken wird man zugeben müssen.[2]

---

[1] S. dagegen Beyschlag (Leben Jesu I, 1885, p. 209) auf Schleiermacher sich berufend: es sei Gottes Ordnung, dass zuerst das persönliche Bewusstsein erwache und sich ausprägte, danach das Bewusstsein einer eigenthümlichen Bestimmung für die Welt. Aber das menschliche Bewusstsein kann sich doch nicht in's Leere hinein ausprägen, sondern nur in eine gegebene Form, welche es allenfalls mehr oder weniger rasch umzugestalten versteht. Wenn Schleiermacher für seine Auffassung geltend macht, dass sonst Jesus die messianische Idee ergreifen musste, wie sie im A. Test. und in der Volkserwartung gegeben war, so war das bis zu einem gewissen Grade auch wirklich so, wie aus unserer Skizze (s. bes. die Versuchungsgeschichte) zu ersehen ist.

[2] Dahin gehören die Himmelsstimme und die Taubengestalt. Es handelt sich nicht darum die Fabeln von der Bath Qol mit den neu-

Es ist unverkennbar und kann durch diese ausmalenden Züge hindurch wahrgenommen werden, dass die Evangelisten mit derselben ein Hauptmoment der Messianität Jesu darstellen. Nach Abzug der einkleidenden Elemente, welche das Ereigniss durchweg zu materialisiren streben, muss die kritische Forschung auf einen inneren, subjectiven Vorgang schliessen, der in Jesus einen unvergesslichen Eindruck zurückgelassen, und worüber er wohl später seinen Jüngern Mittheilungen gemacht hat. So kann dann die himmlische Anrede nur darauf hindeuten, dass Jesus während der Taufe die lebhafte Empfindung hatte, in dem innigen, beseligenden Verhältniss zu Gott zu stehen, welches für seine Begriffswelt der Messiasstellung gleichkam. Auch Keim setzt «den geistigen Entscheid Jesu» an den Jordan, und Beyschlag bemerkt über die Taufe: «Jesus erlebte in diesem Moment den Durchbruch seines messianischen Berufsbewusstseins».[1]

---

testamentlichen Stimmen nach Seite ihres Inhaltes zu vergleichen; da besteht allerdings ein gewaltiger Abstand zwischen dem Talmud und dem N. Testament (s. Lightfoot, Hor. heb p. 81 f.). Insofern die Himmelsstimmen des letzteren zwar auch künstliche, aber zugleich adäquate Darstellung realer Seelenvorgänge sind, haben sie ein relativ höheres Recht. Aber wie diese eine Entlehnung der überlieferten Formen hätte verhindern müssen oder warum die in Jesu Zeitalter erneuten Geistesmittheilungen den alten Formen Abbruch thun sollten, ist doch nicht einzusehen — Die Taube, Symbol des heiligen Geistes s. Wünsche, N. Beit. p. 21; bei Philo ist sie das Bild der göttlichen Weisheit, Siegfried, l. c. p. 315; nach Chag. 15a schwebt der Geist so nahe über den Wassern (Gen. 1, 2) wie die Taube über ihren Jungen: dass der Vergleich sich nur auf das Moment «der Nähe» und nicht auch auf die beiden Wesen selber beziehe, ist apologetische Spitzfindigkeit. Targ. Ps. Jonath. Gen. 8, 11 zufolge kam der von der Taube gebrachte Oelzweig vom Messiasberg, s auch Keim, I p. 365. Sonst gilt die Taube auch als Sinnbild Israel's. Das Herabkommen des Geistes s. Jub. 25.

[1] Weiss zufolge hätte er sich schon zuvor als Messias gewusst und daselbst nur den Wink erhalten. Ob aber die Wortwendung der Stimme dem entspricht? Volkmar, für welchen Jesus sich nur als den Sprecher und Prophet Gottes ansah, meint doch, dass

Dass der Vorgang innerlicher und religiöser Natur war, wird besonders daran anschaulich, dass die Worte der Stimme sich in alttestamentliche Reminiscenzen auflösen.[1] Jesus hörte also ihm durch das Lesen der Propheten und Psalmen vertraute Schriftsätze,[2] und in der durch die gleichzeitige Erfahrung verbürgten Anwendung auf ihn selbst erhielten sie jetzt einen entscheidenden persönlichen Sinn. Dies ist nun aber auch wieder ein Beleg dafür, dass er in der oben bezeichneten Stimmung zur Taufe Johannis hinzutrat: nicht nur fühlte er sich auf der Schwelle dieses am Jordan verkündigten Reiches, sondern er hegte auch die feste Zuversicht, dass ihm daselbst völliges Licht über seinen eigenen Beruf aufgehen würde. Der Boden war bereit, und Gottes Allmacht bewirkte, dass Jesus mit unerschütterlicher Messiasgewissheit aus dem Taufbad hervorging.

---

sich derselbe «seit der Ausrüstung mit dem Geist aus dem sich ihm öffnenden Himmel als den erstgeborenen Sohn Gottes erkannte, der alle Söhne Israel's zur gleichen Kind- und Sohnschaft Gottes berufen und erheben sollte» (Jesus von Naz. p. 145). Wie aber solche Erkenntniss für die jüdische fromme Anschauung nicht zugleich die messianische Würde umfasste, das vermag sich doch nur eine moderne Kritik einzureden, der das Drückende der orientalischen, messianischen Atmosphäre vor 18 Jahrhunderten in unseren heutigen, soviel anders gearteten Luftströmungen verweht.

[1] Marc. 1, 11 ist Verknüpfung von Jes. 42, 1 und Psalm 2, 7, — Zur selben Stunde, sagt Mid. Ps. 2, 7, da Gott den Messias einen neuen Bund schliessen heiss', spricht er zu ihm: «Heute habe ich dich gezeuget.» Es dürfte auffallen, dass diese letzten Worte des Psalmverses nicht auch in der synoptischen Stimme wiedertönen. Wäre es nicht darum, dass die Idee der übernatürlichen Geburt davon abhielt?

Beyschlag (Leben Jesu I, p. 212 f.) meint: nur der Täufer habe gesehen, und es liege in der Natur der Sache, dass auch er die Sache erzählt habe. Warum denn nicht Jesus, der doch wohl auch seine Versuchung erzählt hat? Sodann war doch Jesus auch nach Beyschlag (p. 221 f.) psychologisch vorbereitet, um zu schauen und zu hören. Wenn er darum ein Visionär gescholten werden könnte, so entginge er ja auch des Hörens halber dem Vorwurfe der Hallucination nicht. Und welche Bedeutung bliebe dann noch seiner Taufe für Jesus selber?

[2] Dieselben Worte hört er zum Theil wieder Marc. 9, 7.

Ehe wir die nun folgende Entwickelung desselben ergründen, vergegenwärtigen wir uns zunächst die grosse Tragweite dieser in der Menschheitsgeschichte einzigen Schöpferthat Gottes. In der religiös erfassten Messianität lag im Grunde eine ganze neue Welt; sie enthielt das ganze Christenthum im Keime. Hat nämlich Jesus sein messianisches Bewusstsein aus dem Gefühl geschöpft, dass Gott in ihm lebte, so hat das den Sinn, dass seine **Auffassung Gottes** von der herrschenden abwich: für ihn, der den Höchsten als seinen Vater ansah, war der transcendente, starre Gottesbegriff, und mit demselben alle seine Folgen (s. p. 45 ff.), wie mit einem Schlage aufgehoben. Der mehrhundertjährige Bann, der auf dem Judenthum lastete, war gebrochen. Auch in der jetzigen, verdorbenen Welt offenbarte sich und nahte sich Gott den Menschen, wie die Erfahrung Jesu bewies; es geschah aber auf innerlichem, persönlichem Wege und war nicht an gesetzliche Leistungen gebunden, darum war auch das neue Reich seinem Wesen nach spiritualistisch, universal, vom Satzungsjoche befreit. Die religiöse Messiaserkenntniss war also in der That der gewaltige Hebel, welcher die alte religiös sittliche Welt des Judenthums aus den Angeln zu heben vermochte.

So stand die Sache **virtuell** und so musste sie werden. So stand sie aber gewiss nicht **von vorn herein** im Bewusstsein Jesu, weil er eben nicht durch irgend welchen **Vernunftschluss** zum Bewusstsein seiner selbst gelangt ist. Man mag den Fall betrachten wie man will, es scheint ein Ding der reinsten Unmöglichkeit, dass er kraft einer, noch so tiefen, Denkoperation zum Messiastitel gegriffen habe. Ergab sich doch aus unserer Untersuchung über die Entwickelung der messianischen Ideen als festes Resultat, dass das Messiasbild in den Tagen Jesu eine Höhe eingenommen hatte, wo es in himmlischen Zügen strahlte und verklärt schien. Auch abgesehen von dem erhabensten, rein apokalyptischen Messiastypus, wurde schon das einfachere, volksthümliche Davidsideal in ein Uebermenschliches verklärt.[1] Ein rein ethisches gab es nicht, so überaus willig man es auch statuiren möchte: auf einen vorchristlichen, prophetischen Messiastypus ist, wie früher gezeigt worden, nicht zu bauen. Es wird sich allerdings herausstellen, dass Jesus erst in der letzten Epoche seines Lebens zum apokalyptischen Titel Menschensohn gegriffen hat; nichtsdestoweniger, wäre er reflectirend auf die messianische Bahn getreten, er hätte doch zunächst bei der apokalyptischen Erwartung und ihren ethischen Gedanken verweilt, aber auch da hätte ihn dann die transcendente Färbung derselben von dem entscheidenden Schritte zurückgehalten.

Aber gesetzt auch die Umstände hätten viel günstiger gelegen, als sie lagen, würde nicht gerade die nüchterne, ruhige Ueberlegung auch einen Davididen von einem Wagestück abgehalten haben, das so viele Hoffnungen erregen sollte, die er doch nicht zu erfüllen gedachte? Ja noch mehr. Vom Standpunkt des logischen Denkens aus müsste es für Jesus sogleich evident geworden sein, dass seine Erfahrung oder überhaupt sein Gottesgefühl einen ganz neuen, dem Nomismus entgegengesetzten Heilsweg im Gefolge führe, wie dies vorhin ausgeführt worden ist. Des Gegensatzes also seiner religiösen Auffassungsweise zu der entsprechenden jüdischen und auch alttestamentlichen wäre er sich dann in erster Linie bewusst gewesen und hätte diesen Gegensatz auch herauskehren müssen: d. h. er wäre eigentlich nicht der Messias der Juden, sondern der Reformator des Judenthums ge-

---

[1] Wir erinnern an die Psalmen Salomo's.

worden,[1] er wäre nicht gekommen zu erfüllen, sondern aufzulösen.

Nun aber ward der messianische Beruf Jesu gar nicht durch Verstandesgründe hervorgerufen: es war vielmehr eine in den wunderbaren Tiefen des religiösen Geisteslebens ihm gewordene direkte Offenbarung, von welcher seine Person so überwältigend und so unmittelbar wie von einem elektrischen Schlage getroffen wurde. Er hat den messianischen Process in ihm zunächst nicht nach der Seite seines **Ursprungs** (nämlich als eine neue Heilsauffassung) **durchdacht**, er hat ihn einfach nach der Seite seines **Resultates** (die Taufe als die göttliche Sanction seiner Messianität) **empfunden** und hingenommen. Nicht wie er der Messias geworden, beschäftigte ihn, sondern dass er der Messias sei, war jetzt seine Ueberzeugung.

Wenn also das messianische Bewusstsein Jesu kein von aussen her oder durch irgend eine logische Deduction Angenommenes ist, so ist es ein ebenso überflüssiges wie eitles Bemühen, die zeitgenössische Eschatologie und überhaupt die Wege so ebnen und glätten zu wollen, dass der schlichte und gerade Sinn eines Erdensohnes ohne Ueberspanntheit und übermässige Anstrengung sich für die hohe Rolle des Gesalbten befähigt halten durfte.[2] Ob Jesus sich zur Messias**idee** hinauf-

---

[1] Weiss, p. 283: «Jesus ist kein Religionsstifter im modernen Sinn, wie konnte ein Sohn Israel's auf den Gedanken kommen eine neue Religion stiften zu wollen.»

[2] Erst von hier aus wird eine völlig vorurtheilsfreie Untersuchung der jüdischen messianischen Hoffnungen möglich: man wird sich nicht getrieben fühlen, das hochgediehene Messiasideal möglichst herabzustimmen oder den Untergang der messianischen Idee zu vermuthen, um dann nachher nur mit genauer Noth wieder begreiflich machen zu können, wie so bald schon im apostolischen Zeitalter die Christologie mit dem Nimbus himmlischer Glorie umgeben wurde.

schwingen konnte, ist dann überhaupt nicht mehr zu fragen, desto mehr allerdings dies Andere, ob einem Menschen eine so einzigartige religiöse Erfahrung zukomme. Vielleicht dürfte unsere Erörterung zu Beginn dieses Kapitels psychologisch klar gemacht haben, wie solches im Falle Jesu sich verwirklichte. So unmöglich die Entstehung seines messianischen Selbstbewusstseins auf rationellem Wege scheint, so denkbar wird sie auf religiösem.[1]

Für's Erste halten wir also soviel fest, dass durch das Vernehmen der Stimme bei der Taufe die Gefühlswelt Jesu allein afficirt wurde, dass seine Ansichten und Anschauungen über die messianische Zeit und deren Merkmale davon unberührt blieben und auf jeden Fall nicht plötzlich und magisch durch dies Ereigniss verwandelt werden konnten. Welches nun zur Zeit diese Anschauungen Jesu waren, kann schon darum nicht mit scharfen Umrissen gezeichnet werden, weil auch die zeitgenössischen Gemälde in der Hinsicht eine grosse Unsicherheit verrathen. Eines aber war denselben allen gemein, nämlich eine herrliche Darstellung des Reiches Gottes in äusserer, sinnenfälliger, wie auch immer beschaffener Weise. Gewiss lag nun auch derartiges (und wiederholt wird es sich bestätigen) im Bewusstsein Jesu, obgleich nicht im Vordergrund desselben. Bisher allerdings war diese Seite latenter, so zu sagen, unbewusster Inhalt seiner Hoffnung gewesen: anders wurde es von der Stunde an, wo der Messiasberuf sich ihm aufdrang. Jetzt handelte es sich um die reale Begründung des Reiches, um die Ausführung einer praktischen Aufgabe.

---

[1] Wir verkennen nicht die Macht der Idee auf das menschliche Gemüth; aber dann muss dieselbe durchweg richtig, d. h. dem betreffenden Bewusstsein völlig adäquat sein. Und sollte die religiöse Ueberzeugung nicht noch mächtiger als die Idee zu Wort und That anspornen?

Wie natürlich, wenn da der Gedanke an Mittel, Form und Ziel derselben erwachte und für eine Weile die ganze Person in Anspruch nahm! Entfernte Analogien könnten ja auch sonst im Seelenleben constatirt werden. Hohe, gewaltige Gefühle bemächtigen sich im Augenblick derart des Menschen, dass die praktischen Schwierigkeiten ihm erst hinterher zum Bewusstsein kommen.

Es ist eine ganz grundlose Annahme, dass Jesus sogleich nach Empfang seines Messiasbewusstseins zu der öffentlichen Thätigkeit übergehen musste, welche unsere Evangelien schildern. Dazwischen lag, genau besehen, ein Abgrund. Musste denn für ihn sein Auftreten nicht den Beginn des messianischen Zeitalters bedeuten? Und war denn der Eintritt desselben, es mochte sonst noch so geistig gefasst werden, nach jüdischer Lehre nicht stets mit Zeichen[1] und äusserer Machtentfaltung verbunden? Alles drängt dahin, dass, bevor Jesus die Kunde vom Reiche erschallen liess, er sich ernstlich fragen musste, ob denn Gott nicht sichtbarlich eingreifen und, wie es für den Beginn des neuen Zeitalters verheissen war, Himmel und Erde erschüttern, ob er nicht wenigstens durch irgend welche Himmelszeichen ihm, seinem Gesandten, den Augenblick, die Wege und Mittel seines Wirkens anweisen werde. Mit andern Worten, Jesus musste zuerst auf eine ähnliche, grosse Katastrophe gefasst sein, wie er sie später, nachdem er die Gewissheit seines Todes erlangt hatte, für die Zeit seiner Parusie in Aussicht stellte.[2]

---

[1] Die Zeichenforderung der Pharisäer Marc. 8, 11. Matth. 16, 1. Matth. 12, 38 f, Luc. 11, 29; der Jünger Marc. 13, 4. Matth. 24, 3 (in der Parusie sahen sie das eigentliche messianische Zeitalter). Nach letzteren Stellen hätte Jesus selber die üblichen Vorzeichen angeführt.

[2] Nur das entspricht genau jüdischem Glauben und Hoffen. Wenn Jesus später die glanzvolle Parusie nach Leiden und Tod

Und wenn nun dieses sichtbare Eingreifen Gottes von Tag zu Tag verzog, welche Wolke über seiner Messiasgewissheit! Damit war also ein erster Conflict zwischen seinem religiös gewonnenen Selbstbewusstsein und seiner in gläubigem Herzen bewahrten Anschauungswelt angebahnt.[1] Eine Erinnerung an diese schmerzhafte und wichtige Krisis im Lebenslauf Jesu, und damit zugleich eine Bestätigung unserer Auffassungsweise scheint in der synoptischen Versuchungsgeschichte niedergelegt zu sein.

Es wird nämlich diese Erzählung so wenig wie diejenige von der Taufe in einen reinen Mythus aufgelöst werden können. Zwar die Idee, dass den grossen Ge-

---

und nach einer vorläufigen irdischen Wirksamkeit ansetzt, so ist das schon eine Modification, zu welcher ihn nur die Erfahrung veranlassen konnte. Vollends ist es aber gegen alle Traditionen des Judenthums, dass Jesus, wie Holsten meint, von Anfang an zwei Stufen angenommen und das herrliche «Kommen» auf den Wolken gleich für das Ende angesetzt habe. Sobald man, wie Holsten thut, das Postulat der anfänglichen Reichsherrlichkeit für den Messias ignorirt, und doch noch einigermassen dem synoptischen Lebensbild Jesu getreu bleiben will, so ist es die unvermeidliche, verhängnissvolle Consequenz, dass man ihm schon für die erste Zeit den Glauben an eine «doppelte Zustandsform» des Messias zuschreibt und damit die Einheit seines Denkens und seiner Person zerreisst. Und obendrein welch innerer Widerspruch! Wenn doch Jesu Geist sich gleich mit der ersten niedrigen Zustandsform des Messias befreundet, ja wenn diese Stufe seinem Glauben und Denken so sehr entspricht, dass er auch den Hoheitstitel Menschensohn ohne Bedenken auf dieselbe Tiefe herabsetzt, was quält er sich dann noch ab mit einer zukünftigen, ganz heterogenen Parusie? Ist es ein Rest jüdischen Hoffens, ein ernster dogmatischer Skrupel? Das wäre etwa dann noch denkbar, wenn er dies herrliche «Kommen», wie es die jüdische Tradition erheischt, sofort für den Anfang seines Auftretens erwartet hätte. Aber dieser vergeistigte Jesus, der alles frei interpretirt, soll sich in einem Stück an das Alte gehalten haben, und auch hier nur zur Hälfte!

[1] So viel Wahres auch an dem Satze ist von «der keuschen Zurückhaltung und Selbstzucht Jesu, die ihn nie mit Möglichkeiten rechnen liess, die für den Augenblick unnöthig waren» (s. Haupt, l. c. p. 49), gewisse Anschauungen brachte er doch mit, oder hätte er von Kindheit an zurückgehalten? Was ist aus denselben geworden, jetzt, da er sich als den Messias wusste? Ein Escamotiren derselben erklärt eben nichts.

stalten der Vorzeit (Moses, Abraham, Elias, auch den Engeln) Prüfungen als Bewährungsmittel ihrer Treue zufielen, ist den Rabbinen und dem Zeitalter Christi ganz geläufig. Auch mögen einzelne Züge[1] daher entlehnt sein. Aber eine jüdische Ueberlieferung, Versuchungen des Messias betreffend, ist unbekannt, und wenn die synoptische Erzählung eine christliche Erdichtung aus einem Gusse wäre, so hätten sie die Christen anders gestaltet, wahrscheinlich mehr nach dem Modell der Mose zugeschriebenen Prüfungen.

Hat aber diese Erzählung einen geschichtlichen Kern, so wird derselbe kaum ein Anderes als die dargestellten Anfechtungen Jesu zum Inhalt haben. Ob auf die genauere Berichterstattung des Matthäus und Lucas zu bauen ist, könnte zwar fraglich scheinen, da das älteste Evangelium sicher mit ein kurzen, allgemeinen Andeutung begnügt. Indessen spricht doch sehr zu Gunsten der ausführlicheren Tradition, dass ihre verschiedenen Versuchungsmomente mit den Gefühlen, die Jesum damals beherrschten, in bestem Einklang stehen. Scheint nicht in den beiden ersten Fällen, die auf Verwandlung der Steine in Brod und auf wirksames Einschreiten der Engel lauten, wie ein Appell an eine Intervention von oben anzuklingen, ein Erwarten wunderbarer Zeichen, wodurch seine messianische Würde offenbar zu Tage träte? Wenn

---

[1] So die vierzigtägige Dauer. Nach der Zeitvorstellung kommt dem Satan die Rolle des Versuchers zu, s. Wünsche, N. B. p. 24. Durch die Genesisstelle von dem Kampfe des Weibessohnes mit der Schlange war allerdings eine Gegenüberstellung des Messias und des Satans nahegelegt (s. Lightfoot, Hor. II, p. 83), dass sie aber im jüdischen Gedankenkreis auf ein ganz Anderes abzielte, zeigt Jalkus Jes. 9, 1 (bei Edersheim, II. p. 728): der Erzfeind verlangt den Messias zu sehen, als ihm dies gewährt wird, fällt er auf sein Angesicht und gesteht, dass ihm dieser in die Gehenna werfen werde. Damit ist also die finale Vernichtung der satanischen Mächte gemeint, Offenb. 20. Luc. 10, 18.

du Gottessohn, d. h. der Messias bist, so lautete damals die bange Frage, solltest du dann nicht über Wunderkraft verfügen, sollten nicht der Engelschaaren dir sichtbarlich zu Hülfe eilen? Der dritten Zuflüsterung des Bösen zufolge ist auch der volksthümliche, politische Messiasgedanke an Jesum herangetreten; er hat sich die Frage gestellt, ob nicht sein Werk, wie die Propheten gelehrt hatten, die Unterjochung der Heiden und die Eroberung der Weltreiche bezwecken solle.[1]

Die trüben Tage des Wüstenaufenthaltes und des inneren Schwankens schlossen für Jesus mit einem mehrfachen, geistigen Erwerb. Mit vollster Energie und endgültig hat er damals das davidische Messiasideal und alle kriegerischen Gelüste abgewiesen. Aus der so kräftigen Verurtheilung dieser Idee als einer «satanischen» (Matth. 4, 10) dürfte geschlossen werden, dass diese Form dem Bewusstsein Jesu am Entferntesten lag, dass er also von jeher mehr der apokalyptischen Anschauung zugethan war, wonach das Reich Gottes ohne Waffengewalt, aber unvermittelt durch eine Machtoffenbarung des Höchsten erscheinen werde. Damit ist aber nicht gesagt, dass anfänglich das Davidsideal seinen Geist nicht streifen konnte. Man denke an gewisse Prophetenstellen und besonders daran, dass Jesus jetzt in's Gedränge gekommen war; der messianische Zeitpunkt war erschienen und Gott erhob sich immer noch nicht von seinem Throne.

Die endgültige Verwerfung des politischen Ideals war nicht der einzige Gewinn. Der Schnitt in den traditionellen Glauben Jesu ging tiefer. Noch länger auf

---

[1] Es könnte schon die zweite Versuchung ein **politisches Moment** enthalten. Es heisst Jalkut 2, p. 56 d, dass, wenn der Messias kommen wird. er sich auf des Tempels Zinne stellen und von dort aus die grosse Befreiung verkündigen werde, u. s. w. Siehe Edersheim, I, p. 293.

Wundern und Zeichen zu bestehen, die zu seiner inneren Erleuchtung bekräftigend hinzukommen müssten, schien ihm jetzt «Gott versuchen». Man lasse sich nicht irremachen durch die Art, wie er späterhin die Pharisäer anführt (Matth. 12, 39; 16, 4), als hätte er selbst niemals an Zeichen gedacht. **Seine Zeichenforderung war aufrichtig** gemeint; als traditioneller Glaube war sie bei ihm **religiös** gefärbt. Wären seine Gegner in solch ernstgemeintem Zweifel zu Jesus gekommen, er hätte sie darüber belehrt, dass das Reich Gottes in erster Linie Geist und Wahrheit sei. Nun war es aber ihre Absicht, Jesus in die Enge zu treiben; ihr Bedenken war kein redliches, **vor Gott**; sie waren eine **ehebrecherische**, d. h. bewusst gottlose Art.[1] Mit solchem «Sauerteig» hatte Jesus allerdings niemals etwas gemein gehabt.

Das Reich Gottes (dies war von jetzt ab eine klar erkannte Wahrheit für ihn), bestand vorab nach Gottes Willen, wenn auch nicht ausschliesslich, so doch hauptsächlich, wie er es ja an sich selber erfahren hatte, in innerem Frieden und im Glauben «an ein jegliches Wort, das durch den Mund Gottes hervorgehet». Den durch die Schriften verheissenen Segen würde Gott schon zu seiner Zeit sichtbarlich über sein Volk ausschütten; aber zuvor müsse jene Erkenntniss eine allgemeine werden. Standen ihr aber Sünden und Mangel an Gottvertrauen entgegen, so lautete ja das messianische Motto zunächst, und ganz natürlich: «Thut Busse und glaubet an das Evangelium» (Marc. 1, 15).

Jesus mag sich um so zuversichtlicher in diese Anschauung gefunden haben, als schon das religiöse Judenthum da-

---

[1] Daher der Vorwurf der Sünde gegen den heiligen Geist, Matth. 12, 31 f.

mit Bahn gebrochen hatte. Wir wissen, wie zunehmender Abfall und Gottvergessenheit Manche auf die Nothwendigkeit einer das Messiasreich einleitenden Busszeit geführet hatten (s. oben p. 114 ff.). In diesem Glauben hatte ja der Täufer sein Wort erschallen lassen. In den langen Stunden der Wüsteneinsamkeit, da Jesus nach Aufklärung sich sehnte, sind nun diese Bilder eines bussfertigen, gläubigen, innerlich vorbereiteten Judenthums unablässig vor seiner Seele aufgestiegen. Dies alles erhielt jetzt in seinen Augen ein ganz neues Licht. Was für die Synagoge doch nur mehr der Eingang oder die einleitende Phase des messianischen Zeitalters war, das trat für ihn vielmehr in den Mittelpunkt.

Man wird hier die **innere** Errungenschaft Jesu am besten an dem **äusseren** Umstand messen können, dass er das, was bisher mehr als das Amt des Vorgängers gegolten hatte, nun auch zur Thätigkeit des Messias selber rechnete. Auf diese Weise hat Jesus damals den Grund gelegt zu der Einsicht, dass vorläufig dem Volke kein anderes Zeichen gegeben werden sollte, als das des Jonas, d. h. als die Predigt der Busse und der Sinnesänderung (Marc. 8, 12, Matth. 16, 4). So hat er vor der Hand in den **Zeichen der Zeit**, d. h. in den gemachten Erfahrungen einen vorläufigen Ersatz für die wunderbaren **Himmelszeichen** gefunden und in den religiös sittlichen Zuständen seiner Umgebung wie am Himmel lesen gelernt. Erst von hieraus wird die neue, seltsame, gegen das Herkommen verstossende Messiasthätigkeit Jesu einigermassen verständlich. Für den Anfang war sie derjenigen des Vorläufers analog.[1] Die Versuchungsgeschichte ist also eine psychologische Nothwendigkeit im

---

[1] Nach Marc. 1, 14 hat Jesus auch erst mit Gefangennehmung desselben den Augenblick für gekommen erachtet.

Leben Jesu des Messias. Sie ist so gut an ihrer Stelle an der Schwelle seiner öffentlichen Wirksamkeit, dass dieselbe in ihrer Eigenart sonst kaum verständlich würde. Zugleich bürgt sie dafür, dass es Jesus mit seinem Messiasglauben ernst genommen und nicht eine blosse Formel darin gesehen hat.

Die letztere Bemerkung ist nun zur Charakterisirung der ersten Hälfte des Wirkens Jesu in doppelter Hinsicht von Werth: sie erklärt nämlich, wie das Reich Gottes in seiner Predigt eine doppelte Färbung trägt, und bietet sodann, um dies gleich hier zu erwähnen, den Schlüssel zu der eigenthümlichen Erscheinung, dass er seine Messianität verheimlicht.

Die Wichtigkeit der Versuchungsgeschichte, so haben wir betont, ist nicht zu unterschätzen. Es darf aber auch nicht zu viel daraus gefolgert werden. Nur für den Augenblick hatte Jesus von der Darstellung des Reiches in Herrlichkeit abgesehen. Seine Verzichtleistung war nur eine vorläufige. Von dem Glauben selber, dass diese Herrlichkeit bald offenbar werde, hat er nicht gelassen und konnte er nicht lassen. Denn die in die Sinne fallende, durch Gott herbeizuführende Vollendung des Reiches gehörte zum Ganzen der Erwartung und ist schliesslich vor einem intensiven religiösen Bewusstsein auch wohl zu rechtfertigen.

Dass man sich noch vielfach über die tiefe Wahrheit, die religiöse Berechtigung solcher Erwartung Täuschungen hingibt, beweist die geflissentliche Mühe, mit welcher man die Spuren derselben in dem Bewusstsein Jesu zu verwischen oder zu vertilgen sucht. Warum aber wäre die fromme apokalyptische Erwartung, insofern sie nur die Rechte des Allmächtigen über seine ganze sichtbare Schöpfung behauptete, nicht ein Element des religiösen Bewusstseins Jesu gewesen? Dies war festzuhalten, auch wenn man von dem politischen Ideal und dem menschlichen Herrschen absah. Hat nicht der Täufer, gewiss ohne jegliche Idee an politische Umtriebe, noch lange auf ein äusseres Eingreifen Gottes geharrt? Hat nicht Paulus von einer Sehnsucht der ganzen Schöpfung gewusst, Röm. 8, 29 f.? Im Lichte dieser religiösen Hoffnung seiner Zeitgenossen konnte Jesus die Erfüllung der irdischen Verheissungen der Propheten auffassen und verstehen. Wohl, nicht alle Züge der Weissagung brauchte er aufzunehmen, aber das ihr Gemeinsame bestimmt, sonst hätte er sich kritisch über dieselbe gestellt.

Man kann sich der Folgerung nicht entziehen, dass wenn Jesus wählerisch zu Werke gegangen ist und mit der einen Hälfte der Erwartung völlig gebrochen hatte, er dann innerlich von der Messiashoffnung seines Volkes schon getrennt gewesen wäre.[1] Solche Vergeistigung ist allerdings verzeihlich bei einem modernen Christen, den achtzehn Jahrhunderte von den heissen Erwartungen des Judenthums trennen. Ob aber auch Jesus so völlig sich über dieselben hinausgesetzt hat? Dass auch bei unserer Voraussetzung «die Nüchternheit» Jesu, und vielleicht noch bewunderungswürdiger, zu Tage tritt, mag aus der ganzen Darstellung hervorgehen. An der Lösung, dass «er schlechterdings gar nicht daran gedacht hat, was werden solle», ist nur soviel richtig, dass er die Zukunft stets getrost in Gottes Hände gelegt hat; seine persönlichen Ansichten waren aber einstweilen dadurch nicht aufgehoben.

---

[1] So mit Recht Weiss gegen Haupt. Weiss statuirt zu viel, wenn er zu sehr die rein irdischen Verheissungen der Propheten betont und auf die Sublimirung des Gemäldes in der Apokalyptik nicht achtet Haupt fordert aber entschieden zu wenig, wenn er den Gedanken an eine sinnliche Vollendung des Reiches nicht in Anschlag bringt.

Je fester Jesus glaubte, der Messias zu sein, um so weniger zweifelte er daran, dass das Reich nach seinem ganzen Umfange nahe bevorstände. So löst sich das Räthsel, dass er nun in einem Athem ausrufen konnte: die Zeit ist erfüllet (da er der Verheissene war), und das Reich hat sich genahet (da es nach seinen äusseren Merkmalen noch zukünftig war).[1] Es ist mit gutem Recht bemerkt worden, wie gerade nach der ursprünglichen Marcusquelle der Anfang des Auftretens Jesu «den Eindruck der stürmischen Unwiderstehlichkeit, des gewaltigen und gewaltsamen Eifers» macht.[2] Darin gibt sich doch deutlich das Bestreben kund, den gottwohlgefälligen moralischen und religiösen Zustand möglichst rasch herbeizuschaffen, der zur Offenbarung des Reiches führen würde. Auch in der Berufung der Jünger und ihrer Heranbildung zu eigener missionirenden Thätigkeit sah er in erster Linie ein Beförderungsmittel jener Arbeit.

Doch gerade die jetzt nur zu früh sich einstellende Erfahrung, wie viel ausgestreuter Samen auf unfruchtbaren Boden fiel, leistete der Ueberzeugung immer grösseren Vorschub, dass es mit der Reichsgründung noch langsamer vorwärts schreiten würde als er gedacht, und dass die Ernte erst dann eintreten könne, wenn der Samen zur Frucht heranreife (Marc. 4, 28. 29). Der Wirklichkeit entspricht es nicht, wenn man gemeint hat, dass Jesus nach einem bestimmten unabänderlichen Plan

---

[1] Marc. 1, 15: cf. Matth. 10, 7. So betrachtet, ist das ἤγγικεν nicht etwa ein Zeichen, dass sich Jesus noch nicht für den Messias hielt, im Gegentheil ein Beweis, wie ernst er es mit seinem Glauben nahm. Unter demselben Vorbehalt sollen auch noch die Jünger (Luc. 10, 9) uns das Nahen des Reiches verkündigen. Vgl. dazu Kap V, A. — Das πεπλήρωται aber konnte kein Anderer aussprechen als der Messias.

[2] Holtzmann, Synop. p. 476 f. Ueber diese ganz frühe, erste Periode des machtvollen Auftretens Jesu durch die Schilderung eines einzelnen Sabbattages veranschaulicht s. Wendt, l. c. I, p. 24, 32, 36.

vorging.[1] Wie schon seine ganze Unterrichtsmethode, seine Gleichnisse und Sinnsprüche beweisen, war er eine eminent praktische Natur, was ja auch von allen Aposteln, Paulus nicht ausgenommen, gilt. Durch die äusseren Umstände lernte er immer noch tiefer in das Wesen des Reiches blicken. Es dürfte sich nur der Ertrag seiner eigenen Erfahrungen aussprechen in den Worten: der Samen sprosst so, wie der Sämann selbst nicht weiss (Marc. 4, 27). Jesu Bewusstsein hat sich selbst pflanzenartig ausgestaltet.[2]

Eben darum ist es eine viel zu kategorische Behauptung, dass er von vornherein auf den Erfolg für das Volksganze verzichten musste. Vielmehr lag hier sein Ausgangspunkt, weil es die allgemeine Anschauung war. Allerdings nicht die nationale, politische Theokratie hatte er im Sinne, aber so dachte die Synagoge auch längst nicht mehr, sie wusste ein geistiges, gesetzestreues Israel zu unterscheiden. Insofern hat auch Jesus auf ein Ganzes gerechnet: zwölf Jünger hat er gewählt und hat ihnen verheissen, dass sie über die zwölf Stämme richten würden. (Matth. 19, 28.) Aber wie? Hat er dann nicht Enttäuschungen erleben müssen? Gewiss. Das bezeugen auch die Quellen. Ist es nach Matth. 13 nicht offenbar, dass er sein Werk zuerst weiter angesetzt und sich nachher auf die zugänglicheren Kreise beschränkte? Oder enthält denn das berühmte «Jerusalem, Jerusalem, wie oft habe ich deine Kinder sammeln wollen . . . .» so gar nichts von unerfüllter Hoffnung?

Die äussere sinnenfällige Darstellung des Reiches verzog, obgleich und je mehr Jesus es durch geistige Mittel vorzubereiten suchte. Es kostete also eine gewisse An-

---

[1] Vergl Beyschlag, Leben Jesu, I p. 229 f «der Gang seiner Sache war ihm nicht im voraus klar . . .»

[2] S. Haupt, l. c. p. 48.

strengung des Geistes, dieses stets wie eine Luftspiegelung
fliehende Gottesreich im Glauben festzuhalten und dessen
Realisation in den Herzen als ein Pfand der noch mangelnden sinnlichen Hülle vorwegzunehmen. Diesen energischen
Willensakt hat Jesus mit dem malerischen Ausdruck «dem
Himmelreich Gewalt anthun» bezeichnet (Matth. 11, 12).
«Seit den Tagen Johannis wird ihm Gewalt angethan.»
Denn seit jenen Tagen, da Jesus begann zuversichtlich
von dem nahen Reich zu reden, erhob sich vor der
Menschen Augen und vor seinen eigenen ein neues
Reichsbild, mit welchem die Frommen Israels und selbst
der Täufer und die Jünger Mühe hatten sich vertraut zu
machen. Es war das seiner äusseren Gestalt beraubte
Reich Gottes. Dieses Neue, das jeder im Judenthum
Erzogene seinem alten Glauben abringen musste, das
nur der höhere christliche Glaube erobern konnte, es war
in der That nur den «Gewaltthätigen», den entschiedenen
Geistern erreichbar. Dazu war dies neue geistige Reich
nicht scharf umgrenzt, nicht anschaulich, wie die prophetischen Gemälde, sondern mobil wie ein Lichtstrahl,
der mit Gewalt festgebannt werden müsste.

Wie Matth. 11, 12, so zeigen auch die anderen
spiritualistischen Aussagen Jesu, wie unerwartet neu
diese Auffassung des Reiches für ihn und seine Zeitgenossen gewesen ist. Insbesondere wird man dies aus
Luc. 11, 20 und dem daselbst gebrauchten Ausdruck
(ἔφθασεν) herauslesen dürfen. Das Reich ist darum zuvor
gekommen, früher als man es erwartete, weil es sich
schon vor seiner sinnenfälligen Umhüllung eingefunden
hat, also auch weil es anders gekommen ist als man
vermuthete.[1] So wird die äussere Form des Reiches

---

[1] Es ist also unnöthig, hier oder auch 1. Thes. 2, 16 eine abgeschwächte (Holtzmann, Hand Com. I p. 138) Bedeutung des
Wortes anzunehmen.

immer mehr in den Hintergrund gedrückt, sie wird zur Nebensache. Dass sie aber nicht völlig aus dem Gesichtskreise Jesu verschwindet, dass er nicht endgültig damit abgeschlossen hat, zeigt gerade der Ausdruck ἔφθασεν. Dieses geistige Reich ist gleichsam nur eine Prolepsis. Es ist die Idee, die Sache ohne ihre Form.

Einstweilen war es nun die Hauptaufgabe des Messias, das Reich Gottes in die Herzen zu bringen, die Gegenwart für den von Gott bestimmten Augenblick geistig reif zu machen. In dieser Einsicht, welche die täglichen Kämpfe beförderten, hat er jene herrlichen aus dem Leben gegriffenen Gleichnisse über das wahre Wesen des Reiches gesprochen; hat er dem Täufer melden lassen, dass dem Messiasberufe Genüge geschehe,[1] wenn Blinde sehen, Lahme wandeln, Elende frohe Botschaft erhalten, u. s. w.; hat er endlich auf einem geistigen Höhepunkt ausrufen können: «das Reich Gottes kommt nicht mit äusseren Geberden, ... es ist mitten unter euch.» (Luc. 17, 21.)

Hiemit ist die eschatologische Auffassung des Reiches am weitesten hinausgeschoben, aber, so müssen wir gleich hinzufügen, doch nicht geleugnet. Nur der Frage der Pharisäer gegenüber ist das Wort recht zu verstehen: wie diese das bisherige Wirken Jesu ignoriren und nur nach der Zukunft verlangen, so ist die Antwort Jesu eine Glaubensaussage, die sich nur auf die Gegenwart gründet und die Zukunft ignorirt oder völlig

---

[1] Doch bemerke man, wie Jesus selbst in diesem Spruche Matth. 11, 5 f. so zu sagen unwillkührlich, noch Gewicht legt auf die äusseren Zeichen und Wunderthaten. Rein spiritualistisch klingt nur der Schluss πτωχοὶ εὐαγγελίζονται. — So ist aber auch für das oben angeführte ἔφθασεν ἡ βασιλεία (Matth. 12, 28) das Kriterium noch ein äusserliches: ἐκβάλλω τὰ δαιμόνια. Freilich war dies erst ein schwaches Angeld für die grössere und radikalere Umgestaltung, die man erwartete.

reservirt. Daher die prägnante Ausdrucksweise. Zudem fällt dieser Ausspruch in die zweite Hälfte seines öffentlichen Lebens, als er schon die Gewissheit erlangt hatte, sein Erdenwerk mit dem Tode abzuschliessen. Damals, da er nur noch mit der transcendent gedachten Parusie rechnete, da war es ihm völlig klar, dass für diesen Aeon das Reich überhaupt nicht mehr mit äusseren Geberden komme.

Aber auch trotz dieser Einschränkung zeigt dieser Spruch Jesu auf das Glänzendste die ganze Grösse des Fortschrittes, den er dem religiösen Gedanken der Menschheit hat angedeihen lassen. Erst, wenn man den eschatologischen Ausgangspunkt Jesu anerkennt und nicht zu verdunkeln sucht, wird sein Spiritualismus eine unzweifelhafte Wahrheit. Compromittirt wird er hingegen durch das voreilige Bestreben, Jesum von Anbeginn auf dieselbe geistige Höhe hinaufzuschrauben. Denn wenn man z. B. dafürhält, dass er anfangs nur darum von dem nahen Reich redete, weil er, der Messias, damals noch allein war,[1] so wäre man beinahe zu fragen versucht, ob er dann später nur mit Rücksicht darauf, dass jetzt ein ganzes Reich von Gläubigen vorhanden sei, ausrief «das Reich ist mitten unter euch». Der wahre, selbstgewisse Spiritualismus hängt doch nicht ab von solchen Zahl- und Personenfragen. So gut der geschichtliche Jesus mit dem Wort auftrat «die Zeit ist erfüllt» (Marc. 1, 15), so gewiss hätte der vermeintlich spiritualistisch denkende Jesus auch hinzugefügt, dass das Reich gekommen sei. Es wäre sogar ein geflügeltes Wort ganz in seiner Art gewesen, wenn der spiritualistische König des Reiches schon am ersten Tage von seiner einsamen Höhe herab gerufen hatte: das Reich ist da mitten unter euch!

---

[1] So Wendt. S. oben Kap. V.

Für die erste Periode seines öffentlichen Lebens wird nur soviel gesagt werden können, dass je länger er wirkte, je mehr auch die spiritualistische Reichsidee das dominirende Element in seinem Gedankenkreise wurde, während das eigentlich messianische Element tiefer in den Hintergrund trat.[1]

Selbstverständlich vollzog sich diese ganze Entwickelung nicht ohne ein gewaltiges Ringen seines Geistes mit sich selbst; denn sie vollzog sich, so zu sagen, auf Kosten der erlangten Messiasgewissheit. Warum denn legte er einen solchen Eifer in der Reichspredigt an den Tag? Doch damit die Ernte heranreife und das Reich der Herrlichkeit, dies Postulat seiner Messianität, erscheine. Wohl warf ihn das Ausbleiben desselben je mehr und mehr auf die spiritualistische Reichshoffnung zurück, aber gerade dadurch schien auch jenes erste Ziel in immer grössere Entfernung gerückt, und das musste ihn bisweilen doch nachdenklich stimmen. Er befand sich etwa, wenn man uns den Vergleich gestatten will, in dem Falle eines Jägers, der um das flüchtende Wild zu

---

[1] Was von der Stellung Jesu der apokalyptischen Reichsidee gegenüber oben gesagt wird, gilt auch genau von seiner Stellung zum Gesetz. Er hat auch hier seine Erfahrung nicht nach der Seite ihres Widerspruchs gegen die herkömmliche Heilsauffassung erkannt, aber praktisch so oft eine bestimmte Gelegenheit sich darbot, hat er seine Eigenart geltend gemacht. Wie er sich als der Juden Messias glaubte und doch, wenn Heiden herbeiliefen, sich ihnen willfährig erwies, so hat er auch diese und jene gesetzliche Bestimmung im einzelnen Falle frei interpretirt. Es bedurfte stets äusserer Reize um sein religiöses Bewusstsein in die Denksphäre zu erheben. Ist er sich also einer inneren Trennung vom Gesetz nicht bewusst gewesen, so war er gewiss noch weniger der Idee eines in die Sinne tretenden Reiches entfremdet: dies war ja zum mindesten ein sittlich indifferentes, wenn nicht selbst ein religiöses Gut, das Gesetz hingegen war z. Th. dem Gottesgefühl Jesu direkt zuwider und hatte schon zuvor (Propheten und Apokalyptik) eine gewisse Entwerthung erfahren.

Das Verhalten Jesu in den genannten Fragen ist ein normatives Beispiel, wie auf religiösem Gebiete eine Vermittelung zwischen Tradition und Fortschritt möglich ist.

erreichen, zuvor die hindernden Baumzweige wegschaffen, dabei aber die Erfahrung machen muss, dass inzwischen das Wild immer weiter geflohen ist. Wohl mochte Jesus dem Reiche «Gewalt anthun», die Verheissung schob sich ja immer weiter hinaus. Wie stand es da mit seiner Messiaswürde? Ist er auch nie an sich und seiner Berufung irre geworden, wie der Täufer, da war doch noch ein unaufgeklärter Punkt, worüber er getrost und gläubig von seinem Vater Licht erwartete.

Es verdient Beachtung, dass wie die erste Versuchung in Betreff der Himmelszeichen in der Wüste stattgefunden hat, so auch in der Folge wiederholt (Marc. 1, 35, 45; 3, 7 u. s. f.) von einem Rückzuge Jesu in einsame Gegenden, in die Wüste, an das Meeresufer die Rede ist. Der Zweck war bestimmt Gebet, Sammlung seiner selbst und besonders die Hoffnung auf Erleuchtung über die dunkle Zukunft, bis ihm, wie sich gleich zeigen wird, der Gedanke des Todes und der Parusie die Lösung brachte. Bis zu jenem Zeitpunkte aber blieb es für ihn eine Frage, wenn auch keine brennende Frage, wie Gott die Herrlichkeitsverheissungen der Propheten erfüllen werde. Nach dieser äusseren Seite lag sein Messiasbewusstsein noch wie in der Schwebe, wenn es ihm auch innerlich unerschütterlich feststand, und so lange er über dies äussere Postulat seiner Messiasstellung noch nicht in's Reine gekommen, hat er auch auf's Vorsichtigste zurückgehalten mit der ausdrücklichen Erklärung, dass er der Messias sei.

Somit dürfte es in der ganzen evangelischen Geschichte kaum glaubwürdigere Nachrichten geben, als die besonders in den ersten Kapiteln der Marcusquelle öfters zu lesenden Bemerkungen, dass Jesus Solchen, die er geheilt, und die seine Gottessohnschaft oder Messianität auszuposaunen gedachten, auf's Strengste untersagte, ihn bekannt zu machen.[1] Nichts dürfte psychologisch im Bewusstsein Jesu besser begründet sein.

Es ist zwar augenscheinlich dass bei dem systematischen Schweigen, in welches er sich hinsichtlich seiner Person verhüllte, ein **pädagogisches** Motiv mitspielt, indem er seine Zuhörer zu einer mehr geistigen Auffassung des Reiches erziehen und einer etwaigen politischen Manifestation derselben sowie dem Einschreiten der römischen Behörde vorbeugen wollte. Ja, es geschah **allein** aus diesem letzteren Grunde, dass er sich auch dann noch auf der Hut hielt, als er schon für sein Theil zum Lichte durchgedrungen war und Tod und Parusie in Aussicht nahm.[2] Von dem Augenblick also, wo Jesus das Messiasbekenntniss seiner Jünger selbst provocirte und ihnen sein Leiden verkündigte (Marc. 8, 27 f.), kann das Verbot zu reden nur noch eine Präventivmassregel sein und ist nicht mehr durch irgend welches persönliche Bedenken begründet.

---

[1] S. Marc. 1, 24. 25. 34. 44; 3, 11. 12; 5, 43. Wenn Jesus einmal (Marc. 5, 19) das gegentheilige Verfahren einschlug, so ist zu beachten, dass dies in der Dekapolis vorgefallen, wo die messianischen Hoffnungen wahrscheinlich weniger lebendig waren; auch spricht der Geheilte nicht vom Messias, so wenig wie Jesus Marc. 5, 20. Zudem hat die Zurückweisung (5, 17) der Bewohner dies Zeugniss herausgefordert.

Wenn Jesus absichtlich stillgeschwiegen hat, begreift man, dass trotz seiner Wunderthaten das enthusiastische Volk ihn höchstens für Elias, den Täufer oder einen Propheten gehalten hat (Marc. 6, 15; 8, 28. Luc. 7, 39). Matth. 12, 23 wird durch die Parallelstelle bei Marcus nicht bestätigt; ebenso wenig Matth. 15, 22. — Spuren der Verheimlichung auch bei Matth. 8, 4; 12, 15. 16 (trotz des geflissentlichen Nachweises der Messianität in diesem Evangelium); bei Joh. 10, 24. Vgl. Weiss I, 391. 449 f.

[2] Dies ist der Fall, Marc. 8, 26. 30; wahrscheinlich auch schon Marc. 7, 36. Dass ihm aber auch dann noch solche Massregel angezeigt schien, wird begreiflich, wenn man bedenkt, dass gerade damals die Erbitterung seiner Gegner hoch gestiegen war und er eine vorzeitige Katastrophe zu befürchten hatte. Daher auch die grösseren (Flucht-) Reisen um diese Zeitnähe Marc. 6, 31; 7, 24. 31; 8, 27.

Nichts destoweniger wenn die Meisten[1] für das lange absichtliche Stillschweigen Jesu mit dem Vorwand seines weisen erzieherischen Verfahrens auszukommen meinen, so ist das eine wohlfeile Beruhigung. Er muss in der ersten Zeit noch eigene, persönliche Gründe zum Zaudern gehabt haben. Denn, wäre die politische Befürchtung das einzige Hemmniss gewesen, so hätte er niemals, auch nicht ganz am Ende seiner Laufbahn, mit einer offenen Messiasdeclaration hervortreten dürfen. Konnte er sich doch nicht verhehlen, dass immer noch ein Missverständniss entstehen würde, und ist solches auch in der That entstanden. Wie soll man sich auch seine «Zurückhaltung» erklären in seiner Antwort an den Täufer, bei welchem er doch am wenigsten ein politisches Missverständniss zu befürchten hatte? Vor allem aber hätte er dann um jeden Preis die äussere Kundgebung des Einzugs in Jerusalem vermeiden müssen, nachdem er stets so sorgfältig jeden Schein geflohen hatte? Hat er es nicht gethan, so ist das eben ein Zeichen, dass später das Motiv, welches ihn zuvor zaghaft gemacht, weggefallen war, dass also das bisher vermisste Postulat seiner Messianität ihn nicht mehr beunruhigte, und er eine Lösung für die Zukunft in der Erwartung seines Sterbens und Wiederkommens gefunden hatte.

Anderseits fragt sich auch, ob das Todtschweigen der Messiasfrage wie immer so zuversichtlich geglaubt wird, das rechte erzieherische Mittel gewesen wäre, das betreffende Ziel zu erreichen. Zugeben könnte man es nur dann, wenn Niemand um ihn her von seiner Messianität eine Ahnung hatte. Dann musste er allerdings solche Erörterungen vermeiden, die zu einer vorschnellen

---

[1] So neuerdings Wendt, H. Schmidt, l. c. p. 462, Ménégoz (l. c. pg. 86).

Entscheidung hindrängen konnten. Aber dem war gewiss nicht also. Obschon sie die Jünger noch nicht gestellt hatten, die Messiasfrage lag längst schon in der Luft. Wie vieles auch gab zu denken? Nicht nur dies eigenthümliche Umherziehen durch das Land mit einer Jüngerschaar, nicht nur die Wunderthaten,[1] sondern vor allem die Jesu ganz eigene Reichspredigt. Niemals redete er, wie der Täufer, von Dem, der da kommen sollte, noch viel weniger davon, dass er selbst nur ein Wegbereiter sei. Wer war denn dieser Mann? Die Anfrage des Täufers bei Jesus ist gewiss historisch und nur ein Symptom dessen, was manche Gemüther bewegte. So gut wie der Täufer, haben auch die Jünger Ahnungen gehabt von der Würde des Meisters, sollte auch Matth. 8, 20 in dieser Form unhistorisch oder von der ursprünglichen Stelle verrückt sein.

Die Messiasfrage schwebte also auf allen Lippen. Gesetzt nun Jesu Scrupel in Beziehung auf die Zukunft wären völlig gehoben gewesen, und seine rein geistige Messianität eine ausgemachte Sache, war es da nicht angezeigt, den unvermeidlichen Missverständnissen durch positive Belehrung vorzubeugen? Man sieht nicht ein, warum er seine Zuhörer nicht eben so frühe und offen über seine Person belehrte, wie er sie auch gleich in seinen neuen Reichsgedanken einführte?[2] Nun dürfte es aber feststehen, dass bis zur Zeit des Petrusbekenntnisses Jesus schlechterdings nichts Derartiges

---

[1] S. den Effect des Speisungswunders nach Johannes (6,15 βασιλία).

[2] Sonst gelangt man zu der sonderbaren Aufstellung: Jesus wollte nicht für den Messias gehalten sein (s. Haupt, p. 60), wo dann allerdings Weiss stets mit Recht fragen wird, warum Jesus einen Titel an ihm, um ihn zu bekämpfen, und was er praktisch mit solchem Einfall erreichen konnte.

verlauten liess, weil damals die Jünger zum ersten Mal ihrem Meister den Messiastitel zuerkennen.

Es ist nämlich Alles, was unsere Evangelien sowohl über den Glauben der Jünger an Jesus als über des Letzteren Selbstbezeichnungen berichten, zu messen an dem kritisch durchaus gesicherten Wendepunkt des Petrusbekenntnisses. Einen Felsen hat diese Perikope der christlichen Kirche zu ihrem Fundamente zugesagt, und wie ein Fels steht sie selber da auf dem sonst so beweglichen Boden der evangelischen Chronologie. Diesem Berichte zufolge hat sich nun die Jüngerschaft Jesu in einem ihrer Vertreter auf der Reise nach Cäsarea Philippi zum ersten Male zur Einsicht in die Messianität ihres Herrn aufgeschwungen; sonst würde man nicht begreifen warum dem Petrus solches Lob für sein Bekenntniss gespendet wird.[1] Folglich sind auch vor diesem Augenblick den Jüngern die Augen nicht geöffnet worden, oder die höhere Würde des Meisters ist ihnen doch nur ahnungsweise zum Bewusstsein gekommen, eine Folgerung, welche die chronologisch genauere Marcusquelle bestätigt.[2] Man sieht aber leicht ein, dass ein solcher

---

[1] Die Auffassung von Weiss: »Jesus frage seine Jünger, ob auch sie ihn nicht mehr für den Messias ansehen, wie das Volk (seit der Speisung) thue», ist in den Text eingetragen. Vergl. Brückner, Jahrb. f pr. Th. 1886, p. 257.

[2] S. Marc. 4, 41. Matth. 8, 27. Marc. 6, 51. Die Parallelstelle hiezu (Matth. 14, 33) lässt allerdings die Jünger ausrufen: »Du bist wahrhaft Gottes Sohn.« Indessen da Marcus nur berichtet, dass sie sich über die Massen verwunderten, so dürfte wohl Matthäus anticipirend sie das schon aussprechen lassen, was zuerst dunkel in ihrem Geiste aufdämmernd von dieser Zeit an grössere Klarheit erhielt.

Während seiner galiläischen Wirksamkeit galt also Jesus seinen Jüngern als ein gewaltiger Prophet, reich an Zeichen und Worten der Weisheit. Der Ruf «Folge mir», den er bei ihrer Berufung gebraucht hatte, bedeutete für *denjenigen*, der ihm Folge leistete, nichts anderes, als dass er ein bleibender Schüler dieses Lehrers werden wollte, Erub. 30 a.

Seelenzustand der Jünger rein unmöglich gewesen wäre, wenn ihnen Jesus zuvor schon Belehrungen über seine Person gegeben hätte.

Dieses discrete Verhalten Jesu bis zur Reise nach Caesarea darf nun aber nicht dahin ausgedeutet werden, dass er erst auf diesem Wege, als ihm der Titel des Messias entgegengebracht wurde, sich für denselben zu halten begann.[1] Diese Ansicht erregt die allerschwersten Bedenken. Zunächst enthält der synoptische Text des betreffenden Vorgangs nirgends ein Anzeichen, dass Jesus nach Innen gerichtet und in Nachdenken über sich selbst versunken gewesen sei (wie etwa bei der Taufe und Versuchung). Im Gegentheil, wie aus seiner Frage an die Jünger zu schliessen ist, war er nach Aussen gekehrt und für seine Person schon zu völligem Lichte durchgedrungen. Es war wohl die Stunde «der Geistesgeburt» der Jünger, nicht aber des Meisters. Zudem bliebe es psychologisch ganz unbegreiflich, wie Keim wohl bemerkt hat, dass Messias- und Todesentschluss (Marc. 8, 31) zusammenfielen.[2] Fällt Matth. 11, 10-14 zeitlich vor das Petrusbekenntniss, so hat Jesus damit jedem Versuch, ihn für die erste Periode bis zu Caesarea in die

---

[1] So Strauss (erste Ausg.), Schenkel und Andere.

[2] Das Schlimmste ist wohl, dass bei dieser Voraussetzung Jesus sich den Messiastitel «gefallen liess» (Schenkel, Das Charakterbild Jesu, 1864, p. 137), während er doch die Prämissen des Begriffes nicht getheilt hätte. Warum hat er dann gleich von Anfang die messianische Fahne entfaltet und sich nicht damit begnügt gegen die pharisäische Heilslehre zu polemisiren? Aber nichts in aller Welt vermag darzuthun, warum er auch später den Titel eher annehmen musste, als einfach zurückweisen. Und überhaupt ist nicht einzusehen, wie auf dem Wege der Reflexion Jesus zu solchem Entschluss sich versteigen konnte. Entweder er that es in ganz sinnbildlicher Weise, dann musste er offen erklären, dass er die Verheissungen seines Volkes symbolisch deute, was doch seine Meinung nicht gewesen ist. Oder es bliebe nur noch die Annahme von Renan, dass sich Jesus nach und nach schwärmer'schen Träumereien hingab.

messianische Vorhalle hinauszudrängen, die Thüre verschlossen. Sodann bekunden auch seine Antwort (Matth. 11, 4-6) an den Täufer, gewisse Aussagen der Bergpredigt und Anderes mehr, Ansprüche, welche über den Rang eines Propheten hinausweisen.[1] Es unterliegt also unserer ganzen Erörterung zufolge nicht dem geringsten Zweifel, dass Jesus selber von der Taufe weg in messianischem Selbstbewusstsein gehandelt, gelehrt und gesprochen hat, sondern nur das muss wegen der synoptischen Erzählung vom Petrusbekenntniss bestritten werden, dass er sich direkt vor dem Volke oder in Gegenwart seiner Jünger als den Messias bezeichnet habe.

Doch, ist unsere Schilderung der Sachlage richtig, wie verhält es sich dann mit den Stellen, in welchen Jesus, der Anordnung unserer Evangelien zufolge, schon vor dem Petrusbekenntniss sich den Namen Menschensohn zugelegt hat? Begegnen wir doch dieser Selbstbezeichnung in der ersten Periode seines Wirkens nicht nur bei Matthäus, sondern auch zweimal im Marcusevangelium (2. 10. 27). Und hätte Jesus damit nicht, wie wir früher ausgeführt haben (s. oben p. 165 f.), hohe messianische Ansprüche kund gegeben, welche nothwendigerweise gar bald ruchbar geworden wären? Wo ist da ein Ausweg aus diesen Schwierigkeiten zu finden?

Was zunächst Matthäus angeht, so würden uns, angesichts der schon betonten Vernachlässigung der Chronologie von Seiten des Verfassers, die betreffenden Stellen keine übergrosse Bekümmerniss einflössen, zumal für einige positiv nachzuweisen ist, dass sie später angesetzt werden müssen oder eine Abänderung erfahren haben.[2] Aber

---

[1] Vergl. insbesondere über die den Täufer überbietende Stellung Jesu, Sabatier l. c. VII, p. 392.

[2] So fällt Matth. 8, 20, wie die Parallelstelle Luc. 9, 58 zeigt, nach der Scene von Cäsarea. Vgl. Holtzmann Hand-Com. I p. 220.

noch mehr. Sollte uns nicht dasselbe Evangelium noch
eine Handhabe dafür bieten, dass sich Jesus ursprünglich und während ziemlich langer Zeit nicht mit dem Titel
Menschensohn bezeichnet hat? Ist es nicht eine auffällige
Erscheinung, dass diejenigen Abschnitte, welche man zur
Spruchsammlung, d. h. zu der ältesten, unserem Matthäus
zu Grunde liegenden Apostelschrift zu zählen pflegt, ihm
gemeiniglich nur das Personalpronomen in den Mund

«Viel zu früh hat Matth. das Stück untergebracht....» — Matth. 10
23 enthält einen Hinweis auf die Parusie, kann also unmöglich vor
der Todesverkündigung, d. h. vor Matth. 16, 21 gesprochen worden,
sein. S. Holtzmann ibid. p. 167. — Die Anfrage des Täufers und
Jesu Zeugniss über ihn (Matth. 11, 2 ff.) gehören allerdings bestimmt zu den frühesten Ereignissen; doch der Abschnitt Matth. 11,
16-19 muss entschieden davon getrennt werden, ein solches Urtheil
konnte erst nach langem Wirken über das Geschlecht gefällt werden,
s. Wendt, l. c. p. 191. Es ist deutlich die Erwähnung Johannis
(Matth. 11, 18), welche die Anschliessung an das Vorhergehende veranlasst hat; siehe auch den Abschluss Matth. 11, 15. Ganz klar wird
die rein äussere Verbindung des erwähnten Abschnittes durch
Luc. 7, 29. 30. Ueber Matth. 9, 6 und 12, 8. 32 siehe unten, bei Gelegenheit der Parallelstellen des Marcus.

Sonderbarer Weise hat Matthäus selbst in die Frage an die
Jünger (16, 13), abweichend von Marcus und Lucas, den Ausdruck
Menschensohn eingeschoben. Wenn Keim (II, p. 546, 4) dafür hält,
des Matthäus Frage sei sinnvoller, oder wenn Holsten selbst zu
behaupten wagt, dass «nur Matthäus die geschichtliche Wirklichkeit
der Caesareascene zum Ausdruck gebracht habe» [l. c. p. 30.], so
übersehen Beide, dass die Fragestellung des 1. Evangelisten zur
ganzen Erzählung weniger passt. Die Jünger antworten durchweg,
als ob von dem Menschensohn nicht die Rede gewesen wäre. Vergl.
Holtzmann l. c. p. 192 f.

Und wie hätten die Juden sich den Menschensohn gedacht? Nach
Matth. 16 $_{14}$ hätte dieser Ausdruck einzig und allein nur das Bild
des Täufers oder eines Propheten in ihnen wachgerufen. Man bemerke
wohl: alle Classen des Volkes (οἱ μὲν — ἄλλοι δὲ — ἕτεροι δὲ),
also auch die Schriftgelehrten, werden aufgezählt, und Niemand
hätte für den seltsamen Ausdruck eine andere Erklärung gefunden
als die Würde des Propheten. Das widerspricht der eigenen Auf-
assung von Holsten, wonach man diese Bezeichnung gewöhnlich
auf «das Menschenkind als ein Zugehöriges des Menschengeschlechts»
(Holsten, l. c. p. 42 f.) deutete, was ja auch Jesus für seine Person
gethan haben soll.

Und warum steht dann nicht auch der Menschensohn 16. 15 statt με?
Wenn sich Holsten hier damit hilft, dass der Name auch in dieser
2. Frage «nachklinge» (p. 29), so werden Andere mit demselben Recht

legen und zwar auch da, wo er im messianischen Vollbewusstsein spricht.[1] Unleugbar muss er sich also zu irgend einer Epoche so ausgedrückt haben. Und wenn er es gethan, ist es nicht bei weitem natürlicher, dass es in den Anfangszeiten geschah?[2] Oder gedenkt man sich mit der Ausflucht helfen zu können, dass Jesus eben abwechselte? Nun dann, gewiss nicht auf's Gerathewohl und ohne Grund. Aber keiner unserer jetzigen Berichte

---

in der ersten Frage eine Antecipation vermuthen dürfen. Uebrigens ist nicht unmöglich, dass dasselbe Matthäuskapitel noch grössere Ueberarbeitung erfahren, nämlich in Hinsicht der hier allein vorkommenden «Felsenrede». S. Holtzmann l. c. p. 193 f. Die Form wenigstens der Erzählung ist in der jüdischen Theologie vollständig vorgezeichnet. Petrus ist der judenchristliche Doppelgänger Abraham's. Nach Jes. 51, 1 hat sich Gott einen Felsen vorbehalten, um darauf die Welt zu gründen, dieser Fels ist Abraham Jalkut, Num. 23. 9. [Abraham sitzt an der Pforte der Gehenna (Erub. 19 a. Ber. R. 48), wie Petrus nach der Legende am Eingange des Paradieses.] Binden und Lösen sind stehende Ausdrücke im Talmud; s. auch den Satz: das obere Synedrium wird bestätigen, was das untere beschlossen. S. besonders Steitz Stud. Krit. 1866 p. 435 f. — Ob hier der geschichtliche Kern sich nicht auf ein «ποίμαινε τὰ πρόβατά μου» (Joh. 21, 16) reducirt?

[1] S. Matth. 5, 11. 22. 28. 32. 34. 39 u. s. f.; 10, 18. 22. 32 ff.; 11, 6. — Die Ausnahmen (Matth. 10, 23; 11, 19 und andere) sind eben dadurch gerechtfertigt, dass sie auf eine spätere Zeit Bezug haben, s. die vorige Anmerkung. — Ist Matth. 13, 37. 41 authentisch, so müsste auch für diesen Abschnitt ein späteres Datum angenommen werden.

[2] Zumal das einfache Pronomen gerade in den positiv lehrhaften Stellen hervortritt, während der Menschensohn schon der Zeit des Kampfes und Gerichtes (Matth. 9, 6; 11, 19; 12, 8. 32; cf. 13, 37) angehört.

Holsten erwiedert, dass unsere obige Vermuthung im Widerspruch stehe mit der Thatsache, dass «Jesus durch alle Reden von Anfang bis zum Schlusse die Redeform der ersten Person gebraucht» (p. 34 [1]). Natürlich gilt unser Urtheil nur a majori parte. Aber schon so ist die Thatsache significant, und zwar so sehr, dass Holsten selbst trotz seines Widerspruches sich zu dem Geständniss herbeilässt, dass es wenigstens ganz zu Anfang eine Zeit geben konnte, da Jesus sich nicht als Menschensohn bezeichnete (ibid.). Noch werthvoller ist es aber, dass auch Holsten es sehr bezeichnend findet, dass in den Parusieaussagen nur der Menschensohn genannt wird. (p. 332).

liesse einsehen, nach welchem Kriterium er verfahren
wäre; nur Zufall oder Willkür hätten ihn geleitet.¹

Was sodann die Stellen in Marcus anlangt, so müssen
dieselben zweifellos zu den erratischen Blöcken der
evangelischen Geschichte gerechnet werden.² Denn der
betreffende Abschnitt dieses Evangeliums, welcher fünf
Conflictsfälle Jesu mit den Schriftgelehrten zusammen
gruppirt (Marc. 2, 1—3, 6), steht in chronologischer
Hinsicht im Gegensatz zu der übrigen Darstellung und
deutet auf ein vorgerückteres Stadium der Wirksamkeit
Jesu hin.³ Darum sollte man darauf verzichten, gegen

---

[1] Vergl. z. B. Matth. 5, 11 mit Luc. 6, 22. Hier soll Lucas mit Rücksicht auf die Zeitverhältnisse den υἱὸς ἀνθρώπου eingetragen haben. Aber gerade für Trajans Zeiten würde man, dem Bericht des Plinius zufolge, ἕνεκα τοῦ χριστοῦ erwarten.

[2] Die inneren entscheidenden Gründe im Marcusevangelium selbst s. in der folgenden Anmerkung. Aber schon der Vergleich mit Matth. legt den obigen Schluss nahe. Matthäus (9, 1 f) bringt auf jeden Fall die Heilung des Paralytischen in andern Zusammenhang als Marcus (nämlich nach der Rückkehr von Gadara, welchem Bericht Weiss gefolgt; doch ist auch diese Stellung zweifelhaft und beruht vielleicht auf einem sachlichen Grunde, s Haupt, p. 23). — Ebenso erscheint das Aehrenausrfen Marc. 2, 23 ff. bei Matthäus viel später 12, 1 ff.

Höchst wahrscheinlich ist Matth. 12, 32 ein noch späterer Ausspruch als Marc. 3. 28. Jesus hatte wohl öfters Gelegenheit, die Verstocktheit der Pharisäer zu beleuchten; so ist auch Matth. 12, 32 nur eine Variante zu 12, 31 (das eine ein Logiawort, das andere ein Marcuswort, s. Wendt, l. c. p. 114) und man begreift, das Matthäus beide zusammengestellt hat.

[3] S. Wendt, l. c. p. 23 ff., dazu Holtzmann, Theol. Litztg. 1886, p. 198. Man bemerke insbesondere, wie der Schluss des Abschnittes (3, 6) an die viel spätere Stelle 12, 13 anschliesst. Hilgenfeld hat auf unsere Darstellung erwidert, dass der besprochene Abschnitt Mc. 1, 1—3, 6 nicht der späteren Wirksamkeit Jesu angehöre, sondern dass daselbst «die Schattenseite des Erfolges Jesu im Gegensatz gegen die vorhergehende Lichtseite hervorgehoben werde» (Z. w. Th. 1888). Als ob dies nicht auch Composition und künstliche Gruppirung voraussetze! Oder wechselt in der Wirklichkeit Schatten nicht fortwährend mit Licht? Und wenn je die Schattenseite des Wirkens Jesu mehr hervorgetreten ist, war es nicht gegen Schluss seines Lebens? — Zu den genannten Matthäus- und Marcusstellen vergl. auch Brückner, Jahrb. f. prot. Theol. 1886, p. 267.

die hier verfochtene Ansicht die vermeintlich fehlerlose Chronologie des Marcusevangeliums in's Felde zu führen. Vollends aber sollte man es unterlassen, von den nun einmal schlecht garantirten Positionen des Matthäus aus gegen unsere Aufstellung anzukämpfen. Zuletzt ist es doch noch leichter mit den zwei widerspenstigen Marcusstellen fertig zu werden und daselbst im Ganzen einen leidlich erträglichen Zusammenhang herzustellen, als die in Matthäus in Bezug auf das Lautwerden der messianischen Ansprüche Jesu offen vorliegenden Widersprüche aus der Welt zu schaffen. Denn das Geständniss, dass »der kanonische Matthäus nun einmal das Evangelium der Widersprüche« sei,[1] hebt dieselben noch lange nicht und ist auch keine besondere Empfehlung dieser Quelle. Doch, wie man auch über die Marcusstellen urtheilen mag, wer sich dem Gesammteindruck des vorgeführten Entwickelungsganges nicht zu entziehen vermag, der würde sich eventuell auch für berechtigt halten, hie und da bei unseren Evangelisten eine Rückversetzung späterer Redeweise Jesu in dessen frühere Wirksamkeit anzunehmen.

Ist es nach alledem eine hinlänglich festgestellte Thatsache, dass Jesus bis zur Entgegennahme des Bekenntnisses seiner Jünger keinerlei persönliches messianisches Zeugniss abgelegt hat, vielmehr allem Auskundschaften seiner Würde zu wehren suchte, so sind wir befugt, bis zu dem genannten Zeitpunkte eine mehr vorbereitende Phase seines messianischen Werkes zu erblicken. Objectiv, nach Seite ihres historischen Inhaltes, kann man sie charakterisiren als die Periode der zunehmenden Werthlegung auf die geistigen Merkmale des Reiches und des resignirten

---

[1] So Holsten. Z. w. Th. 1891, p. 30 [1]).

Harrens auf dessen äussere Offenbarung in Herrlichkeit; subjectiv, nach Seite des Selbstbewusstseins Jesu, als die Phase des Ringens seiner religiösen Messiasgewissheit mit dem traditionellen, verstandesmässigen Messiasglauben Nicht in dem Sinne, als ob ihm sein Msssiasbewusstsein zeitweise entschwunden wäre, aber die religiöse Intuition war dem methodischen, trägeren Fassungsvermögen weit vorausgeeilt. Es vergingen Tage und Monden, bis die jüdisch messianischen Anschauungen Jesu nach der neuen Tonhöhe gestimmt waren. Wie ein schneller Steinwurf die ganze Wassersäule bis zum Grunde auf einmal erschüttert, der Stoss aber nur allmählich im weiteren Umfange der fortspielenden Wasserringe sich verspüren lässt, so hatte der himmlische Blitzstrahl bei der Taufe mit einem Schlage in das Herz Jesu gezündet, und nur langsam erfolgte eine Ausgleichung zwischen dem direkt afficirten Organe und den übrigen Geisteskräften. In der religiösen Erleuchtung seiner Seele lag also nur der Antrieb zu der neuen Geistesarbeit, die Arbeit selber war damit noch nicht gethan. Es gab eine Zeit der intellectuellen Zurechtlegung und der geistigen Vertiefung seines messianischen Glaubens.

Diese erste Periode mündete ein in eine zweite der erlangten Aufklärung und durchgängigen inneren Gleichstimmigkeit. Es war die tägliche Erfahrung, welche gestaltend und verinnerlichend auf Jesu Reichspredigt eingewirkt hatte, und so war es wiederum die Erfahrung, nämlich die bis zu tödtlichem Hasse sich verschlimmernde Haltung der Volksmasse und ihrer Führer,[1] welche, religiös interpretirt, ihm mit

---

[1] S. das Urtheil Jesu über die Masse, Marc. 4, 11 f. Die Anschläge der Pharisäer, 3, 6 und Parall. Dazu der Eindruck des Todes des Täufers, vergl. Luc. 13, 31 f. — S. auch Keim, II. p. 561°

steigender Deutlichkeit einen ungeahnten, schmerzensreichen Weg vorzeichnete, der doch zugleich ein willkommener Ausweg wurde, weil auf demselben Jesus sich selber ganz wiederfand. Dass er als Messias in der Erfüllung seiner Pflicht unterliegen würde, wenn er in der eingeschlagenen Bahn verharrte (und davon konnte er doch nimmermehr lassen), dieser Gedanke verbreitete sich dauernd über seine Seele.

Wie wäre da solcher Stimmung der geistige Erwerb nicht entgegengekommen, den das religiöse Judenthum aus einer mehrhundertjährigen Leidensschule gezogen hatte, nämlich der Glaube, dass im tiefsten Leide des Frommen Gott Veranlassung finde, seine rettende Hand zu offenbaren und dass die Gerechten auch stellvertretend für die Volksgenossen dulden und sterben?[1] Zudem war man in den messianisch gestimmten Kreisen mit der Idee vertraut, dass die bisherige Cultusordnung einer gründlichen Erneuerung bedürfe.[2] Der alte Tempel und seine Anstalten hatten viel an Ansehen eingebüsst, und es hat selbst Männer gegeben, die das auszusprechen wagten (Act. 6, 13 f.), was Manche in's Geheim dachten. Mögen auch die falschen Zeugen (Mt. 26$_{61}$) Jesu Ausspruch in grober, äusserlicher Weise missdeutet haben, auch die figürliche Redensart deren Johannes (2$_{19}$) sich bedient, zeigt doch, dass auch für Jesus die alte Achtung vor dem Heiligthum geschwunden war. Der Gedanke, dass Gott auf einem andern Wege helfen werde, lag nahe.

---

[1] So Jes 52 und 53, dazu Luc. 22, 37, vergl. Wünsche, p. 35 f. — Ps. 22 worin nach Oehler die höchste Leidenserfahrung Israel's ausgesprochen ist, dazu Marc. 15, 34. — Zu Zach. 13, 7; Marc. 14, 27. — Das Leidensproblem im Buche Hiob. — Zu erinnern ist besonders auch an Assumptio IX (si . . . . moriemur, sanguis noster vindicabitur coram Domino); wohl ist dies auf christliche Anregung zurückzuführen (s. oben p. 32 f.), zeigt jedoch, wie solche Anerkennung auch auf jüdischem Boden möglich gewesen.

[2] S. oben p. 64 und 115 f.

Doch was waren all diese äussern Hilfsmittel im Vergleich zu der Art, wie Jesus sich derselben bemächtigte![1] Wie viel mehr mag er hineingelegt als daraus geschöpft haben! Wenn sie ihm in Stunden tiefen Nachsinnens dazu verholfen, die neue Stufe zu ersteigen, so es aus, nachdem er sie erklommen, als ob von aussen gar kein Zugang hinaufführe, als ob er Alles nur aus sich heraus producire, so überwältigend, so ganz aus einem Gusse ist seine Persönlichkeit.

Welches aber auch die Errungenschaften seien, die das Judenthum Jesu darbot, sein eigenstes, ganz persönliches Werk ist es auf jeden Fall, dass er dieselben auf die Messiashöhe erhoben hat. Was erst am fernen Horizonte des Judenthums aufdämmerte, das stand für ihn im Zenith. Dass der Menschensohn sein Leben hingeben würde zum Lösegeld für Viele, das war eine ganz neue Parole. In der Hinsicht hatte das Judenthum, wie wir früher gefunden haben, dem galiläischen Meister so wenig vorgearbeitet, dass es im Gegentheil nur von weitem und mit Widerstreben ihm nachgefolgt ist.

Das Sympathische der Leidensidee für Jesus, der Reiz, den sie auf sein Gemüth ausübte, und daher auch die Wucht, mit der sie dasselbe befallen hat, leuchten erst recht ein bei der Erwägung, dass sie Harmonie und Gleichgewicht zwischen seinen Geisteskräften herstellte und seinen inneren Frieden zum denkbar höchsten Grade steigerte. Dadurch, dass er auf den Todesgedanken einging, entging er ja der anhaltenden Ungewissheit über die Frage, wann und wie Gott seine Verheissungen erfüllen werde. Nicht im gegenwärtigen Lebenslauf des Messias, so lautete man die Antwort von oben, denn zuvor müsse Dieser viel leiden und getödtet werden. Sein Grab

---

[1] S. p. 152 ff.

sollte aber so wenig auch das Grab der herrlichen Zukunft sein (was ja der Negation seiner Messianität und einer Ungültigkeitserklärung seines Erdenwerkes gleichgekommen wäre), dass es im Gegentheil Anrecht auf und Durchgang zur Herrlichkeit bedeutete.

Das Kommen des Reiches präcisirte und specialisirte sich zu einem Wiederkommen des Messias, oder genauer ausgedrückt, zu einem Erscheinen des Menschensohnes zum Gericht. Hatte Jesus von jeher die Herrschaft oder das Reich Gottes mehr mit himmlischen Farben nach Art der Apokalyptik als in irdischen politischen Formen gedacht, so musste nun der Umstand, dass dessen Eintritt über das Grab hinausgeschoben ward, dazu beitragen, dass er es als Himmelreich noch entschiedener transcendent fasste. Demnach liessen sich im Grossen und Ganzen drei Phasen der Reichsidee Jesu unterscheiden,[1] wobei jedoch die zweite mit den beiden anderen zum Theil parallel läuft: 1) Anfangs ist das Reich mehr zukünftig und schwankend zwischen Himmel und Erde, der zeitgenössischen Anschauung gemäss;[2] 2) sodann mehr innerlich gegenwärtig; 3) zuletzt wieder mehr zukünftig und transcendent, als Himmelreich, welchen Ausdruck Matthäus vielleicht anachronistisch von Anfang an einführt.

So gewiss sich Jesus aber für den Messias hielt, so bestimmt hat er auch, trotz dieses neuen Aufschubes, an einem baldigen Erscheinen des Himmelreiches festgehalten: denn mit ihm, dem Messias, hatte nun einmal die messianische Epoche begonnen, und selbige führte nothwendig (für jeden Messiasgläubigen) das Ende des

---

[1] So auch Weizsäcker und Keim.

[2] Hierhin ist besonders Matth. 5, 5 zu rechnen, κληρονομήσουσιν τὴν γῆν.

gegenwärtigen und den Beginn eines neuen Weltalters herbei. Das messianische Zeitalter war stets der letzte Akt der Geschichte. Nur die Erfahrung hätte Jesus, auch hier wieder, eines Anderen belehren können. Nun stand ihm aber der Massstab der seitdem verflossenen Jahrhunderte nicht zu Gebote. Dem widersprechen seine berühmten Gleichnisse nur dann, wenn man sie mehr besagen lässt, als sie enthalten; denn nur von der damaligen Erfahrung Jesu konnten sie abstrahirt sein. Und warum wäre ihm die Dauer eines Geschlechtes zur organischen, langsamen Entwickelung des Reiches nicht hinreichend erschienen? Eine Generation für den Samen des Wortes, wie ein Jahr für den Samen des Säemanns. Es wird uns leicht (nur zu leicht), unsere moderne Geschichtsauffassung einzutragen. Und ist auch die Erkenntniss Jesu nicht die absolute gewesen, was ist doch die Erweiterung, die wir seinen Gleichnissen angedeihen lassen, im Vergleich zu dem Riesenschritt, den er durch dieselben über das Judenthum hinausgethan hat?

Getragen wurde die Idee des Wiederkommens vor allem durch ein sittliches Motiv, das ebenfalls die äussere Lage an die Hand gab und welches darum wieder das überwiegende Element wurde. Was nämlich Jesu Tod verursachen würde, der Unglaube und die Verstocktheit, sollte das nicht anderseits das Gericht Gottes heraufbeschwören? Und was schaute man denn seit den Tagen Daniel's, da die Schleussen der Abtrünnigkeit sich immer mehr öffneten, auf dem vordersten Plane der messianischen Perspective? War es nicht der Richterthron, war es nicht der Messias mit der Wurfschaufel, der den Waizen sammelt und die Spreu verbrennt? Die Parusie oder das Kommen zum Gericht ist also allseitig im Bewusstsein Jesu festgeankert.

Alles in Allem, hatte sich jetzt für das Geistesauge Jesu die bisher dunkle Zukunft in einem doppelten Lichte enthüllt. Von bevorstehendem Leiden und von Parusie wusste er nun bestimmt. Auf diesem Wissensgrund hat sich sein zuvor nur religiös feststehendes Messiasbewusstsein bleibend niedergelassen. Die früheren Bedenken, welche gegen die feste Burg seiner Messianität anstürmten, waren geschwunden. Ja die neu errungene Gewissheit des Opfertodes hatte noch den Erfolg, rückwärts auf das bisherige Ausbleiben der Reichsherrlichkeit Licht zu werfen und es zu rechtfertigen. Dies Reich durfte gar nicht erscheinen, bevor der Messias den Tod geschmeckt hatte: was ihm zuvor Zweifel, wenn auch nur ganz leise Zweifel verursacht hatte, das schien jetzt ganz in der Ordnung.

Nun stelle man sich vor, welch glückliche Lösung der geistigen Spannung, welche Besänftigung eintreten musste, wie in Folge davon (und zumal bei der Einwilligung in den Opfertod) die religiöse Empfindung Jesu sich steigerte, und man wird es erklärlich finden, dass er in dem nunmehr wolkenlosen, triumphirenden Vollbewusstsein seiner Messiasstellung zu dem Titel Menschensohn gegriffen habe. War dieser doch der Inbegriff, gleichsam die Synthese seines jetzigen Seelenzustandes, der Conjunctionspunkt, wo hohes Selbstbewusstsein, Tod und Parusie des Messias zusammenliefen. Man beachte, dass Daniel dieselbe Ideenverknüpfung darbot: nicht nur den Titel selber und das Richteramt des Menschensohnes,[1] sondern auch den Untergang des Gesalbten.[2]

Anfangs wäre die himmlische Erscheinung des Men-

---

[1] Nach der Zeitexegese von Dan. 7.
[2] Dan. 9, 26. Diese Stelle war auch für den Menschensohn gültig wegen der dogmatischen Einheit des Kanons.

schensohnes eine ungereimte, der Wirklichkeit widerstreitende Vorstellung gewesen. Auf jeden Fall hätte sie Jesus dann nur in dem Sinne brauchen können, dass er damit seinen himmlischen Ausgangpunkt, seine Präexistenz andeuten wollte. Aber was sollte diese Belehrung in den ersten Zeiten seines Wirkens? Jetzt hingegen, da diese Würde als jenseitige Hoffnung, in Hinsicht auf eine zu erlangende transcendente Daseinsform gesetzt war, warum hätte sie sich Jesus nicht im Glauben anzueignen vermocht? Ueberdies vergesse man nicht, dass dem Namen in hohem Masse eine religiös sittliche Bedeutung beiwohnte. Den Menschensohn nannte sich Jesus, durfte er sich nennen, weil er sich nun ganz und gar in den Willen Gottes ergeben hatte, weil Gott «ihn erwählt hatte, und sein Loos vor dem Herrn der Geister alles übertroffen hatte durch Rechtschaffenheit in Ewigkeit».[1]

Es wäre, angesichts der vorhin geschilderten Steigerung der religiösen Empfindung Jesu nach seiner Einwilligung in Leiden und Tod, nicht undenkbar, dass dies Gefühl, von Gott erwählt zu sein, sich besonders in jenen Tagen recht lebhaft kundgab und somit auch den Gedanken erzeugte oder heller aufleuchten liess, dass er von Gott gekommen, von seinem Himmel herabgestiegen sei, wie er jetzt wieder dahin zurückkehren sollte. Somit hätte er ein doppeltes Motiv gehabt, gerade damals zu dem Titel Menschensohn zu greifen: einmal das Gefühl, von Gott ausgegangen zu sein,[2] und dann die gewisse Hoffnung, die seinem ursprünglichen Wesen entsprechende himmlische Daseinsform in aller Bälde wiederzuerlangen. Unter allen Umständen bleibt so viel klar, dass bei der Wahl

---

[1] Hen. 46, 3; 49, 3. 4.
[2] S. oben p. 213 die Präexistenz des Menschensohnes.

dieses Namens die Reflexion Jesu thätig gewesen, während zuvor sein messianisches Bewusstsein sich nur auf die religiöse Erfahrung gründete. Daher beweist auch die Annahme des Titels, dass nun das Gleichgewicht zwischen eigener innerer Erfahrung und überliefertem verstandesmässigem Glauben hergestellt war.

Diese jüngste Messiasbezeichnung, und darum auch die meist entwickelungsfähige, hat nun Jesus seiner Eigenthümlichkeit gemäss noch völliger religiös durchdrungen: dem Menschensohne mit dem hehren Engelchor gesellte sich der leidende und sterbende Menschensohn zur Seite, und dessen Richteramt selber fasste Jesus nicht als eine Vergewaltigung der Feinde, sondern, wenn auch in apokalyptischer Form, doch mehr ethisch und mehr innerlich. So wurde denn dieser Titel, der schon in seiner jüdischen Gestaltung dicht am Auswege aus der alttestamentlichen Messiashoffnung lag, im Munde Jesu eigentlich zu einer Neuschöpfung.

Es ist aber beachtenswerth, dass diese neue Betrachtungsweise Jesu ganz in die alten Formen eingehüllt erscheint, dass sie organisch aus denselben herauswächst. Er hat sie nicht a priori hineingelegt. Darum empfindet er sie auch nicht als eine Umdeutung des Hergebrachten. Denn in Bezug auf seine himmlische Parusie hat er sich den Namen «Menschensohn» in erster Linie beigelegt. In dieser Hoffnung findet er die volle Berechtigung seines Vorgehens. Wenn er dann thatsächlich ein Neues, nämlich den Leidensgedanken, hinzufügt, so konnte er sich darum doch im Einklang fühlen mit der prophetischen Schrift, weil ihm dies Neue nur eine Durchgangsstufe war, die vor allem dazu diente, die andere zu erklimmen. Es sind also die beiden Elemente im Bewusstsein Jesu keineswegs coordinirt. Es handelt sich auch jetzt nicht für ihn um eine «doppelte

Zustandsform» des Messias. Denn wie die Parusie nur auf Leiden und Tod folgen kann, so ist es gleichsam schon der himmlische Menschensohn, der in die Tiefe des Leidens hinabsteigt.[1]

So viel wir constatiren können, ist kurz vor der Reise nach Cäsarea oder auf derselben die ganze, soeben skizzirte Entwickelung in ihren Hauptlinien zum Abschluss gekommen. In jenen häufigen Stunden einsamer Selbstprüfung, von welchen uns die Evangelien berichten, ist die harte Glaubensprobe zu Ende geführt, die neue Geistesgeburt völlig gezeitigt worden und mit der früheren zur Einheit verwachsen. Von dem bezeichneten Zeitpunkte an belehret Jesus seine Jünger über den Menschensohn, über dessen Sterben und Wiederkommen,[2] und in bemerkenswerthem Contrast zu seinem früheren zurückhaltenden Benehmen redet er nun von all Dem mit Frei-

---

[1] Diese Verwendung des Titels zeigt wiederum deutlich, wie Jesus noch gleichsam mit allen Fasern an der Tradition seines Volkes hängt. Gerade umgekehrt verhält sich die Sache in der Construction Holsten's «Denn für Jesus hatte Daniel nur Einen Moment im Leben des Messias erfasst, den Augenblick der Peripetie im Lebensschicksale des Messias» (Z. w. Th. 1871, p. 68). Alles Andere (nämlich «den verkündenden, lehrenden, heilenden, leidenden, sterbenden, auferstehenden Messias») legt die Lebenserfahrung Jesu erst hinein. Für jenen einzigen Moment, für die Parusie, nimmt Jesus den Titel, und zwar gleich von Anfang, zu einer Zeit, da er noch nicht an sein Sterben glaubt, da also noch kein ernstliches Motiv für die Annahme solcher «Peripetie» vorlag. Hätte er wohl bei der Wahl seines Namens einen unglücklicheren Griff thun können?

[2] S. Marc. 8, 31. 38; 9, 31 u. s. w. — Wäre der Titel Menschensohn von jeher die geläufige Selbstbezeichnung Jesu gewesen, so dürfte doch auffallen, dass Paulus, welcher der Zeit Jesu so nahe steht, kein einziges Mal darauf Bezug nimmt. Dass er aber in unsern Evangelien solchen Spielraum gewonnen, bewirkte die eng damit verbundene und zur Zeit der Abfassung dieser Schriften besonders lebendige Verheissung der Parusie. Indem Keim (II, p. 66) auf das häufige Vorkommen des Ausdruckes bei Matthäus und Lucas, sodann auf die minder zahlreichen Stellen bei Johannes und Marcus hinweist, meint er das Aussterben des Namens gerade in den jüngern Büchern wahrnehmen zu können. Wie leicht liesse sich die Sache umkehren, zumal Paulus, der erste, ihn gar nicht erwähnt, sodann zunehmend Marcus, Matthäus und Lucas.

muth.¹ Denn, während er bisher nur den Grundbau seiner Messianität gelegt hatte, und es zu befürchten stand, dass bei dem Verzuge des als ganz nahe verkündigten Reiches die Ungläubigen spöttisch ausriefen: «Dieser Mensch hat angefangen zu bauen und konnte es nicht beenden», so hatte er jetzt den Aufwand für den ganzen Thurmbau von dem Fundamente bis zu den Zinnen berechnet und wusste, wie es hinauszuführen.²

Wie natürlich, dass nun Augenblicke gewaltig gehobener, religiöser Stimmung eintraten, wo die selige Gewissheit, die sein Inneres erleuchtete, auf seinem Antlitz wiederstrahlte und sein ganzes Wesen wie **verklärte**, wo die Stimme, die er zu Anfang bei der Taufe vernommen, bestätigend und bekräftigend wiedertönte. Die Stimme der Taufvision verbindet sich mit derjenigen der Verklärung zu einem harmonischen Doppelklang. «Jedesmal handelt es sich darum, eine **Entscheidung** im Leben des Herrn, die zugleich als Gehorsamsthat sich charakterisirt, mit göttlicher Zustimmung zu begleiten.»³ Wie die Taufe und die

---

¹ παρρησία. Marc. 8, 32. Dass er auch jezt noch seinen Jüngern verbietet, Anderen von ihm zu sagen (Marc. 8, 30; cf. 9, 9. 30; 10, 48), hat wohl nur zum Geringsten seinen Grund in einem **pädagogischen** Motiv (ob er überhaupt noch viel Hoffnung haben konnte, die Massen zu gewinnen, jetzt da sich sein messianisches Ideal noch viel mehr von dem herkömmlichen entfernte? Es dominirt im Gegentheil immer stärker die **Gerichtsnote**), zumeist wohl in dem Gedanken, das Schlimmste zu verhüten, bevor er noch in die jüdische Hauptstadt eingezogen war, wo er sterben sollte.

Nösgen verlangt als Beweis einer **späteren** Einsicht Jesu in die Leidensnothwendigkeit, dass man auch in der That einen **Umschwung** in seiner Haltung und in seiner Reichspredigt aufzige (p. 400). Wir denken, das παρρησία, die Verkündigungen der Parusie seit Caesarea und das andere oben Verzeichnete dürften dem Postulate genügen.

² Luc. 14, 28-30. Man sieht hier auch wieder, wie Jesus den Stoff seiner Gleichnisse aus seiner persönlichen Erfahrung zog.

³ So vortrefflich H. Schmidt (Stud. 1889, p. 443). Wie kann aber dieser Theologe dann dabei stehen bleiben, dass es sich bei der Taufe Jesu nur um die Erkenntniss **der richtigen Art des An-**

Versuchung, so ist also auch die Verklärungsscene (Marc. 9, 2—8) im Lebensgang Jesu des Messias psychologisch wohl gerechtfertigt und von den Evangelisten an chronologisch richtiger Stelle angesetzt worden.[1]

Die Annahme der Bezeichnung Menschensohn war nicht nur der Höhepunkt der messianischen Entwicklung Jesu nach innen zu, sondern auch nach aussen der Glanzpunkt seines messianischen Wirkens, insofern er damals den Plan fasste, den Schauplatz desselben nach Jerusalem selber zu verlegen.[2] Dort, in der Gottesstadt, sollte das Schicksal des Messias sich entscheiden, und darum hat Jesus erst dann, als er vor den Mauern selber angelangt war, den letzten Schleier fallen lassen. Als Messias hielt er seinen Einzug durch die geschmückten Strassen, als Friedenskönig auf einem Esel reitend, wohl in absichtlicher Demonstration gegen die politischen Gelüste und im Anschluss an die Weissagung Zacharia's, welche gerade den frommen Gemüthern besonders zusagen musste.[3] Mögen auch das Hosiannarufen und das Zweigestreuen als unwillkürliche Freudenbezeigungen der Festpilger aufgefasst werden,[4] die Initiative Jesu ist

---

tritts des Berufs handelt! Und für dieses untergeordnete Moment der Aufwand einer Himmelsstimme? Im Lebenslauf Jesu haben die Himmelsstimmen immer direkten Bezug auf die Person, nur indirekt auf seine Sache. Es sind damit erhabene, für sein messianisches Bewusstsein entscheidende Stunden bezeichnet.

[1] Zu den einzelnen Zügen s oben p 141.
[2] Matth. 16, 21. Luc. 13, 33.
[3] Die ächt messianische Färbung des Auftritts scheint unlengbar. Sehr allgemein wurde Sacharja 9 auf den Messias bezogen, so Ber. R. 75. 98. 99. Deb. R. 4. Mid. Cant. 1, 4. Mid. Eccl. 1, 9 Bera. 56 b. Sanh. 98 a — Ein Sprichwort sagt: wer einen Esel im Traum sieht, sei auf das Heil gefasst, Wünsche, N. B., p. 240. Einen Palmbaum im Traume sehen, ist nach Berach 57a soviel als die Tage des Messias sehen (Gen. 49, 10). — Zu dem angebundenen Füllen s. Wünsche, l c. p. 397.
[4] Es liesse sich ja denken, dass in der Erinnerung der gläubigen Theilnehmer die specifisch messianischen Züge sich gehäuft

durch das einstimmige Zeugniss der Synoptiker hinlänglich verbürgt.[1] Der Messias-Menschensohn «griff zur Geltendmachung seiner Rechte».[2]

Wenn noch irgend ein Zweifel zurückbliebe, so genügte, ihn zu heben, die gleich darauf folgende Scene der Tempelreinigung, wobei Jesus ebenfalls ungewöhnlich hohe Prärogative beanspruchte.[3] Alles zeigt an, dass jetzt die messianische Frage in all ihrer Schärfe und ihrer brennenden Actualität gestellt war. Sie hat, wie noch zu wiederholten Malen in der Geschichte, das Volk für einige Tage hingerissen und für Jesus begeistert, so dass es ihn selbst gegen seine Führer in Schutz nahm, bis es endlich Jedem klar wurde, dass der Hochgefeierte den jüdischen Wahn weder erfüllen konnte, noch wollte. So wird dann zuletzt der plötzliche Umschlag begreiflich, der den wankelmüthigen Haufen von dem Gipfel des Enthusiasmus zu der äussersten Erbitterung hintrieb und den eben noch zum Hosianna geöffneten Lippen das ungestüme «Kreuzige, kreuzige ihn» auspresste. Der an Jesus vollzogene Justizmord ist nur dann genügend zu

---

und präcisirt hätten. So soll die Verdoppelung des Esels bei Matthäus einem messianischen Postulate (Ber. R 99, aus Gen. 49, 11 verbunden mit Zach 9, 9 wurde auf 2 Thiere geschlossen) genügen. Eine Schwierigkeit scheint insofern vorhanden, als solche Festzüge, wie der Marc. 11 beschriebene, zunächst nur für das Laubhüttenfest bezeugt sind. Wünsche (p. 241) glaubt an eine Verwechslung oder Uebertragung. Indessen wurde das Hosianna (Mid. Ps. 118, 25. bei Edersheim, II, p 368) und ähnliche Begrüssungen (Lightfoot I, p. 237 citirt Bikkurim 3) auch bei anderen Festen gebraucht, wenn man den Pilgern entgegen zog. Palmen dienten beim Empfange der Könige, s. Wetstein ad. loc. I, p. 460.

[1] Marc. 11, 1-3 und Parall. Vgl. Luc. 19, 40. Matth. 21, 15, 16. Hier kommt allerdings die übertriebene spiritualistische Auffassung des Messianismus Jesu (s. Haupt l. c. p. 67) gar sehr in die Enge.

[2] Keim II, p. 84.

[3] Interessant ist der Vergleich mit Ps. Salom. 17, 41 ($\ell\xi\alpha\rho\alpha\iota$ $\alpha\mu\alpha\rho\tau\omega\lambda\omicron\upsilon\varsigma$ $\epsilon\nu$ $\iota\sigma\chi\upsilon\iota$ $\lambda\omicron\gamma\omicron\upsilon$) cf. 39.

erklären, wenn er «für eine messianische Persönlichkeit ernstlich gegolten hat».[1]

Das durchgängige Resultat dieses Kapitels ist also ein exaktes Ineinandergreifen des **historischen** und **psychologischen** Thatbestandes, welcher Sachverhalt nicht zum Mindesten die Richtigkeit unserer Auffassungsweise verbürgen dürfte.

---

[1] Dies betont mit Recht S c h n e d e r m a n n, Das Judenthum und die christl. Verkündigung, 1884, p. 270 ff.

Excurs.

Es wird der obigen Darstellung zur indirekten Bestätigung dienen, wenn wir vergleichshalber noch die neuesten, von dem unsrigen abweichenden Versuche, in das Verständniss der Person Jesu einzudringen, in die Besprechung hereinziehen und von dem hier verfochtenen Standpunkt aus zu beleuchten unternehmen.

Was zunächst diejenige Richtung in unserer Theologie betrifft, die in kirchlich korrekter Weise sich zu der menschlichen Natur Jesu bekennt, den letzten Erklärungsgrund aber seines Bewusstseins in der Metaphysik suchet, so bietet uns dieselbe eigentlich keine Handhabe zur weiteren kritischen Auseinandersetzung. Auf diesem Standpunkt kann von einer wahrhaft menschlichen Gefühls- und Denkweise, vor allem nicht von einer wahrhaft menschlichen **Entwickelung** Jesu die Rede sein, wie auch **Nösgen's** Darstellung wiederum zeigt.

Es klingt formell schon ganz richtig, wenn er betont, dass allein in Jesu Selbstbewusstsein der Schlüssel für sein Verhalten wie für sein Ergehen gesucht werden müsse. Allein für **Nösgen** ist dieses Selbstbewusstsein ein a priori Gegebenes. Dieser Schlüssel ist derselbe, welchen aus metaphysischem Stoffe zu schmieden, die Kirchenväter Jahrhunderte nach Christus in dichten Schaaren zusammengekommen waren. Für dieses Bewusstsein, das Vergangenheit und Zukunft, Himmel und Erde in sich trägt, ist allerdings keine ernste Entwickelung denkbar. Nur um so merkwürdiger ist es, dass Nösgen zu seinem Zauberschlüssel kein völliges Zutrauen zu haben scheint. Warum heisst es z. B. in Betreff der Taufe Jesu, dass der Ausgangspunkt für die Darlegung nicht willkürlich gewählt werden dürfe, sondern nur in der Aeusserung Jesu Matth. 3, 15 liegen könne? Erwacht da nicht wie an vielen Stellen das Bewusstsein des Historikers und bewirkt eine Vermischung heterogener Gesichtspunkte? Man kann auf dem Standpunkt Nösgen's nicht einsehen, wie ein einzelnes, sei es auch in feierlichem Augenblick, gesprochenes Wort Jesu den Ausgangspunkt bilden könne, oder warum eher das Eine als das Andere. Wie soll denn die Metaphysik erst von Zeit und Ort abhängig sein? Ihrem Wesen nach steht sie über Beidem. Da war die altchristliche Vorstellung doch consequenter, wie schon die Erzählung von der Antwort des zwölfjährigen Jesus an seine Eltern beweist. Und hat der erste Evangelist nicht auch schon den Täufer in Jesus den Messias erkennen lassen? Warum hat Nösgen nicht schon jene Antwort des Knaben zum Ausgangspunkte gewählt? Da sie erst hinterher zur Besprechung herbeigezogen wird, ist vielleicht daraus zu schliessen, dass der Historiker doch wie ein Gefühl davon hatte, mit jenen Anfängen nicht auf festem Boden zu stehen? Das wäre immerhin ein Beweis, dass seine Methode nicht die richtige ist.

Eine ähnliche Inconsequenz tritt auch bei H. Schmidt zu Tage. Auch sein Jesus ist schon vor der Taufe ganz fertig; er hat einen klaren Einblick in das ganze Messiaswerk bis zum Leiden und Sterben. Doch fordert nun gleich die Betrachtung der evangelischen Geschichte einen Abzug von dieser Vollkommenheit. So hören wir, dass es doch auch einen Wendepunkt gab in Jesu Leben, von wo ab es feststand, dass der Weg jetzt nach Jerusalem führe zum Kreuz. Wir erhalten ein wunderliches Bild: nur die dogmatischen Wahrheiten weiss Jesus im Voraus. Wie und wann Alles sich ereignen wird, das gibt sich erst in der allmähligen Entfaltung kund. Schmidt will ja nichts von einer «dramatischen Entwickelung», d. h. von einer solchen, da die Person und das Bewusstsein Jesu selbst im Spiele wäre, wissen. Daher muss sich der Geschichtsschreiber damit begnügen, die äussere Bewegung im Lebenslaufe Jesu darzustellen. Psychologische Momente, die etwa in den geschichtlichen Thatsachen enthalten sind, dürfen nicht herausgehoben werden. Die Thatsachen werden depotenzirt. So soll in der Taufe Jesu nichts weiteres gesucht werden als eine für seinen Beruf nothwendige Ausrüstung, obgleich Inhalt und Form der ihm gewordenen Himmelsstimme deutlich die direkte Beziehung auf seine Person ausdrücken.

Man vergleiche nur auch, wie Nösgen die Taufe Jesu ihrer grundlegenden Bedeutung entleert. Zur Erklärung zieht er den oben erwähnten Spruch aus Matthäus an. Zwar ist derselbe nur in diesem Evangelium enthalten, aber er passt am besten zu dem Messiasbild, das Nösgen vorschwebt. Demgemäss darf Jesus nicht getrieben von einem inneren religiösen Bedürfniss zu Johannes kommen. «Die Uebernahme der Taufe ist eine ihm gebührende Leistung.» Es sei sein Beruf als Menschensohn (!) in allem an Gebärden als ein Mensch erfunden zu werden (s. p. 155). Wem soll man glauben? Nach dem Texte der Synoptiker («du bist mein lieber Sohn . . .») ist die Taufe ein Beweis der Gottessohnschaft Jesu, nach Nösgen ein Beweis seiner Menschheit!!

Nicht viel tiefer geht die Auffassung der Versuchung. Jesus bedenkt nur noch einmal, was er schon längst überlegt hatte. Es ist viel weniger eine Versuchung als eine weitere Bedenkzeit. So verliert Alles seine Bedeutung, seinen Ernst; alles wird blasser. Ganz natürlich! Auf diesem Standpunkt gibt es eigentlich nur eine Frage, nur ein Problem, nach welchem alle andern gelöst sind. Wie kann metaphysisches Bewusstsein in eine menschliche Natur eingehen? Man suche die Lösung in der Weise der Synoptiker, auf dem Wege der übernatürlichen Geburt oder sonst wie. Dann aber begnüge man sich, die einzelnen Thaten und Aussprüche Jesu nach den Evangelien zu reproduciren. Weitere kritische, psychologische Fragen gibt es nicht mehr. Immerhin sei es als eine glückliche Inconsequenz Nösgen's und als eine Hinneigung zur wahrhaft historischen Behandlung des Gegenstandes hervorgehoben, dass auch er seine Darstellung an gewissen Aussprüchen des geschichtlichen Jesus zu orientiren sucht, und wenn auch noch keine Entwickelung seiner Person, so doch Abstufungen an seinem Werke wahrnimmt.

Für uns ist zum Unterschiede von der Nösgen'schen Auffassung das Selbstbewusstsein Jesu eine geschichtlich gegebene Grösse, die man aus dem Glauben und den Erwartungen der Zeit verstehen muss. In der Art, wie Jesus, sei es zustimmend, sei es verneinend oder modificirend, sich zu denselben verhält, liegt die Bewegung seines Lebens. Und damit ist auch eine Entwickelung seines Bewusstseins gesetzt. Es ist ein falscher Begriff von der Entwickelung, dass sie die Einheit des Lebens compromittiren soll. Denn diese besteht in der eigenthümlichen Art, wie eine Person ihren Lebensberuf auffasst und durchführt. Dass sie alles Vorhandene dazu in Beziehung setze und sich selbst immer klarer darüber werde, das verstärkt nur den Eindruck der Einheit.

Viel gewichtiger ist die andere Bemerkung Nösgen's,

dass uns Allen das, was zur psychologischen Analyse nothwendig wäre, mangele, nämlich die innere Gleichartigkeit mit Jesus. Allerdings haben wir auf gewissen Punkten constatiren müssen, dass unsere Investigationsmittel versagen. Aber der historischen Forschung ist auch die Verheissung nicht gegeben, dass sie auf jedem Punkt verstehen werde. Darin erprobt sich vielmehr ihr wahrhafter Charakter, dass sie in solchen Fällen sich selbst treu bleibt, d. h. dass sie nicht zur Linken, zu kritischen Gewaltthätigkeiten schreitet, sich aber auch nicht rechts auf das metaphysische Ruhekissen legt, sondern das Gegebene anerkennt und die Fragezeichen stehen lässt. Für diese Verzichtleistung wird sie reichlich entschädigt durch den Vorzug, dass sie den Problemen so nahe rückt, wie es nur immer möglich ist, und dass sie durch die richtige dem Geiste der Vergangenheit entsprechende Stellung der Fragen manche moderne Vorurtheile und Schwierigkeiten zerstreut. Wenn z. B. die genannten Theologen an vielen Stellen betonten, dass Jesus dies und jenes nicht thun oder sagen konnte, von seinem einzigartigen religiös sittlichen Verhältniss zu Gott aus, so haben sie den anders orientirten «Leben Jesu» gegenüber meist ganz Recht. Aber mit diesem Gerede von einem sittlich religiösen Verhältniss Jesu zu Gott wird auf beiden Seiten der wahrhaft historische Gesichtspunkt verschoben. Der sprechende, der handelnde Jesus weiss sich als den Messias: spricht und handelt er aber in diesem messianischen Selbstbewusstsein, so will er auch von hier aus begriffen sein.

Es ist von einer ganz ausserordentlichen Tragweite, dass man diese bestimmte, historisch gegebene messianische Form des Bewusstseins Jesu von Anfang an nicht aus dem Auge verliere. Der Grundfehler der bisherigen Untersuchungen liegt gerade darin, dass man sich nicht darüber klar geworden, wie die religiöse Stimmung des vorchristlichen Judenthums sich immer ausschliesslicher eschatologisch färbte, und wie darum Jesus von vorn herein durch sein innerstes Dichten und Trachten zum messianischen Pole getrieben wurde. Gewöhnlich wird zuerst, wie es auch Wendt wieder recht eindrücklich thut (II, p. 64 f.), von Jesu Erkenntniss der Vaterliebe, von seinem Sohnesverhältniss geredet. Diese Ideen werden so in ihrer begrifflichen Nacktheit hingestellt, ausserhalb des messianischen Rahmens, so dass man nicht einsieht, wie unauflöslich sie mit dem messianischen Gedanken verbunden, ja dass sie mit der Messianität identisch sind. Man fragt unwillkürlich, warum dann später auf einmal die messianische Idee in Jesu Bewusstsein hineingeschneit kommt, da ja der Gottessohn und der Messias zwei unterschiedene Begriffe zu sein scheinen. Man wird die Vermuthung nicht los, dass Jesus wohl nur aus Opportunitätsgründen zur Wahl gerade dieser Berufsform gegriffen habe. Sein Messiasthum bekommt einen rationellen Anstrich. Man hat Mühe, zu verstehen, wie er sich zu dieser Rolle entschliessen konnte.

Während Jesus nach Wendt (II, p. 65) vor seiner Taufe nur im Allgemeinen die Hoffnungen seines Volkes theilte, hat er schon eine klar durchgeführte Gesammtanschauung von dem normalen religiösen Verhältniss zwischen Gott und den Menschen. Erst bei der Taufe setzt er dieselbe in Beziehung zum Reiche Gottes. Heisst das nicht die messianischen Gedanken zu einem ganz sekundären Moment stempeln? Lange Jahre hindurch treten sie gar in keine innigere Verbindung mit dem, was das Wesen Jesu ausmacht. Und doch wird dieser Mann der Messias!

Man kann es also nicht genug wiederholen, dass die messianische Bestimmtheit seines Glaubens für Jesus nicht, wie für unsere modernen Theologen, eine reine Form gewesen ist, wenigstens nicht eine solche, von welcher man in der wissenschaftlichen Untersuchung auch nur einen Augenblick absehen dürfte. Das Gefühl, dass Gott ihm gnädig sei, war für Jesus unzertrennlich von dem Glauben, dass das Reich Gottes sich nahe, und wie es ihn nach dem Vater verlangte, so sehnte er sich nach dem Reiche Gottes.

Es zeigt sich auch auf diesem spiritualistischen Standpunkt wie auf dem vorigen metaphysischen, dass die wichtigen messianischen Momente im Leben Jesu nicht zu ihrem Rechte kommen. Da Jesus schon vor seinem Auftreten sich über die wahre Bedeutung von Religion und Sittlichkeit ganz klar geworden ist, so kann die Messianität ihm nur noch ein **Mittel** sein, diese Erkenntniss an den Mann zu bringen. Der Werth der Taufe liegt also darin, dass Jesus in diesem Moment den sicheren Einblick in diesen geeigneten Weg gewinnt. Man redet zwar von einem Offenbarungserlebniss Jesu bei der Taufe; aber dieses Erlebniss denkt man sich nicht nur vorbereitet in seiner Seele, sondern durchweg psychologisch und rationell vermittelt. Von einer **Offenbarung** kann also nicht ernstlich, sollte überhaupt nicht geredet werden; Jesus, der Messias, hat sich vielmehr selbst **erdacht, durchdacht** und vorbereitet. Nach unserer Darstellung war es schlechterdings unmöglich, dass er durch die Kühnheit seines eignen Denkens zur Messianität gelangte. Die Offenbarung bei der Taufe, wie oben dargestellt wurde, war eine göttliche Machtwirkung auf sein Gemüth, ein unwiderstehlicher Impuls für seinen Willen.

Wenn die Taufe Jesu von dem spiritualistischen Gesichtspunkt aus fast wie ein Luxusartikel aussieht, so steht es mit der Versuchung noch schlimmer: sie wird unbequem. Denn es hat doch etwas sehr Bedenkliches, wenn man mit der Versicherung beginnt, dass Jesus schon früh sich zur geistigen Anschauung vom Reiche aufgeschwungen habe, und hinterher, da man vor der Versuchungsgeschichte steht, verbessernd hinzufügen muss: Jesus habe doch nicht sogleich alle Consequenzen gezogen, (vergl. p. 316, 318). Mit anderen Worten, er hatte doch nicht von Anfang an die spiritualistische Einsicht, die man ihm zur Uebernahme der messianischen Function zuschreiben zu müssen meint.

Das eigentliche Motiv, weshalb man von vornherein die Vergeistigung der Messiasidee für Jesus in Anspruch nimmt, liegt ausgedrückt in folgendem Satze: «hat Jesus die Gewissheit seiner Messianität ohne eine Erkenntniss ihrer eigentlichen Grundlagen gewonnen, so stand diese Gewissheit nicht auf festem Fundamente.» In dieser sowohl Wendt wie Holsten eigenthümlichen Betrachtungsweise offenbart sich ein unvertilgbarer Rest rationalistischen Sauerteiges. Als ob es in der Welt keinen festen, geistigen Besitz gebe, als derjenige, welcher auf dem Wege der Erkenntniss erworben wird! Das religiöse Erfassen und Empfinden einer Wahrheit ist aber doch noch ein ganz anderes. Auf wie fester Grundlage solches ruht, davon geben beredtes Zeugniss die Glaubenshelden, die für ihre Ueberzeugungen den Tod erlitten. Wie überlegen an Festigkeit der Glaube dem Verstandeswissen ist, zeigte sich hierbei oftmals daran, dass er durch kein Räsonniren und Beweisen erschüttert werden konnte. Für seinen Glauben vergiesst man sein Blut. Für Ideen vergiesst man höchstens Tinte oder einen Redestrom. Es gibt selbst noch in unserem positiven, vernünftigen Jahrhundert Christen, die zwar keinerlei «Wechselbeziehungen von Begriffen» durchdacht haben, für ihre in der Jugend gewonnenen Ueberzeugungen aber leben und leiden. Man sollte es doch wohl Theologen zutrauen dürfen, dass sie sich von der Gewalt des religiösen Ergriffenseins und Denkens eine kleine Vorstellung machen.

Lässt es Holsten nicht auch gerade hieran fehlen, wenn er die Genesis des Messiasbewusstseins Jesu nach unserer Darstellung für psychologisch undenkbar hält (l. c. p. 56)? Nicht ein Gefühl seiner Messianität könne Jesus in der Taufe erhalten haben. Er muss alsobald eine bestimmte Form des Messiasbewusstseins in sich tragen. Damit ist zunächst nur ein Wortstreit angeregt, während die tiefere Frage ganz im Hintergrund gelassen wird. Es ist unverkennbar, dass, was wir als Messiasgefühl bezeichnen, auch Messiasbewusstsein heissen kann und muss. Denn, wie Holsten selbst erklärt, ist Messiasgefühl «ein Bewusstsein, ein Wissen um mich selbst als den Messias». Aber es fragt sich gerade, ob nun dieses Bewusstsein auf rein religiösem oder auf rationellem Wege zu Stande gekommen ist. Ist das Erstere der Fall, so hatte eben Jesus nicht alsobald, was Holsten «eine bestimmte Form des Messiasbewusstseins» nennt. Oder besser gesagt, die Form war gerade das Messianische seines Bewusstseins. Die Messianität war die Denkkategorie für die auf's Höchste gediehene Heilserfahrung. Diese religiöse Empfindung aber war möglich, ohne dass Jesus sich alsobald bewusster Weise für die Eine oder die Andere der messianischen Formen seiner Zeit entschied. Sonst wäre auch die Versuchung nicht möglich gewesen. Religiöse Gewissheit ist ein anderes als bestimmtes formelles Wissen. Tausende haben felsenfesten Glauben an ein jenseitiges Leben gehabt, ohne über die bestimmte Form desselben Klarheit zu besitzen oder auch nur ein Bedürfniss solcher Klarheit zu empfinden. Diesen religiösen Charakter der Messianität Jesu bezeichnen wir absichtlich mit dem allgemeinen Ausdruck «Messiasgefühl».

Das erste Requisit der wissenschaftlichen Forschung besteht darin, dass sie sich das Hauptmoment, den treibenden Faktor der zu untersuchenden Erscheinung vergegenwärtige und hinreichend würdige. Das ist aber im Falle Jesu ohne Zweifel die Tiefe der religiösen Auffassung. Wessen dieselbe fähig war, das zeigt nicht nur die Hinnahme der Messiaswürde im Allgemeinen, sondern noch deutlicher der Glaube Jesu an die eigene Parusie.

Wenn die religiöse Messiasgewissheit Jesu solche Hoffnung zu erzeugen vermochte, so wird man ihr wohl zutrauen dürfen, dass sie auch etwaigen Verstandesbedenken ein genügendes Gegengewicht leistete. Auf solche Einsicht glaubten wir rechnen zu dürfen, da wir in Anbetracht dessen, dass Jesus bis zur Scene von Caesarea über die äussere Realisirung des Reiches keine Klarheit besass und demgemäss seine Messiaswürde nicht verkündigen liess, behaupteten, dass auch bis zu jener Epoche sein Messiasbewusstsein, das ihm innerlich unerschütterlich feststand, doch nach aussen hin noch der Bestätigung bedurfte. Allein damit haben wir nicht viel Erfolg gehabt.

Den wahren Thatbestand verdrehend oder übertreibend ruft man: was wäre das für ein eigenthümliches Bewusstsein gewesen? Ein Bewusstsein, das erwachte und wieder schwand? das sich selbst unklar gewesen und durch Zweifel unsicher wurde? — Der reinste rationalistische Unglaube, der an die Solidität der religiösen Grundlage der Messianität nicht glauben kann! Wir wüssten hier nichts Besseres, als uns auf einige Worte eines gewiss nicht verdächtigen Kritikers, H. Schmidt (l. c. p. 452), zu berufen. Er hat sie zwar in Bezug auf den Täufer geschrieben, aber wer ernstlich an die Menschheit Jesu glaubt, wird sie auch auf ihn anzuwenden kein Bedenken tragen.

Strauss gegenüber, der es für unmöglich hält, dass, wenn der Täufer in göttlicher Offenbarung das Zeugniss von Jesu Messianität empfangen hatte, er später noch einen Zweifel hegen konnte, ruft Schmidt aus: «Wie wenig verstand doch dieser Mann (er aber nicht allein!) von Glaubensanfechtungen, wie völlig verschlossen war ihm das Gebiet des inneren religiösen Lebens! Dass eine Gewissheit, die weder der natürlichen Logik, noch der sinnlichen Wahrnehmung ihren Ursprung verdankt, sondern durch eine Gottesthat in das Menschenherz gepflanzt ist, den in diesem natürlichen Herzen sich geltend machenden Zweifeln ausgesetzt ist, werden alle Gotteskinder bezeugen .....» Das ist ganz unser Fall. Das muss auch gelten von dem Gottessohne, der uns in allen Stücken gleich geworden ist. Wir hoffen also, dass diejenigen, die «von den Glaubensanfechtungen der Gotteskinder» aus Erfahrung wissen, Jesus für seine Zurückhaltung nicht mit Holsten (p. 11[1]) eines «Versteckspielens mit der Messianität» beschuldigen werden.

Wenn Holsten weiter in dem Umstand, dass Jesus seit der Taufe vor seinen Jüngern als Messias gehandelt und gelehrt hat, ohne dass diese ihn über seine Messianität befragten, «eine Unnatur der Verhältnisse, die Wirklichkeit nicht sein kann» erblickt, so ziehen wir es doch vor, uns an die Wirklichkeit zu halten, welche die Quellen darbieten, auch wenn sie weniger wahrscheinlich wäre als diejenige, welche Holsten frei construirt. Die synoptische Erzählung von dem Petrusbekenntniss lehrt einerseits, dass bis zu jener Epoche die Frage der Messianität zwischen Jesus und den Jüngern nicht berührt worden ist, wie die Taufe anderseits darüber keinen Zweifel lässt, von wann ab Jesus sich für den Messias gehalten hat. Diese beiden Momente sind in den Quellen mit aller erwünschten Deutlichkeit gezeichnet.

Uebrigens ist die Thatsache der längeren Geheimhaltung der Messiasfrage so stark in unseren Evangelien bezeugt, dass auch Holsten nicht umhin kann, sie zu berücksichtigen. Aber wie versucht er nun Luft zu bekommen? Es gab allerdings in der galiläischen Wirksamkeit eine Zeit, «wo Jesus sich als den Messias nicht verkündigte, weil er sich als den Messias noch nicht wusste». Mit andern Worten, Jesus hat erst «während der galiläischen Wirksamkeit die Gewissheit seiner als des Messias gewonnen». Holsten hätte uns doch sagen sollen, wie er diese so sicher hingeworfene Behauptung mit der in allen Synoptikern deutlich ausgesprochenen Messiasdeclaration Jesu bei der Taufe zu reimen gedenkt. So scheut man zurück «vor einer Unnatur der Verhältnisse, die Wirklichkeit nicht sein kann» und nimmt seine Zuflucht zu einer Natürlichkeit der Verhältnisse, die ungeschichtlich ist.

Gäbe es denn auf dem Standpunkt Holsten's nicht noch einen besseren Erklärungsgrund für das Verhalten Jesu? Wenn seine Messiasgewissheit erst im Laufe der galiläischen Periode ohne einen besonderen Anstoss von oben sich herausgebildet hat, wenn sie Jesus aus der auch den Propheten des alten Bundes in analoger Weise gewordenen Erfahrung deducirte, dass ihm ein hohes Mass des Gottesgeistes verliehen sei, so musste er auch, wie die Propheten, einsehen, dass es viel weniger auf seine Person als auf die Sache ankam. Es ist dann in der That «ein Zeugniss für die hohe Besonnenheit seines Geistes» (p. 58), dass er sich seine Aufgabe durch messianische Ansprüche nicht complicirte, sondern nur seinen eigentlichen Zweck, die Verkündigung des geistigen Gottesreiches, verfolgte. War doch seine Messianität — diese «aus der Erfahrungsgewissheit, dass Gott ihm, dem Menschen, im Unterschied von andern Menschen, den

Gottesgeist verliehen habe», hervorgegangene Messianität (s. p. 56) — in seinen eigenen Augen «reine Innerlichkeit, nur die eigene Selbstgewissheit» (p. 58), also wohl eine subjective Betrachtungsweise.

Fast möchte man fragen, warum er auf diesem Wege der Messias und nicht eher ein grosser Prophet geworden ist, wie diejenigen des A. Testamentes. Ja, woran hing es doch, dass er sich nicht bloss für den Propheten des Messias gehalten hat? An einer sehr vernünftigen Betrachtung Jesu. Einfach an der Einsicht, dass ja schon Einer da war (!), dass Gott «zu diesem Zwecke schon Johannes den Täufer erweckt» hatte (p. 56). Wahrlich, dieser Johannes hat in viel höherem Grade, als man es sich gewöhnlich einbildet, Jesu, dem Messias, den Weg bereitet!

Schlussergebniss.

Sinn der Messianität Jesu.

Das Ergebniss vorliegenden Versuchs fassen wir kurz dahin zusammen: Jesus hielt sich in der That für den verheissenen Messias. In diesem Glauben ist ihm sein innerstes Wesen, seine Persönlichkeit erst aufgegangen, und von der Taufe an hatte er von sich selbst keine andere Vorstellung, als dass er der Messias sei. Jede weitere Unterscheidung zwischen dem messianischen und einem noch tieferen Bewusstsein zeugt, insofern man sie Jesus selber unterlegt, von Verkennung seiner Eigenart und führt zur Entwerthung seiner Messianität.

In keinem Augenblicke des Lebens Jesu handelte es sich um eine blosse Rolle, im Sinne der Accomodationstheorie, so dass er selber der messianischen Hoffnung entwachsen gewesen wäre und darin nur eine Form erblickt hätte, in welche er einen neuen Inhalt goss. Man vergesse nicht, dass die formelle, utilitaristische Anbequemung, im gegenwärtigen Falle, sich auf religiösem Gebiete abgespielt hätte, was von sittlichem Standpunkt aus niemals unverfänglich erscheinen kann.[1] Aber nicht nur steht dem der Totaleindruck des Lebens Jesu ganz entgegen, der Gedanke überhaupt ist modern und trägt

---

[1] Es müsste selbst demjenigen bedenklich erscheinen, der sonst an der völligen Sündlosigkeit Jesu Zweifel hegte. Ein Anderes wäre doch eine im täglichen Kampfe durch Fleisch und Blut veranlasste momentane Aeusserung von Ungeduld oder Unmuth, ein Anderes diese bewusste, anhaltende, den Kern seiner Wirksamkeit treffende Zweideutigkeit. Und wie wäre dann der Baum so kräftig und gesund dagestanden, wenn das Gift in der Wurzel sass?

den Leuten und Zeiten keine Rücksicht. Mit völligem Unrecht würde Jesus als ein **Opportunist** in religiösen Dingen dargestellt, vielmehr war er in den tiefsten Tiefen seiner Natur **Idealist**. Er hat sich niemals in weltlicher Klugheit mit seinem Gewissen abgefunden, niemals auf Compromisse eingelassen, und auch alle äusseren Erfahrungen haben nur so auf ihn eingewirkt, dass sie seinem Bewusstsein zuerst gänzlich sich einverleibten und sodann mit einem durchaus persönlichen Stempel wieder hervortraten.

Ist das Messiasbewusstsein Jesu von innen heraus, durch die religiöse Erfahrung, nicht durch irgend einen Verstandesschluss gewonnen worden, so fällt es auch nach seiner Totalität niemals unter den Schiedsspruch der theoretischen Vernunft. Deren Einwände zerschellen alle an der Glaubensfülle Jesu. Es handelt sich gar nicht um **Ansprüche** Jesu und deren Recht, vielmehr stellte sich für ihn die Frage so, ob er rechtmässiger Weise sich dem klar erkannten Gotteswillen entziehen durfte. Sein messianisches Auftreten war nicht Usurpation, sondern Gehorsam, nicht freie Wahl, sondern unerbittliche, göttliche Nothwendigkeit. Es kostete ihn viel, es kam ihn schwer an, sich für den Messias zu erklären, aber er that es aus Pflichtgefühl. Sein Fleisch und Blut sträubten sich dagegen, aber sein pneumatischer Mensch trieb ihn dazu. Für diesen wäre nicht die Messiasdeclaration, sondern die Verzichtleistung darauf nicht zu rechtfertigen gewesen.

Der messianische Glaube war so weit davon entfernt, ein Hemmniss für die freie Entwickelung Jesu zu sein, dass er im Gegentheil das treibende Motiv seines ganzen Lebens, Redens und Handelns geworden ist. Denn er hat nicht nur den einmaligen Anstoss zu seinem öffentlichen Auftreten gegeben, sondern er war auch die geheime Triebfeder, welche den religiös-ethischen, im Innern Jesu schlummernden Schatz an das Tageslicht hervorgebracht hat. Weil Jesus sich als den Messias und das Reich der Herrlichkeit als nahe bevorstehend wusste darum geschah es ja, dass er die vorläufigen Bedingungen dieses Reiches: Liebe, Gerechtigkeit, Busse, d. h. das Gottesreich in den Herzen verkündigte. So sind auch seine höchsten spiritualistischen Aussprüche der Messiasgewissheit entsprungen. Ja, hat er zuletzt nicht gerade in der Erkenntniss, dass das Kommen des Messias in Pracht und Macht erst auf dessen Leiden und Tod folgen sollte, den tiefsinnigen Satz des sterbenden Messias und überhaupt alle Grundwahrheiten der Leidenstheologie aufgestellt?

Der Messiasglaube Jesu war also das **active, gestaltende Princip seines Lebens**, so zu sagen das **männliche, befruchtende Element**. Ohne dies Bewusstsein wäre seine Persönlichkeit der Aussenwelt verschlossen und seine Individualität ein todter Buchstabe geblieben. Insofern bleibt es ein wahrer Spruch: an **Jesus, dem Messias**, hing das Heil der Welt.[1]

---

[1] Hat die messianische Hoffnung das Innerste Jesu nach aussen gekehrt und, so zu sagen, für die Menschheit und die Geschichte erst geschaffen, so ist sie von geschichtlichem Standpunkte aus ein Factor ersten Ranges. Wohl mag sie dem Religionsphilosophen beim Rückblick auf den Gesammtverlauf von Religion und Sittlichkeit als eine Zeitformel transitorischen Werthes erscheinen, sie hat doch, gleich der Gebärmutter, die nach Ausstossung der Frucht schlaff zusammensinkt, nach der gottgewollten Ordnung der Dinge ein unumgängliches Amt verrichtet. Der messianische Process in Jesu Seele war ein tief menschlicher, nach Zeit und Ort nothwendiger. Hatte einmal der Allmächtige in seiner wunderbaren Vorsehung Jesu ein so einzigartiges, **religiöses** Charisma geschenkt, so konnte es nach **göttlicher Bestimmung** und **menschlicher Bestimmtheit** nur zu der dargestellten Geistesgeburt kommen. Wie das Judenthum in plastischer Weise von heftigen **Geburtswehen** an der Schwelle des messianischen Zeitalters sprach, so ist auf der Höhe weltgeschichtlicher Betrachtung das messianische Hoffen selber, dies dunkle, von Lust und Bangigkeit begleitete Ringen nach einem Besseren, selbst nur eine mehrhundertjährige **Geburtsarbeit**, aus welcher die neue höhere Geistesreligion hervorging

INHALTSVERZEICHNISS.

	Seite.
Vorwort	III
Einleitung zur ersten Auflage	V

ERSTER THEIL.
Die messianischen Hoffnungen des Judenthums.

I. Die Quellen	3
II. Sinn und Bedeutung der messianischen Hoffnungen im religiösen Gesammtbewusstsein des Judenthums	45
III. Entwickelung der messianisch-apokalyptischen Ideen im Zusammenhang mit der religiösen und politischen Geschichte des Judenthums	68
IV. Begriff der Apokalyptik. Ihre Stellung zu den jüdischen Parteiungen	99

ZWEITER THEIL.
Das Selbstbewusstsein Jesu.

Vorbemerkung	125
V. Die Predigt des Reiches Gottes	128
Excurs: der mosaische Messiastypus	138
VI. Der Leidens- und Todesgedanke Jesu	143
Excurs	155
VII. Die Selbstbezeichnungen Jesu	169
Excurs	182
VIII. Jesu Aussagen über seine Parusie	193
Die Praeexistenz	213
IX. Entwickelungsgang des Selbstbewusstseins Jesu	214
Excurs	267
Schlussergebniss: Sinn der Messianität Jesu	280

www.ingramcontent.com/pod-product-compliance
Lightning Source LLC
Chambersburg PA
CBHW032054230426
43672CB00009B/1596